탁월한 리더의 성공 법칙

탁월한 리더의
성공 법칙

구글, 트위터 전설적 관리자가 알려주는 3가지 원칙

When They Win, You Win

러스 래러웨이 **지음** | 신솔잎 **옮김**

한국경제신문

일러두기

이 책은 논픽션이지만 사생활 보호를 위해 몇 사람의 이름을 변경했고,
저자가 기억하는 바대로 대화를 재구성했다.

×××××××××××××××××××××

내 세계를 이루고 있는

버리나, 앤서니, 채스, 스타크스에게 바칩니다.

×××××××××××××××××××××

차례

4부 커리어

5부 실행하라

높아지고 싶다면 다른 사람을 높여라

관리자들은 어느 곳에서나 실패하고 있고, 아무도 그들을 도와주지 않는다. 거창한 주장이지만 그 점에 대해 걱정하지 않아도 된다. 주장의 근거는 이미 준비되어 있다.

훌륭한 관리자가 되기 위해서는 많은 노력과 끊임없는 훈련이 필요하다. 하지만 당신은 배우고 훈련하고 개선하고 전문성까지 어느 정도 갖춘 뒤에도 여전히 큰 실수를 저지를 수 있다. 좋지 않은 소식이다.

좋은 소식은 당신이 어떤 사람이든 더 나은 관리자가 될 수 있다는 것이다. 성격이 매우 내성적이든 외향적인 성격을 타고났든 그런 건 상관없다. 성격이 어찌 됐든 간에 노력하면 더 나은 관리자가 될 수 있지만, 그 노력은 '올바른 노력'이어야 한다. 훌륭한 관리자가 되기 위해서는 몇 가지 행동을 배우고, 개발하고, 훈련하기만 하면 된다.

하지만 안타깝게도 현실에서는 보통의 관리자에게 혼란을 주려고 작정한 듯 나쁜 조언, 실제로 적용하기에 너무 어려운 조언, 너무 많은 조언, 헷갈리거나 상충하는 조언이 뒤섞여 주어지고, 아예 조언이 없기까지 하다. 당신을 승진시킨 사람들은 죽든 살든 알아서 하라는 식으로 방치할 때가 많다. 경영관리 책을 쓴 사람이 실무보다 이론에 밝은 경우도 흔하다.

이 책은 다르다. 제시하는 리더십 접근법은 놀라울 정도로 단순하다. 또한 입증된 접근법이다. 이 접근법은 예측과 측정이 가능한 방식으로 행복하고 의욕적인 직원들과 훌륭한 비즈니스 결과물을 가져다준다. 이 책은 리더십의 세 가지 핵심 요소인 '빅(Big)3'에 초점을 맞추고 있다. 그것은 바로 방향성, 코칭, 커리어다. 각 요소를 간단히 소개하겠다.

방향성(Direction)	좋은 관리자는 구성원 전원에게 무엇을 언제 해야 하는지 명확히 이해시킨다.
코칭(Coaching)	좋온 관리자는 자신의 사람들이 단기적 성공과 더불어 장기적 성공을 달성하도록 코치하고, 그들이 어떤 일을 지속해야 하고 무엇을 어떻게 향상해야 하는지 이해할 수 있도록 돕는다.
커리어(Career)	좋은 관리자는 '지금의 회사'라는 범위와 '승진'을 넘어 장기적 목표와 비전을 고려하는 방식으로 직원들의 커리어에 투자한다.

빅3 리더십 접근법의 세 요소가 동시에 구조적으로 작용할 때 어떠한 변화를 가져올 수 있는지 몇 가지 예를 들어 보겠다. 2011년 조는 '포춘(Fortune) 500대 기업' 중 한 곳의 피츠버그 지사를 맡게 되었다.

몇 년간 피츠버그 지사는 그 기업의 가장 골치 아픈 문제 중 하나였다. 지사의 문화는 엉망이었고, 당연하게도 매출은 형편없었다. 조는 피츠버그 지사에 부임하자마자 팀에 능력자들이 있다는 사실을 곧장 깨달았고 (물론 그들 중 몇몇은 다른 곳에서 새롭게 시작해야 했지만) 팀을 재구성하기로 결심했다. 그는 오래 근무한 직원 및 신입 직원 모두와 따로 시간을 보내며 그들에게 요구되는 것이 무엇인지 명확하게 인식시키는 동시에 자기 역할에 대한 발언권도 주었다. 그런 뒤 항상 직원들 옆에서 그들이 성공할 수 있도록 코치했다. 더 나아가 팀 전원의 장단기 커리어 목표를 파악하기 위해 노력했고, 목표 달성에 필요한 구체적인 계획을 세울 수 있도록 도와주었다. 그러자 2년도 채 지나지 않아 피츠버그 지사는 매출, 영업 활동, 인력 관리, 직원 유지, 수익성 등에서 최고의 성과를 냈으며, 기업 역사상 처음으로 올해의 지사에 선정되었다.

테크 업계(Tech industry) 동료였던 다니엘라는 대형 신용카드 회사에서 한 서비스 그룹의 중간 관리자가 되었다. 해당 그룹은 비즈니스의 핵심 측정 지표 중 하나인 '접촉 당 비용(Cost per Contact, 전화 한 건을 처리하는 데 드는 비용-옮긴이)'이 불만족스러울 정도로 상당히 높았고, 직원 참여(Employee engagement)를 판단하는 데 대다수 기업이 활용하는 몇 가지 핵심 측정 지표 중 하나인 '직원 만족도'가 해당 기업 평균보다 3퍼센트 포인트 낮은 55퍼센트였다.

다니엘라는 곧장 직원들의 이야기를 듣는 자리를 몇 차례 가졌다. 그 목적은 팀 관점에서 무엇이 잘못되었는지 파악하는 것이었다. 팀원들은 자신들의 성과에 대한 인식과 현실을 모두 바꿀 수 있는 기회

탁월한 리더의 성공 법칙

라는 걸 깨닫고 금세 마음을 열었다. 거의 모든 직원의 의견을 겸손한 태도로 경청한 다니엘라는 네 가지 통찰을 얻었다. ① 팀이 효과적이고 효율적으로 업무를 수행하는 데 필요한 기술적 도구가 부족했고, ② 보상과 인정 시스템에 일관성이 결여되었으며, ③ 각 팀에 요구되는 것을 측정 가능한 형태로 명확하게 제시하는 문화가 부재했고, ④ 승진 시스템이 투명하지 않았다. 그녀는 각 문제의 본질을 파헤치기 위해 네 개의 실무단을 꾸렸다. 실무단이 제안하는 여러 해결책은 곧장 적용됐다. 그랬더니 1년이 지나지 않아 다니엘라의 부서는 접촉당 비용이 3달러에서 1달러로 줄어들었고, 직원 만족도는 55퍼센트에서 85퍼센트로 상승했다.

성과가 저조한 팀이라면 누구에게 책임을 묻고 싶겠지만, 무엇이 상황을 바꿀 수 있을지에 초점을 맞추는 편이 훨씬 생산적이다. 다니엘라나 조 같은 리더가 나서서 각 직원에게 성공이 무엇인지 명확히 이해시키고, 그들의 장단점뿐 아니라 꿈과 희망까지 파악하며, 모두가 성공을 거둘 수 있도록 지원해야 한다. 미국 프로 풋볼 팀 '샌프란시스코 포티나이너스'의 전설적인 수석 코치 빌 월시(Bill Walsh)는 저서 《점수는 알아서 따라온다(The Score Takes Care of Itself)》에서 리더의 역할을 멋지게 설명했다. 그의 말에 따르면 세계에서 가장 재능 있는 사람과 함께한다 해도 성공은 보장될 수 없고, 뛰어난 리더는 팀의 문제를 지능적이고 냉철하게 해결함으로써 성공의 가능성을 높이려고 한다. 앞에서 언급한 빅3를 이용해 팀을 관리하는 데 집중하면 낮은 자부심, 한층 더 노력하지 않으려는 태도, 낮은 직원 유지율, 낮은 열의, 목표 달성 실패와 같은 문제들은 자연스럽게 해결될 것이다.

3요소 리더십 기준의 기원

2016년, 나는 트위터를 떠나 킴 스콧(Kim Scott)과 캔더(Candor, Inc.)를 공동 창업했다. 소프트웨어 기업인 캔더는 킴의 베스트셀러 도서인 《실리콘밸리의 팀장들(Radical Candor)》에 소개된 아이디어들을 실제로 적용할 수 있도록 여러 기업을 돕는 일을 했다. 그곳에 있을 때 나는 약 1,000개의 기업과 직접 소통했다. 그들이 회사로 전화를 걸면 보통 가장 먼저 대화를 나누는 상대가 나였고, 나는 한 가지 간단한 발견 질문(Discovery Question, 상대의 문제나 고민을 파악하는 동시에 상대에게도 스스로 깨달을 기회가 되는 질문-옮긴이)으로 대화를 시작했다. "해결하고자 하는 문제가 무엇입니까?"

그들의 대답은 업종, 기업의 규모, 지역을 막론하고 충격적일 정도로 비슷했다. 어떤 기업은 근거를 제시하기도 했고 또 어떤 기업은 막연한 느낌만으로 판단했지만, 그들이 똑같이 씨름하던 문제는 항상 다음과 같았다. "관리자 역량이 부족해 직원 참여에 문제가 있습니다." 자연스럽게 다음 질문이 이어졌다. "그렇다면 어떤 역량이 부족한지 말씀해 주시겠습니까?" 그들의 대답을 듣다 보면 공통된 주제가 떠오르고 문제에 어떻게 접근해야 할지 감이 잡히기 시작했다. 내가 직접 협력한 기업은 수백 개가 넘고 전화, 이메일, 트위터 등으로 따로 조언해 준 기업도 수백 개나 된다. 나는 이러한 과정을 통해 훌륭한 관리자들은 일상적으로 수행하지만 덜 훌륭한 관리자들(대부분의 사람들이 여기에 속한다)은 수행하지 않는 몇 가지 간단한 행위가 무엇인지 깨달았다.

탁월한 리더의 성공 법칙

여러 기업과 일하며 배운 것들은 내 직관과도 일치했다. 기업들로부터 이야기를 들으며 배운 내용 대부분은 내가 28년간 팀들을 성공적으로 이끌며 몸소 경험한 것들이었다. 모든 것은 단순하고 분명한 하나의 생각에서 시작된다. 직장에서 일하는 사람들이 공통으로 하는 생각은 '성공하고 싶다는 것'이다. 그렇다면 뛰어난 관리자는 각 개인에게 요구되는 것이 무엇인지 알려 주고, 그들이 성공할 수 있도록 도와야 할 것이다. 나는 커리어를 처음 쌓기 시작할 때부터 관리자 역할을 수행했다. 미 해병대 장교로 시작해 40명의 보병 소대를 이끌었고, 중대장이 되어 해병 전투부대원 175명을 책임졌다. 그 후로 패스파인더스(Pathfinders), 프리머니(FreeMonee), 캔더 등의 소규모 회사와 구글, 트위터, 퀄트릭스(Qualtircs)를 포함해 업계를 선도하는 여러 테크 기업에서 일했다. 그러면서 펜실베이니아대학교 와튼경영대학원에서 MBA를 수료했다.

나는 전 세계적으로 약 700명에 이르는 글로벌 팀과 7억 달러 규모의 사업을 이끌기도 하면서 무서운 속도로 성장하는 여러 기업에서 중요한 비즈니스 문제를 발견하고 해결했다. 구글에는 기업공개(IPO) 직후에 입사했다. 그곳에서 7년 동안 일하면서 2,500명 정도이던 직원이 5만 명 이상으로 증가하는 것을 경험했다. 트위터와 퀄트릭스에서는 기업공개를 계획했고, 이후 폭발적인 성장을 이어가는 데 도움을 준 경험도 있다. 어느 곳에서나 방향성, 코칭, 커리어는 성공적인 팀을 이끄는 중요한 요소로 작용했다.

하지만 이 접근법은 효과 있다는 자신의 생각만으로 실제로 그렇게 되는 것은 아니다. 나는 경영 처방은 무엇이든 신중하게 받아들여

져야 하고, 처방을 내리는 사람은 '효과가 있다'는 표현을 어떤 의미로 쓰고 있는지 분명하게 밝혀야 한다고 생각한다. 어떠한 리더십 접근법이든 입증 가능하고, 측정 가능하며, 예측 가능한 방식으로 '참여도 높은 직원'과 '총매출(또는 순수익)'이라는 비즈니스 결과물에 영향을 미쳐야만 효과가 있다고 말할 수 있다. 참여도 높은 직원 없이는 매출을 기대할 수 없다. 나는 퀄트릭스에 합류하기 전에 빅3라는 세 요소에 초점을 맞춘 프로그램들을 개발해 수백 개의 기업에 전달했고, 고객사들의 피드백을 바탕으로 프로그램을 강화했다. 퀄트릭스로 직장을 옮긴 뒤에는 방향성, 코칭, 커리어 접근법이 직원 참여 및 비즈니스 결과와 수학적 관계가 성립하는지 정식으로 시험해 볼 수 있었다. 그 결과는 앞으로 보게 되겠지만 당연히 '성립한다'였다.

내 커리어에서 가장 뿌듯하게 생각하는 것은 2011년 구글에서 '훌륭한 관리자 상(Great Manager Award)'을 수상한 일이다. 이 상에 자부심을 갖는 이유는 3년간 동료들과 빅3를 시행하며 인수 여파의 대혼란 속에서 업무 수행에 절대적으로 필요한 대규모 팀이 재기의 발판을 마련하도록 도왔던 공을 인정받았기 때문이다.

2007년, 구글은 당시 최대 규모인 31억 달러를 투자해 더블클릭(DoubleClick)이라는 회사를 인수했다. 그때 구글은 비검색 광고(검색 의도가 없는 인터넷 이용자에게도 노출되는 광고-옮긴이) 비즈니스를 개발하고 확장하고자 위태로워 보이는 행보를 시작하고 있었다. 더블클릭 인수로 마침내 구글은 동력을 얻고 극적으로 디스플레이 광고 사업을 확장할 수 있었다. 나는 전 세계에 걸쳐 약 700명의 직원을 둔 더블클릭의 서비스 그룹을 통합하고 운영하고 재정비하는 일을 맡았다.

탁월한 리더의 성공 법칙

곧장 개선해야 할 점이 눈에 띄었다. 더블클릭의 제품 관리(Product Management) 팀은 내가 교체한 임원과 잘 어울리지 못했다. 제품 관리 팀원들은 해당 임원과 그의 팀이 조직 목표와 우선순위를 너무 안이하고 일방적이며 불분명하게 설정했다고 생각했다. 제품 관리 팀원들은 뒷전으로 밀려난 것 같은 기분이 들었고, 그 결과 협력이 잘 이뤄지지 않았다. 더 최악인 것은 더블클릭의 서비스 그룹 내 고위 리더십 팀은 구글의 교차기능(cross-functional) 리더십 팀의 눈에 자신들이 그리 성공적인 팀으로 보이지 않는다는 사실을 알았지만, 그룹 내의 이러한 간극을 제대로 인식하고 있지 못하는 듯했다. 게다가 나는 이 서비스 팀이 구글에서는 결코 용납될 수 없는 방식으로도 활용되는 것을 알았다.

회사 인수를 마무리한 기업개발 팀은 인수된 기업의 모든 직원이 새로운 노트북과 이메일 주소를 받고 지정 레이저 프린터로 문서를 출력할 수 있게 되면 '통합되었다'고 착각하기 쉽다. 나는 이것을 관리적 통합이라고 부르는데, 완전 통합의 관점에서 보면 지극히 사소한 수준에 불과하다. 진정한 통합은 인수된 기업 내 다양한 기능적 조직에 대한 양사의 기대치와 각자 고수해 온 문화를 조화시켜 나가는 다년간의 수고로운 과정을 거쳐야 가능하다. 내가 맡게 된 팀은 고객이 최우선이라는 생각이 구글이나 다른 회사의 팀보다 앞섰다. 이것은 분명 구글이 유지하고 더욱 발전시켜야 할 강점이었다. 다른 한편으로 그들은 제대로 인정받지 못한다고 느끼며 앞으로 닥칠 일을 두려워하고 있었다. 그들은 자신들의 자리뿐 아니라 장기적인 커리어 전망에 대해서도 몹시 걱정했다.

인수되기 전 더블클릭은 성공적인 대규모 기업이었고, 그에 걸맞은 문화를 갖고 있었다. 조직 문화 측면에서 구글과 크게 다른 점은 규모에 대한 그들의 태도였다. 이 점이 내가 맡은 새로운 집단에서 뚜렷하게 드러났다. 더블클릭은 제품의 부족한 점을 보완하기 위해 사람들, 즉 기술 지원 직원들을 활용하는 데 적극적이었지만 구글은 어떻게든 기술 그 자체를 이용하려고 했다. 이 사업체의 서비스 그룹을 구글의 문화에 잘 맞도록 변화시키는 동시에, 여러 역할을 하는 더블클릭 리더들의 의견에 귀를 기울이고 그들의 요구를 충족시키기 위해 노력하는 과정은 글로 쓰기에는 쉬워도 제대로 해내기란 상당히 어렵다. 이 모든 일은 더블클릭 서비스 그룹의 방향을 완전히 바꾸고, 조직 내 거의 모든 사람에 대한 기대치를 대대적으로 재설정해야 한다는 것을 의미했다.

한 가지 예를 들어 보겠다. 해당 서비스 그룹이 수행한 업무 중 하나는 구현(implementation), 즉 신규 고객들이 구매한 제품을 성공적으로 구축하고 이를 활용하도록 지원하는 것이었다. 그룹은 'TTL(Time to Live)'이라는 측정 지표로 고객이 계약을 맺은 후부터 '활성화(live)' 상태가 되어 제품으로 가치를 얻기까지 걸리는 시간을 측정했다. 이 측정법은 매우 중요했다. 고객이 더 빨리 제품을 가동하고 운용할수록 기업의 성공 가능성이 커지고, 더 빨리 대금을 받을 수 있으며, 고객과의 관계가 계속 이어질 확률도 높아지기 때문이었다. 내가 이 서비스 그룹을 맡았을 때 TTL은 약 6개월이었는데, 내 직관으로는 이 기간이 유난히 긴 것처럼 느껴졌다. 더 큰 문제는 이 측정법이 전 고객을 대상으로 일관되게 적용되지 않았기 때문에 평균 6개월이라는

TTL이 정확한지 믿을 수도 없었다.

나는 조직 내 사람들에게 간단한 질문을 던지며 문제를 깊이 파고들기 시작했다. 질문에 대한 대답을 듣다 보니 TTL을 최소 절반으로 줄이고 정확한 측정 방법을 표준화할 수 있겠다는 생각이 들었다. 그러나 일부 사람들은 그럴 수 없다고 단호히 주장했다. 그들은 고객들의 긴급함을 느끼지 못하기라도 하듯이 우리가 통제하기 어려운 요소들에 초점을 맞췄다. 다른 사람들은 개선할 점이 많다며 이 도전을 긍정적으로 받아들였다. 하지만 저항의 목소리는 열정의 목소리보다 훨씬 더 컸다. 내가 내린 결론은 고객들은 가장 시급한 비즈니스 문제를 해결하기 위해 제품을 구매했으니, 되도록 빨리 그 문제를 해결할 수 있도록 우리가 최선을 다해야 한다는 것이었다.

6개월 후, 서비스 그룹은 TTL을 한 달 이하로 줄일 수 있었다. 이 TTL 사례는 서로 다른 12개 제품을 지원하는, 복잡하게 분산된 대규모 팀에 변화를 적용한 결과였다. 저항에도 불구하고 계속 추진하는 과정이 얼마나 힘들었는지 여기서 전부 설명하기 어려울 정도다. 우리는 중요하지 않은 측정 지표를 과감히 버리고 중요한 지표에 집중해 개선하는 작업을 반복했다. 정말 '살아 있음을 느끼는' 순간들이었다!(What a time to be a-live!)

이 사례를 거의 모든 그룹과 우리가 판매하고, 구현하고, 지원하는 모든 제품에 적용했다. 우리는 팀의 목적을 명확히 하는 것은 물론 성공을 위한 다년간의 비전을 확립하고, 다른 팀들과 협력해 측정 가능하고 의미 있는 목표를 설정해야 했다. 우리는 서비스 그룹 내 모든 구성원에게 새롭게 부여된 기대치를 분명하게 설명하고 완전히 새로운 맥락에서 그들이 성공할 수 있도록 코치해야 했다. 우리는 그룹 내 모든 관리자의 역할이 방향을 제시하고 팀원들이 성공할 수 있도록 코치하는 것임을 이해하도록 리더십 팀을 개혁해야 했다. 그런 뒤 나는 70명이 넘는 관리자들을 캘리포니아 마운틴뷰에 있는 구글 본사로 소집해 이 책 4부에 소개된 '커리어 대화' 방법론을 가르쳤다. 빗대어 말하자면 이는 비행 도중에 비행기를 수리하는 일로서, 그것도 한두 개의 볼트가 아닌 수백 개의 볼트를 조이는 일이었다.

조직을 개편하자 매우 낮았던 직원 참여도가 평균 이상으로 높아졌고, 팀은 고객을 포함한 거의 모든 이해 관계자가 만족할 만한 성과를 달성했다. 그런 뒤 내가 시드니로 가서 그곳의 팀원들을 만났을 때였다. 회사가 인수되며 구글에 합류해 개편 과정을 거쳤던 시니어 직원 제니 보셸(Jenny Boshell)이 나를 불러 세워 말했다. "그동안 정말 수고 많았어요. 당신이 오기 전에는 팀이 엉망이었어요." 이런 피드백은 나에게 매우 큰 보람을 안겨 주었는데, 특히 조직 개편 과정에서 내가 저지른 수많은 실수를 생각하면 더더욱 그랬다.

이러한 변화가 있은 후 내가 소속된 팀은 나를 훌륭한 관리자 상 후보로 추천했다. CEO 팀은 각 팀이 추천한 후보들을 검토하고 파악한 뒤 수상자를 결정하는데, 측정 가능한 영향력을 발휘했다는 실적과 평판 없이는 수상자로 선정될 수 없었다. 하지만 우리 팀이 나를 추천했다는 사실이 수상 자체보다 큰 의미가 있었다. 팀원들은 그동안 견디기 힘든 변화를 겪었지만, 우리가 한 일이 구글뿐만 아니라 자신들에게도 좋은 일이라고 믿었던 것 같다. 훌륭한 관리자 상은 내가 모든 관리자에게 바라는 모습을 함축적으로 보여주고 있다. 즉 팀이 놀라운 성과를 내는 가운데 팀원들이 열정과 즐거움을 느낄 수 있게 하는 리더의 모습 말이다. 당신도 이러한 '행복한 결과물들'을 낼 수 있다. 이를 위해 대단한 무엇이 필요한 것도 아니다. 세 가지 요소로 이루어진 간단한 리더십 기준만 있으면 충분하다. 다만 당신이 나와 비슷한 사람이라면 '증거가 필요하다'고 생각할 것이다. 다행히도 나에게는 증거가 있다.

3→E↔R

간단히 말해 조직 관리자로서 방향성(Direction), 코칭(Coaching), 커리어(Career)라는 세 가지 요소(3)를 받아들이면 참여도 높은 직원(Engagement, E)을 얻고 기대한 성과(Results, R)를 낼 수 있을 것이다. 3→E↔R. 이 주장을 완성하려면 핵심 개념인 '직원 참여'부터 이야기해야 한다. 그리고 여러분은 다음 두 가지 중요한 질문에 답해야 한다.

1. 직원 참여란 무엇인가?
2. 우리가 왜 그것에 관심을 가져야 하는가?

직원 참여와 비즈니스 성과의 관계를 이해하고 나면 자연스럽게 이어지는 질문이 "어떻게 직원 참여도를 높일까?"다. 팀의 직원 참여에 가장 큰 영향을 미치는 요인은 바로 관리자다. 다른 어떤 요인과도 비교가 되지 않을 만큼 큰 영향력을 발휘한다. 그리고 좋은 소식 하나를 전하자면 빅3(방향성, 코칭, 커리어)를 활용하는 것만으로도 직원 참여에 긍정적인 영향을 미칠 수 있다.

직원 참여란 무엇이고, 왜 중요한가?

갤럽이 2017년 〈글로벌 직장 현황 보고서〉에서 밝혔듯이 직원 참여
도가 '상위 사분위수(전체를 넷으로 등분했을 때 상위 25퍼센트에 드는 수-옮긴이)'
에 속하는 기업은 하위 기업보다 생산성이 17퍼센트, 수익성이 21퍼
센트 높은 것으로 나타났다. 참여도 높은 직원이 더 나은 성과를 낸
다는 사실을 뒷받침하는 유사한 연구 결과도 무수히 많다. 이 사실은
전혀 모호하지 않다. 하지만 여전히 일부 사람들은 직원 참여를 두고
'소프트 지표(soft measure)'라고 부르며 과소평가하는 경향이 있다. 혹시
나 이런 말을 들으면 '그냥 정말 아무것도 이해 못 하는 사람'이라고
생각하길 바란다.

자, 그럼 당신이 설득되었다고 가정해 보자. "좋아요. 직원 참여가
성과와 정량적인 관계가 있다고 믿을게요. 그럼 참여는 정확히 무슨
뜻입니까?" 좋은 질문이다. 여기서 참여란 '측정 가능한 참여(measurable
engagement)'로서 직원이 자신의 역할을 긍정하며 조직의 목표를 달성하
기 위해 적극적으로 노력하는 것을 말한다. 당신이 생각했거나 조니
와 모이라가 생각했던 그 인게이지먼트(약혼을 뜻함-옮긴이)가 아니다(조니
와 모이라는 캐나다 드라마 〈시트 크릭〉의 등장인물이다-옮긴이). 측정 가능한 참여란
산업 및 조직(Industrial and Organizational, I/O) 심리학에서 30년에 걸쳐 개
발된 몇 가지 아이디어를 조합해 만들어진 개념이다. I/O 심리학은 조

직과 직장에서의 인간 행동을 과학적으로 연구하는 학문이다.

심리학에서 탄생한 마법 같은 측정법이 더 나은 결과를 이끌어 내는 것이 의심스러운가? 그런 생각을 가진 사람이 많다. 나도 그런 의문을 가진 적이 있다. 나는 사회적 통념을 거의 따르지 않는다. 《네 가지 성향(The Four Tendencies)》의 저자인 그레첸 루빈(Gretchen Rubin)에 따르면 나는 철저한 질문자(Questioner)다. 단순히 '역사가 30년 된 I/O 심리학에 나오는 거니까' 또는 '어떤 고위직이 원하니까' 같은 이유로는 절대 행동하지 않는다. 나는 그 무엇이 영향력을 발휘할 잠재력이 있을 때만 행동하고, 그 뒤에 정말 효과가 있는지 측정한다. 퀄트릭스에서 내 팀은 관리자의 역량, 직원 참여, 그리고 실제 직원 참여와 성과 간의 관계를 체계적으로 추적했다. 이 작업은 내가 중심이 되어 몇 년 동안 진행됐다. 여러분의 이해를 돕기 위해 아래에 측정 가능한 참여의 개념 몇 가지와 그것을 파악하기 위한 질문을 정리했다.

- **성취감**-당신이 하는 일에 어느 정도의 성취감을 느끼는가?
- **재량적 노력**-예상되는 수준 이상의 노력을 기꺼이 할 마음이 얼마나 되는가?
- **회사에 대한 자부심**-"[회사명]에서 일하는 것이 자랑스럽다"는 표현에 얼마나 동의하는가?
- **직원 만족도(eSAT)**-전반적으로 [회사명]을 직장으로 얼마나 만족하거나 만족하지 않는가?
- **구성원 순추천지수(eNPS)**-[회사명]을 일하기 좋은 직장으로 추천할 의사가 어느 정도 되는가?

• **퇴사·재직 의향**-"[회사명] 퇴사를 진지하게 고려하고 있다"는 진술에 어느 정도 동의하는가?

직원들에게 이러한 질문에 5점 척도로 답하도록 요청하고 결과를 표로 작성하면 팀뿐만 아니라 부서, 회사, 업계, 국가, 세계 차원에서 직원 참여도를 측정할 수 있다. 일반적으로 5점 척도의 상위 두 개의 점수는 긍정적, 중간 점수는 중립, 하위 두 개의 점수는 부정적으로 본다. 따라서 측정 가능한 참여는 상위 두 개 점수 중 하나가 선택되는 빈도를 백분율로 표현한 것이다. 이와 반대로 비참여(disengagement)는 하위 두 개 점수 중 하나가 선택되는 빈도를 의미한다.

같은 해인 2017년 갤럽의 〈글로벌 직장 현황 보고서〉에서 전 세계의 직원 참여도는 15퍼센트로 측정되었다. 이는 충격적일 정도로 낮은 수치다. 미국의 경우 33퍼센트로 두 배 이상이지만, 여전히 형편없는 수준이다. 비즈니스 성과와 직원 참여도를 연결 지어 보면 이러한 수치는 막대한 기회 손실을 의미한다. 참여도 높은 직원들은 자신이 맡은 일에 전념한다. 이들은 더 나은 제품을 생산하고, 더 나은 마케팅 문구를 작성하며, 더 효과적이고 끈질기게 판매하고, 더 철저한 재무 모델과 보고서를 작성한다. 고객 입장에서 참여도 높은 직원들은 고객 지원 전화에서 "오늘 바로 문제를 해결해 드리겠습니다"라고 명쾌하게 말하는 사람들이다. 이러한 경험을 해본 적이 있다면 그것이 해당 제품, 서비스, 회사에 대한 고객 충성도를 얼마나 강화하는지 잘 알 것이다. 이와 반대로 고객 서비스 담당자가 갑자기 전화를 끊거나 무례한 경우에는 고객이 다른 서비스 제공자를 찾게 된다. 참여도 높

탁월한 리더의 성공 법칙

은 직원은 더 나은 비즈니스 성과를 창출한다. 더 좋은 결과가 승리를 가져오고, 승리하는 팀은 직원의 참여도를 더 높이며, 참여도 높은 직원이 또다시 더 나은 결과를 만들어 내는 선순환이 이루어진다.

아직도 회의적인가? 그렇다면 앞서 소개한 17퍼센트 생산성 향상과 21퍼센트 수익성 향상이라는 통계를 뛰어넘는 사례를 몇 가지 더 소개하겠다.

나는 퀼트릭스에 입사하기 전 캐나다의 한 대형 은행에서 컨설팅 업무를 담당했다. 1만 명 규모의 은행 사업부 중 한 곳에서 참여도 높은 직원이 그렇지 않은 직원에 비해 세 배 더 매출을 올린다는 통계를 발표한 적이 있다. 또한 컨설팅 회사인 베인앤드컴퍼니(Bain & Company)는 보고서 〈열정의 화학적 원리(The Chemistry of Enthusiasm)〉(2012년 5월)를 통해 직원 참여도가 높은 회사가 낮은 회사에 비해 매출이 2.5배 더 성장했다고 밝혔다. 내가 조사한 또 다른 기업은 영업 마진의 70퍼센트가 훌륭한 직원 경험에서 발생하는 것으로 드러났다. 사람들은 직원 참여도를 높은 이직률과 재교육 비용을 줄이는 점에서만 가치 있다고 여긴다. 물론 이런 요소들도 중요하지만, 그것에만 초점을 맞춘다면 직원 참여의 전체 가치를 과소평가하는 것이다. 핵심은 어떤 기업이든 직원 참여가 그 기업이 창출하는 가장 중요한 결과에 직접적으로 연결되어 있다는 것이다. 직원 참여는 부수적인 '소프트 지표'가 아니라 필수불가결한 요소다.

이 모든 이야기는 결국 참여도가 높은 직원이 팀과 회사에 경쟁력을 제공한다는 사실로 귀결된다. 대부분의 기업이 '직원이 우리 회사의 경쟁력'이라고 립서비스를 하지만, 글로벌 참여 데이터에 따르면 그것은 거짓말처럼 보인다. 기업들이 하는 말과 행동이 일치하지 않는다. 기업들은 수많은 기회를 놓치고 있다.

무엇이 참여에 영향을 미치는가?

이제 직원의 참여도를 높이는 데 관리자가 어떤 역할을 하는지 알아보자. 2016년, 갤럽 글로벌 리더십 운영 이사로서 29년 경력의 베테랑이었던 래리 에몬드(Larry Emond)는 내게 이런 이야기를 했다. "관리자는 직원 참여의 70퍼센트를 책임집니다." 참여에서 나타나는 그전과 다른 변화의 70퍼센트가 통계적으로 관리자의 역량으로 설명된다는 뜻이다. 다시 말해 더 높은 참여도는 더 나은 관리의 결과이고, 더 낮은 참여도는 더 나쁜 관리의 결과라는 것이다. 이 효과를 50퍼센트로 낮춘다 해도 본질은 달라지지 않는다. 유능한 관리자는 참여도 높은 직원들을 육성하고, 이 직원들이 더욱 우수한 결과를 만들어 낸다. 무능한 관리자는 이와 정반대의 결과를 가져온다. 관리자가 열쇠를 쥐고 있는 것은 확실하다. 따라서 우리는 관리자들을 신중하게 선택하고 그들의 자격을 자주 갱신하도록 해야 한다.

퀄트릭스가 만드는 소프트웨어는 기업의 고객 또는 직원이 느끼는 '경험 격차(Experience Gaps)'를 측정하고, 설계하고, 개선하는 데 도움을 준다. 퀄트릭스의 최고마케팅책임자인 카일런 런딘(Kylan Lundeen)에 따르면 약 80퍼센트의 CEO가 자신의 회사가 고객에게 차별화된 경험을 제공한다고 생각하지만, 실제로 그렇게 느끼는 고객은 8퍼센트

탁월한 리더의 성공 법칙

밖에 되지 않는다. 이것이 바로 '고객 경험 격차'의 본질이다. 하지만 이러한 경험 격차는 고객만이 겪는 문제가 아니다. 퀄트릭스에서 XM 이라고 부르는 '경험 관리(Experience Management)'는 네 가지 핵심 경험에 집중한다. 고객 경험(CX), 브랜드 경험(BX), 제품 경험(PX), 직원 경험 (EX)이다. 이 중 직원 경험 격차도 크다. 샐러리닷컴(Salary.com)의 조사에 따르면 CEO의 81퍼센트는 직원들이 자신의 회사를 일하기 좋은 직장으로 여길 것이라고 생각했지만, 직원들 중 38퍼센트만이 그렇게 여겼다.

갤럽과 마찬가지로 퀄트릭스도 다른 어떤 요인보다 관리자가 직원 경험의 주요 측정 항목인 직원 참여도에 가장 큰 영향을 미친다는 사실을 발견했다. 퀄트릭스에서 1만 7,000명 이상의 전 세계 근로자를 대상으로 실시한 '2020년 노동인구 조사'에 따르면, 관리자의 지원을 받는 직원의 참여도는 79퍼센트인 반면 그렇지 못한 직원은 23퍼센트로, 56퍼센트 포인트라는 큰 격차를 보였다. 2020년, 퀄트릭스의 경험관리연구소(XM Institute)가 전 세계 1만 명을 대상으로 한 조사에서는 직속 상사가 팀, 보상, 복리후생, 회사 가치, 직장에서의 즐거움, 근무지 유연성, 커리어 발전을 모두 제치고 직장 선택에서 가장 중요한 요인으로 꼽혔다. 다른 요인들은 모두 관리자의 영향력에 미치지 못했다.

요약하자면 '직원 참여는 중요하고, 관리자가 직원 참여를 책임지고 있으며, 직원 참여는 어디에서나 끔찍한 수준'이라는 것이다. 전 세계의 직원 참여도가 15퍼센트에 불과하고, 관리자가 참여도에 그 어떤 요인보다 큰 영향을 미친다고 한 것을 기억하는가? 이 모든 것을 종합해 보면 당신이 마주하는 모든 관리자가 시스템적으로 실패하고 있다는 결론에 도달한다.

앞에서 내가 '증거가 있다'고 했는데, 이제 당신은 그 증거를 확인했을 것이다.

형편없는 관리자가 되어서는 안 된다

모든 것을 세세하게 지적하고 싶지는 않지만, 형편없는 관리자가 되어서는 안 된다. 만약 이 일을 잘 해내지 못한다면, 가령 가끔 실수하는 눈치 없는 관리자가 된다거나(나도 그런 적이 있다) 조금이라도 제 역할을 하지 못한다면 그것은 전적으로 당신의 잘못만은 아닐 수도 있다. 너무 많은 사람이 구명조끼 없이 바다에 던져진 것이 문제일 테니 말이다. 아니면 잘못된 이유로 당신이 관리자로 발탁된 것인지도 모른다. 어쩌면 팀에서 가장 오래 근무한 사람이었기 때문일 수도 있고, 이전에 개인 기여자(Individual Contributor, 전문 기술이나 지식을 가지고 조직에 기여하는 일반 실무자-옮긴이)로서 뛰어난 모습을 보였기 때문일 수도 있다. 그러나 개인 기여자로서 성공하는 활동과 관리자로서 성공하는 활동은 전혀 다르다는 것을 알아야 한다.

코리 크리스텐슨(Cory Christensen)은 매우 뛰어난 목수지만, 나와 아내가 그를 두 차례나 시공자로 선택한 것은 그 때문이 아니었다. 시공자를 선택할 때 우리 부부가 중요하게 생각했던 점은 소통 능력, 문제를 파악하고 예측하며 대처하는 능력, 하청업체를 관리하고 갈등을 해소하는 능력, 우리가 실수를 저지르기 전에 경고해 주고 어려운 결정이나 선택에 조언해 주는 것, 장단점을 평가할 때 도움을 주는 것 등이었다. 건축업자로 성공하기 위해서는 목수, 전기 기술자, 배관공 등과는 다른 능력과 활동이 필요하다.

비유를 섞는 것이 내 취미이니까 이번에는 교향악단 지휘자인 이마니(Imani)에 대해 한번 생각해 보자. 그녀는 재능 있는 연주자일지 모르지만, 지휘자 역할을 할 때는 악기를 연주하지 않는다. 그녀가 맡은 일은 악곡을 조화롭게 연주하도록 하는 것이다. 그러기 위해 이마니는 각 자리에 적절한 연주자를 배치하고, 그들이 연주하기 전에 악기가 잘 조율되어 있는지 확인해야 한다. 전설적인 농구 감독 존 우든(John Wooden)이 매 시즌을 선수들에게 신발 끈 묶는 방법을 가르치는 것으로 시작했듯이, 이마니 역시 기본 단계를 절대로 건너뛸 수 없다. 불협화음이 발생하면 연주자들을 개선하거나 교체해야 하고, 작곡가의 의도를 모든 연주자가 동일하게 이해하도록 해야 한다. 이 모든 과정의 최종 결과는 협주곡, 소나타 또는 교향곡의 조화롭고 멋진 연주다. 따라서 관리자를 뽑을 때도 마찬가지로 개인 기여자로서의 역량이 아니라 관리 성향과 리더십 능력을 보고 신중하게 판단해야 한다는 것이다.

하지만 관리자를 선발할 때 더 나은 기준을 적용하는 것만으로는 충분하지 않다. 많은 회사가 체계적인 관리 교육 시스템을 갖추고 있지 않으며, 교육 시스템을 갖추고 있다 해도 측정 가능한 책임까지 가르치는 경우는 거의 없다. 이는 특정 리더십 기준이 효과가 있는지 확인할 수 없음을 뜻한다. 이에 더해 관리자는 새로운 연구 결과물을 가지고 나타난 '전문가'들에게 끊임없이 폭격당한다. 연구 결과물의 상당수는 통찰력과 설득력이 있지만, 보통의 관리자라면 그것을 알라 카르트(à la carte, 음식점에서 메뉴판에 있는 여러 단품 요리를 따로 주문하고 조합해 먹는 방식-옮긴이)로 받아들이는 게 아니라 수많은 사람이 붐비는 결혼식 뷔페에 있다는 느낌을 받는다. 정보가 너무 많고 체계적이지 않으며 혼란스럽기 그지없다. 관리자는 길을 잃고 외로움을 느끼는 경우가 많다. 그런 데다 모든 답을 알고 있을 거라는 기대를 받기 때문에 누구에게 도움을 요청하기도 두렵다. 무엇보다 가장 심각한 문제는 상황을 개선할 방법을 몰라 좌절감과 죄책감에 사로잡히는 것이다.

자신의 경험을 솔직하게 인정하는 관리자라면 이러한 문제점을 하나 이상 알고 있을 것이다. 나도 그랬다. 사실 내가 3요소 리더십 공식을 만든 것도 바로 이러한 문제 때문이었다. 약 30년 동안 훌륭한 성과를 거두고 그 과정에서 열정적으로 일하는 팀들을 이끌며 얻은 경험, 《실리콘밸리의 팀장들》과 관련한 작업을 통해 얻은 통찰, 그리고 방금 언급한 3요소 연구를 바탕으로 3→E↔R이 성공적인 아이디어라는 확신을 얻었다. 다만 내게 부족한 것은 근거였다.

그러다 2017년 말, 킴과 내가 캔더에서 함께 일할 날이 얼마 남지 않았을 때 킴이 말했다. "제러드 스미스(Jared Smith)의 회사 한번 알아보세요. 퀄트릭스 말이에요. 잘하고 있는 것 같더라고요." 제러드와 나는 2005년과 2006년에 구글에서 킴에게 보고하는 위치에 있었고, 나는 제러드를 상당히 좋게 평가하고 있었다. 그는 친절하고 밝고 도덕적이었으며, 어려운 문제를 즐기는 사람이었다. 나는 그를 신뢰했다. 그 밖에도 나는 두 가지 이유로 퀄트릭스에서 일해 보고 싶다는

탁월한 리더의 성공 법칙

생각을 했다. 첫째, 나는 그가 사람을 관리하는 데 관심이 많다는 것을 알고 있었고, 자기 역량을 향상하기 위해 노력하는 그의 모습도 봤다. 둘째, 그는 시스템 싱커(Systems Thinker)였다. 복잡한 시스템을 개념화하고 전달하는 데 능할 뿐 아니라, 대규모 시스템적 문제 해결에 따르는 도전과 기회를 잘 이해하고 있었다.

나는 제러드를 만나 함께 점심을 먹으러 갔다. 제러드는 자리에 앉자마자 이렇게 말했다. "문제가 하나 있어요. 우리 회사는 성장하고 있고, 당연히 관리의 핵심 인력도 함께 늘고 있고요. 우리가 성장할수록 관리자들에게 더 많이 의존하게 되는데… 관리자들을 좀 고치는 데 도움이 필요해요."

나에게 관리자를 '고쳐' 달라고 요청하다니, 너무도 매력적이었다. 제러드는 지금까지의 방식으로는 관리자의 채용과 육성이 더 이상 진전될 수 없는 현실을 잘 알고 있었다. 당시 퀄트릭스는 기업공개를 1년 정도 남겨 둔 상황이었고, 자사의 소프트웨어는 수천 명의 고객에게 없어서는 안 될 제품이 되어 가고 있었다. 당시 퀄트릭스는 약 150명의 관리자가 지속적인 성공의 열쇠를 쥐고 있었다. 제러드는 수백 명 규모에서 수천 명 규모로 기업이 발전하고 글로벌 입지가 확장되면 이러한 역동성이 더욱 커질 것이라 생각했다.

나는 제러드의 제안에 큰 흥미를 느꼈다. 내 커리어로 볼 때 이 문제를 해결하는 데 가장 적합한 위치에 있다고 생각했기 때문이다. 캔더에서의 경험을 통해 관리자와 관련한 회사의 문제를 충분히 이해하고 있었다. 또한 제러드가 효과가 입증된 리더십 공식을 개발하는 데도 관심이 있을 거라 생각했다.

제러드와 이야기를 나누며 나는 추측하고 있던 것들을 물어봤다. "관리자들이 부정적인 피드백을 주기 어려워하나요?"

"맞아요!" 그가 대답했다.

나는 또 물었다. "직원들이 가끔씩 자신의 성장과 발전에 불만족스러워하고요?"

"와, 네! 그리고 그런 사람들은 퇴사했어요. 우리는 퇴사할 거라 미처 예상하지 못하다가 그때마다 놀랍니다."

"사람들이 일을 점점 더 많이 하면서도, 그 일이 회사 목표에 어떤 영향을 미치는지 제대로 알고 있지 않은 것 같죠?"

다시 한 번 "예"라는 답이 나왔다.

"주인의식도 문제고요?"

"꼭 우리 회사에서 근무하는 사람 같네요."

제러드와 얘기한 이런 문제들은 당신에게도 익숙하리라 생각한다.

제러드와의 면접은 순식간에 끝났다. 나는 2018년 1월부터 그곳에서 관리자들에게 참여와 성과 모두를 이끌어 내는 방법을 가르치고, 이 두 가지를 측정해 무엇이 실제로 '효과'가 있는지 알아내는 일을 시작했다.

몇 년이 지나자 퀄트릭스의 관리자들은 눈에 띄게 개선되었고, 기업의 직원 참여도와 성과 모두 크게 향상되었다. 퀄트릭스의 디렉터인 크리스 벡스테드(Chris Beckstead)는 한 마디로 피드백을 주었다. "차별화된 리더십 문화가 성공적으로 구축되었습니다." 퀄트릭스에게는 너무도 잘된 일이었지만, 이른바 행복한 결과를 내기 위해 분투하는 전 세계 약 1억 4,000만 개의 기업은 어떻게 해야 할까?

다른 곳의 관리자들이 계속 해 오던 방식으로 일을 한다면 얼마 지나지 않아 그 조직에는 일을 할 사람이 아무도 없을 수도 있다. '사람들은 나쁜 직장을 떠나는 것이 아니라 나쁜 상사를 떠난다'는 말이 괜히 생긴 게 아니다. 소프트웨어 엔지니어들과 더불어 제품 관리, 디자인, 유저 리서치 등 유관 부서에 크게 의존하는 하이테크 기업으로부터 배워야 한다. 엔지니어들은 어느 업계에서나 귀한 존재다. 그 수가 많지는 않지만 모두에게 필요한 존재다. 모두에게 필요한 이유는 무엇일까? 벤처 캐피털 회사인 앤드리슨 호로위츠(Andreessen Horowitz)의 업무집행조합원(General Partner, GP)인 마틴 카사도(Martin Casado)는 2011년부터 2015년까지 스타트업과 고성장 테크 기업이 연구개발(R&D)에 투자한 비용이 기존 기업의 두 배였다고 지적했다. 그 이유는 규모가 크고 안정적인 기존 기업들이 운영을 유지하고 예측 가능한 결과를 만들어 내는 능력을 주식시장이 높이 평가하기 때문이다. 하지만 기존 기업들도 혁신을 원하는데, 그것을 실현하는 방법 중 하나가 비유기적 성장이다. 이는 실리콘밸리의 테크 스타트업 같은 더 혁신적인 기업들을 인수하는 것을 의미한다. 2011년부터 2015년까지 기존 대기업들은 성장 기업(Growth Company, 높은 수준의 매출과 영업 이익을 지속적으로 달성하는 기업-옮긴이)보다 약 아홉 배 높은 비용을 혁신적인 기술이나 기업을 인수하는 데 쏟았다. 엔지니어들은 기존 기업들이 바라는 혁신과 전환을 이끌어 냈고, 이러한 역학이 소프트웨어 엔지니어의 가치를 더욱 끌어올리는 데 중요한 역할을 했다.

이는 노동 이동(Labor Mobility)을 촉진하는 환경을 만든다. 나는 캔더에서 엔지니어링 팀을 이끌 후보자를 인터뷰했는데, 그의 말은 이런 상황을 잘 요약한 것이라 할 수 있다. "엔지니어 일은 전 세계에서 중요한 문제를 해결할 수 있으니까 좋은 대우를 받습니다. 그래서 저는 가끔 스스로에게 지금 하고 있는 일이 내가 할 수 있는 가장 가치 있는 일인지 물어봐야 한다고 생각합니다. 때로는 '예'라고 대답합니다. 애플에서 5년 동안 일했을 때가 그렇습니다. 때로는 '아니오'라는 대답이 나오기도 합니다." 다시 말해 이들 엔지니어는 사실상 무한한 선택지를 가지고 있다. 이는 실리콘밸리에서 가장 평범한 소프트웨어 엔지니어조차 부당한 대우를 참아야 할 이유가 없다는 것을 뜻한다.

이러한 역학은 점점 테크 업계를 넘어 다른 분야에도 적용되고 있다. 점점 더 많은 사람이 기술 산업과 기타 업계의 나쁜 직장을 떠나 자영업자가 되고 있다. 프리랜서는 다른 도시나 지역, 심지어 다른 나라에서도 일자리를 찾을 수 있으며 이사할 필요조차 없다. 최근에 만난 한 개인택시 운전기사는 브라질에서 이민 온 사람인데, 유나이티드 항공사에서도 일한다고 했다. 그는 집에서 로그인해 고객 문제를 처리한다고 한다. 향후 10년간은 온디맨드 경제(On-Demand Economy, 사용자의 요구에 따라 즉각적으로 서비스를 제공하는 경제 형태-옮긴이) 또는 긱 경제(Gig Economy, 임시로 고용하거나 취업하는 경제 형태-옮긴이)가 계속 확장됨에 따라 프리랜서로의 전환은 가속화될 것이다. 업워크(Upwork)의 제7회 연례 보고서인 《프리랜서 포워드(Freelance Forward)》에 따르면, 2014년부터 2018년까지 프리랜서 일자리는 전체 노동력보다 3배 빠르게 증가했고, 2019년과 2020년에는 22퍼센트 증가했다. 코로나19로 촉발된 원격 근무의 증가는 이 추세를 더욱 가속화하고 있다.

이는 먼 미래에 벌어질 공상의 일이 아니다. 사람들이 자신의 조건

탁월한 리더의 성공 법칙

에 따라 일할 수 있게 해주는 기술로 가능해진 현실 상황이다. 나쁜 습관을 고치지 못하고 팀원들에게 투자하는 데 소홀했던 관리자들은 잠재적인 능력의 인재들이 스스로 자신의 상사가 되는 길을 선택함에 따라 얕아지는 인재풀에서 사람을 구해야 하는 상황에 놓이게 될 뿐 아니라, 기존 직원들마저 회사 문을 박차고 떠나는 모습을 보게 될 것이다.

위기는 이미 눈앞에 있지만, 이를 보지 못하는 사람이 너무 많다.

이 책은 누가 읽어야 하는가

당신이 누구든 사람을 관리하는 일을 하고 있다면 이 책이 분명 도움이 될 것이다. 어떤 곳에서든 바람직한 리더십을 모르는 관리자는 반드시 있다. 잘못된 교육을 받은 사람도 있고, 전혀 배우지 못한 사람도 있다. 당신이 누구든 가장 중요한 일을 해내야 한다. 나는 그 방법을 알려 주고자 한다.

기업 내 부문별 최고 경영진을 포함한 최고 관리자 집단을 잠시 살펴보도록 하겠다. 최고 관리자들은 "그런가요…" 하며 떨떠름한 표정을 짓고 있을지도 모른다. 부디 부모가 성교육 팸플릿을 십 대 자녀에게 건네듯이 이 책을 부하 직원에게 건네지 않길 바란다. 고위 관리자들은 부하 직원들(마찬가지로 고위 관리자인 경우가 많지만)이 관리의 기본 지식은 배울 필요가 없다고 잘못 생각할 때가 많다.

퀄트릭스의 최고 인사 책임자인 줄리아 아나스(Julia Anas)는 내게 이렇게 말했다. "솔직히 말해 저는 고위직에서 물러난 적이 몇 번 있습니다. 리더십을 제대로 발휘하지 못했기 때문이죠. 때로는 가장 기본적인 관리조차 하지 못했습니다." 2016년에 컨설팅 일을 하며 관리의 중요성을 이해하지 못하는 고위 리더십 팀을 만난 적이 있다. 나는 벤처 투자사인 세쿼이어 캐피털의 지원을 받는 테크 기업에서 수백 명을 대상으로 좋은 코칭에 대한 트레이닝을 진행했다. 당시 이 기업은 성장에 문제가 있었다.

고위 리더십 팀은 강의실로 직원들을 불러 모았다. 당시 고위 디렉터들과 부회장으로 보이는 고위 리더십 팀이 보인 행동은 결코 잊지 못할 것이다. 그들은 자리에 앉아 있지 않았다. 팔짱을 낀 채 강의실 가장자리에 서 있던 그들은 "좋아. 이런 게 필요하지. 사람들에게 좋은 일이야"라고 말하는 듯한 태도를 보였나. 이런 식으로 '사람들에게 좋은 일'에 신경 썼던 사람이 또 누군지 아는가? 바로 배트맨의 숙적 베인이었다. 그는 사람들로 가득 찬 경기장을 폭파했다. 이 고위 관리자들은 출석 체크를 하고 그곳을 빠져나갈 기회만 엿보고 있었다. 그런데 아이러니하게도 강의실에 모인 직원들은 내가 알고 있는 것을 이미 알고 있었다. 이런 일을 처음 겪는 게 아니었다. 그들은 고위 경영진도 트레이닝이 필요하다는 사실을 알고 있었다.

고위 경영진의 비효율적인 관리가 전염병처럼 퍼져 나가는 가운데 이제 우리는 잘못된 리더십이 어떤 것인지 잘 알고 있다. 고위 경영진의 경우 사소한 실수조차 몇 개월 동안 나쁜 영향을 미친다. 간단히 말해 좋든 나쁘든 영향력이 매우 크다. 사람들에게 리더십을 가르칠 때 흔히 받는 질문은 바로 이것이다. "상사나 경영진도 그렇게 하도록 할 수 없나요?" 이 질문이 무슨 의미인지 생각해 보길 바란다. "좋은 강의야. 도움이 돼. 그게 바로 내가 되고 싶은 리더야. 하지만 윗사람이 저런 리더십이 왜 필요하고 중요한지 알지 못한다면 내가 리더가 되기는 어렵겠는데?" 이런 뜻이 아닐까.

누구나 팀을 잘 이끄는 방법을 배워야 한다. 하지만 고위급 리더들은 너무 바쁘다, 이미 알고 있다, 더 중요한 일이 있다는 등 여러 이유로 교육받는 것을 회피하는 경우가 많다. 직급이 높을수록 영향력이 크기 때문에 회사에 해를 끼치기도 쉽다. 관리자가 관리자 리더십 기준과 다르게 행동한다면 위선자로 보일 것이다. 모범을 보이는 리더십은 어느 시대에도 빛을 발하지만, 자신이 어떤 모범을 보여야 하는지 모른다면 그 리더십을 발휘할 수 없을 것이다.

[일장 연설은 이제 그만]

이 책은 경영과 관리에 이제 막 첫발을 내딛는 리더들을 위한 책이기도 하다. 그런 사람이라면 앞으로 여기저기서 많은 조언을 듣게 될 것이다. 그러나 적절히 의심하며 듣길 바란다. 다른 관리자가 효과를 보고 있는 것처럼 보이는 방법이 ① 실제로는 효과적인 방법이 아닐 수 있고, 설령 그렇다 하더라도 ② 당신에게는 효과가 없을 수도 있다. 여기서 키워드는 '효과'다.

이 책은 인사(Human Resources, HR)와 인재 운영(People Operations) 담당자를 위한 책이기도 하다. 당신은 자신의 팀을 관리할 뿐만 아니라, 어떤 면에서는 회사의 모든 관리자를 관리한다고 볼 수 있다. 그래서 이 책에서 도움이 되는 것을 많이 발견할 수 있으리라 믿는다. 관리자가 직원 참여와 직원 경험(Employee experience, EX)에 얼마나 큰 역할을 하는지는 다른 누구보다 당신이 잘 알 것이다. 하지만 당신은 직원들에게 의미 있고 체계적으로 영향을 미치는 방법에 대해서는 잘 모를 수도 있다. 이 책은 그 방법을 알려 줄 것이다. 이 책은 학습과 개발, 리더십 개발 전문가를 위한 책이기도 하다.

부커 T. 워싱턴(Booker T. Washington)은 이런 말을 했다. "높아지고 싶다면 다른 사람을 높여라." 이것이 이 책의 핵심이다. 대부분의 사람들은 훌륭한 관리자가 충분히 될 수 있다. 사람들이 업무에 집중하고 훌륭한 결과를 도출하게 도와주는 몇 가지 리더십 행동에만 집중하기만 하면 된다. 사람들은 훌륭한 일을 하고 싶어 하고, 그 과정을 즐기고 싶어 한다. 관리자들은 이를 실현시켜 줄 가장 좋은 자리에 있는 사람이다. 헬렌 켈러(Helen Keller)는 말했다. "혼자서는 아무것도 할 수 없지만, 함께라면 많은 것을 할 수 있다."

이제 시작이다. 사람들을 성장시키는 방식으로 리더십을 발휘하는 방법을 배우고 실천해 보자.

혼자서는 아무것도 할 수 없지만,
함께라면 많은 것을 할 수 있다.

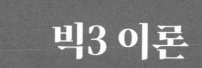

1부

빅3 이론

1장

관리자라는 직책의 위엄을 회복하라

빅3→참여↔결과(3→E↔R).

리더십을 구성하는 요소들의 관계, 즉 관리자의 리더십 또는 효율성(빅3), 직원 참여(Engagement, E), 결과(Results, R)의 관계를 명확히 알고 있는 사람은 많다. 다만 놀라운 것은 알고 있는 바를 실행하는 기업이 너무도 적다는 사실이다. 이 책에서 말하는 3→E↔R 모델을 수백 곳이 넘는 자리에서 소개했다. 관리자들이 직원 참여의 70퍼센트를 책임진다는 이야기를 하면 다들 동조하며 고개를 끄덕인다.

그렇다면 도대체 왜 팀이나 기업들이 이 아이디어를 실행하지 않는 것일까? 한마디로 말해 대단히 어렵기 때문이다. 참여와 결과를 이끌어 낼 수 있는 리더십 행동을 수치를 사용해 이론적으로 도출해 내는 것은 쉽지 않다. 그리고 이론적인 리더십 행동을 직원 참여 데이터와 연관 짓고, 거기에서 최적의 실행 방안을 도출하기란 더더욱 어렵다. 대부분의 관리자는 팀을 이끌기에도 바빠 이러한 시스템을 구축할 시간도 없다.

직원들의 의지를 모아 관리자를 평가하는 자리를 마련하는 것 또한 굉장히 어렵다. 하지만 이는 필수적이다. 관리자가 얼마나 잘 이끌고 있는지 파악하기 위해서는 이끌림을 받고 있는 사람들에게 물어볼 수밖에 없다. 직원들이야말로 실질적인 업무를 수행하는 사람들이며, 우리 모두가 채용하고, 개발하고, 유지하려고 애쓰는 대상이다. 어떤 관리자는 직원들이 관리자를 평가하는 것이 인기투표로 변질될 것을 우려한다. 강자에게는 약하고 약자에게는 강한 태도를 보이는 관리자라면 그런 자신의 성향을 윗선에서 모르길 바랄 수도 있다. 관리자가 상사에게 숨기는 것은 가능해도 직원들의 눈을 피할 수는 없다.

이런 변화를 주도할 가능성이 가장 높은 부서로 인사팀(Human Resources, HR)이나 인재운영팀(People Operations)을 생각한다면, 대부분의 인사팀 조직은 매출과 수익을 내는 데 필요한 인력과 구조적인 지렛대를 제공하고 싶어 하지만, 과거의 '인사과(Personnel Department)'처럼 효율이 떨어지는 업무 흐름을 좇느라 대부분의 시간을 낭비하는 점이 문제가 될 수 있다. 인사팀 사람들이여, 인사팀의 평판을 들어 본 적 없다면 2021년 3월 오프라 윈프리(Oprah Winfrey)가 메건 마클(Meghan Markle)과 해리 왕자(Prince Harry)를 인터뷰한 영상을 보길 바란다. 인터뷰에서는 해리·메건 부부가 영국 왕실과 사이가 틀어진 사연이 자세히 다루어졌다. 대화 중 부부는 왕실의 인사팀을 찾아가 도움을 요청했던 일을 언급했다. 당시의 대화를 메건은 이렇게 설명했다.

메건: 도움이 필요해요.

왕실 인사팀: 상황이 얼마나 안 좋은지 잘 알기 때문에 안타까운 마음은 큽니다만, 당신을 보호하기 위해 저희가 할 수 있는 일은 없습니다. 당신은 이 기관에서 임금을 받고 일하는 직원이 아니기 때문입니다.

왕실 인사팀의 답변이 본질적으로는 옳다고 생각하는 사람들도 있겠지만, 세상 사람들이 보인 반응은 인사팀의 평판에 대해 많은 것을 이야기해 준다. 야간 토크쇼 진행자인 지미 키멜(Jimmy Kimmel)이 짤막한 농담으로 간결하게 표현했다. "왕실에 인사팀이 있다는 것도 재밌는데, 여느 인사팀과 마찬가지로 별 도움은 안 되네요."

2005년, 경제경영 잡지 〈패스트컴퍼니(Fast Company)〉에서 인사팀을 두고 "좋게 말하면 필요악이고 나쁘게 말하면 맹목적으로 무의미한 규칙을 강요하고, 창의성을 거부하고, 건설적인 변화를 방해하는 어두운 관료주의적 세력이다"라고 했다. 대단한 잠재력을 지닌 부서라고도 덧붙였지만, 그로부터 15년이 지난 지금 최고인사책임자(CHRO)의 평균 재임 기간이 급격히 줄어든 상황을 보면 인사팀의 잠재력이 여전히 발휘되지 않고 있다는 데 동의하는 사람이 많을 것이다.

이러한 평판이 오롯이 인사팀의 잘못은 아니라고 말하고 싶다. 체계적으로 실패한 리더십의 폐해다. 기업의 성과에 측정 가능하거나 가능하지 않게 영향을 미치는 모든 '낡은 방식'을 고위 리더십 팀이 요구하고 기대하는 이상, 최고인사책임자와 인사팀도 이 낡은 방식에 얽매일 수밖에 없다. 무언가를 깨우친 사람들도 있다. 최고인사책임자가 된 동료에게서 이런 이야기를 들었다. "최근에 CEO가 나에게 인사팀의 모든 규정 준수와 운영 측면을 배제하고, 인적자원 전략을 위해서만 생각하고, 먹고, 숨 쉬기 바란다고 하더군." 인사팀에서 더욱 혁신적인 아이디어가 탄생하길 바라는 CEO라면 최고인사책임자나 최고인재책임자(Chief People Officer, CPO)에게 이런 것들을 기대해야 한다. 이렇듯 CEO가 인적자원 전략에 혁신을 가할 수 있도록 정식 허가를 내주지 않는다면, 인사팀 사람들은 별 성과 없는 헛수고를 하며 매일 같은 일만 반복할 것이다. 인사팀이 제 역할을 다하지 못한다는 평판이나 받을 일 말이다. 지금 당장 바꾸어 보자. 결과 지향적인 직원 경험을 실현하고 싶다면, 즉 직원들이 뛰어난 성과를 보이고 그 성과를 내기까지의 과정을 즐기는 경험이 중요하다는 입장이라면 당신의 첫 번째, 두 번째, 세 번째 투자는 모두 바위처럼 단단한 관리의 핵심을 확보하는 데 쏟아야 한다.

[일장 연설은 이제 그만]

잘 안다. 어려운 일이다. 분석도 어렵고, 조직의 변화 의지를 한데 모으는 것도 어렵다. 좋은 관리가 무엇인지 평가하는 기업이 설사 있다 해도 드문 이유는 다들 혼란스러워하기 때문이다. 사람들은 리더십을 극소수의 사람만이 가질 수 있는 황금으로 여기고, 관리는 그보다 못한 구리쯤으로 여겨 둘을 구분하고 싶어 한다. "리더십과 관리는 완전히 다른 것 같아요." 이런 말도 자주 한다. 어느 기업 본사 앞에 있을 때나 칵테일파티에서는 멋있게 들리는 말일지도 모르지만, 나는 리더십과 관리를 구분하는 것이 중요하지 않다고 생각한다. 잠시 이 점에 대해 이야기해 보겠다.

나는 관리직 채용 면접을 볼 때 한 가지 과제를 내며 "작은 과제를 하나 드리겠습니다"라고 한다. "관리자의 직무 기술서를 작성하되 몇 가지 조건에 맞춰야 합니다. 먼저, 전 세계 1억 4,000만 기업체의 모든 직급의 모든 관리자에게 해당되는 직무 기술서여야 합니다. 둘째로 단 두 가지 항목만 적을 수 있고, 자질이 아니라 직무에 관한 내용만 다뤄야 합니다. 시작하시죠." 여러분도 재미 삼아 아래에 적어 보는 것이 좋겠다. 5분간 답변을 작성해 보기 바란다.

- _____
- _____

입사 지원자들에게 이 과제를 내는 이유는 '다른 건 몰라도 이것만은 해야 한다'는 간단하면서도 명확한 업무의 핵심에 초점을 맞추도록 만들기 때문이다.

내가 생각하는 관리자의 역할은 딱 두 가지로 아주 단순한데, 사람들이 너무 복잡하게 접근할 때면 좀 화가 나기까지 한다.

1. 정렬된 결과(aligned result, 개인의 목표와 조직의 목표를 적절하게 일치시켜 이루는 성과 -옮긴이)를 달성한다.
2. 팀원이 성공할 수 있도록 지원한다.

탁월한 리더의 성공 법칙

관리자로서 이 두 가지만 제대로 한다면 어느 회사, 어느 나라, 어느 직위에 있든 그 사람은 성공할 것이고, 팀 역시 성공할 것이다. 이러한 관리자를 채용하고 양성한다면 기업도 성공할 것이다.

대다수의 관리자는 팀의 '리더'일 뿐 아니라 팀의 '구성원'이기도 하다. 우리는 모두 성공하고자 하고, 의미 있는 커리어를 쌓아 나가고자 하며, 자신의 업무에서 얻을 수 있는 것을 최대한으로 얻고자 한다. 관리자의 역할은 팀원에게 기여하는 것이지만, 이러한 기여가 팀과 기업뿐만 아니라 자신의 성공으로 이어지는 것은 당연하다. 그들이 승리해야 당신도 승리할 수 있다.

하지만 한 가지는 명심해야 한다. 관리자는 실패를 포함한 팀이 하는 모든 일에 책임이 있다. 참전 용사인 벤 오러크(Ben O'Rourke)는 관리자로서의 커리어에서 리더십이 발휘되는 중대한 순간이 두 번 있다고 언급했는데, 그중 하나로는 무언가 아주 잘못되어 가고 있는 상황을 꼽았다. 이런 일이 불가피하게 벌어질 때 당신은 숨으려 하겠는가, 다른 이를 탓하겠는가, 아니면 당당히 비난받겠는가. 달리 말해 당신의 조직이 한 일 또는 실패한 일 모두에 전적으로 책임을 지겠는가.

매우 간단한 직무 기술서의 첫 번째 항목인 '정렬된 결과 달성'을 위해서는 팀원 전원이 명확한 방향을 갖고 자신의 역할과 자신에게 요구되는 것이 무엇인지 분명하게 알아야 한다. 많은 사람이 목표를 높이 설정해야 한다고 말하는데, 이는 대단히 중요한 문제다. 내셔널 퍼블릭 라디오(NPR)의 〈인비저빌리아(Invisibilia)〉 2015년 1월 에피소드 '배트맨이 되는 법(How to Become Batman)'에서 진행자인 알릭스 스피

겔(Alix Spiegel)과 룰루 밀러(Lulu Miller)는 우리의 기대가 주변 사람들에게 발휘하는 놀라운 효과에 대해 이야기했다. 그들은 사람들의 기대 심리가 쥐들이 미로를 통과하는 능력에 영향을 미친다는 증거를 보이며 방송을 시작했지만, 이 에피소드의 주된 내용은 암으로 인해 두 눈을 제거해야 했던 남자 대니얼 키시(Daniel Kish)의 충격적인 사례였다. 그는 스스로의 높은 기대와 주변 사람들의 높은 기대 때문에 앞을 볼 수 있게 되었다고 주장했다. 그렇다. 그는 눈이 없다. 시각 장애인이었지만 … 볼 수 있었다.

교육 현장에서도 이와 비슷한 일을 자주 목격한다. 연구에 따르면 교육 인프라가 열악한 학교에서 교사들이 학생들은 능력이 있고 성공할 것이라는 기대를 보이자, 시험 성적이 크게 향상되었다. 직장에서도 관리자가 이 같은 태도를 취할 때 똑같은 효과가 발생하는 것은 그리 놀랄 일이 아니다.

높은 기대가 중요하다면 '명확한' 기대는 필수적이다. 당신이 팀원들의 성공 그 이상에 집중한다면, 팀원 각각은 명확하게 주어진 자신의 역할을 수행하며 정렬된 결과를 달성할 것이다. 그래야 팀원이 성공하고, 당신이 성공하고, 기업이 성공할 수 있다. 이렇듯 당연한 일이지만 실제로는 드물게 실행된다.

'행복한 결과를 달성하는 능력'을 뜻하는 성공적인 리더십은 내가 서문에서 말한 세 가지 요소를 직원들에게 제공하는 것이라는 점을 이해하고 나면 훨씬 쉬워진다. 그 세 가지 요소는 바로 방향성, 코칭, 커리어다. 이 책의 별도 장에서 각 요소에 대한 실질적인 방법을 설명하겠지만, 지금은 그 각각이 무엇을 포함하는지 간략히 살펴보겠다.

- **방향성**: 관리자의 역할에서 방향성이란, 방향을 설정하는 것보다 방향이 설정되도록 하는 데 있다. 방향 설정은 '목적과 비전'이라는 장기적 요소와 두 가지 단기적 요소를 통합해 팀이 정렬된 결과에 집중하게 만든다. 단기적 요소 두 가지란 'OKR(Objectives & Key Results, 목표와 핵심 결과)'과 '철저한 우선순위 매기기(ruthless prioritization)'다.

- **코칭**: 팀원들이 정렬된 결과를 달성할 수 있도록 이끄는 것이다. 이는 두 가지 형태로 나타난다. '문제가 있는 영역을 개선하는 코칭'과 '잘되고 있는 영역을 지속시키는 코칭'이다. 전자에서는 피드백을 전달하는 과정을 거쳐야 하는데, 우리가 아무리 노력해도 이 과정에서는 방어적인 반응을 유발할 수밖에 없다. 후자는 팀원들이 무엇을 잘하고 있는지 분명하게 이해시켜 그들이 같은 행동을 더 많이 하도록 돕는 것이다.

- **커리어**: 종종 간과되지만 직원 참여에 대단히 중요한 요소다. 관리자는 직원들이 하는 일에서 성공하도록 돕는 그 이상의 것을 해야 한다. 직원들이 자신의 장기적인 커리어 비전을 발견할 수 있도록 돕고, 해당 비전을 향해 실제적인 발걸음을 내딛기 위해서는 지금 어떤 행동을 취해야 하는지 보여주어야 한다. 이 과정에서 당신은 직원들이 당신 또는 기업을 위해 하는 것 이상으로 당신이 그들에게 신경 쓰고 있는 모습을 보여야 한다.

이 간단한 리더십·관리 프레임워크는 관리와 리더십이 무엇인지, 그리고 왜 각각이 중요한지를 둘러싸고 자연스럽게 혼란을 유발한다. 우리 머릿속에는 고정관념이 있다. 관리자를 프로세스, 스프레드 시트, 예산, 자원 등을 다루는 사람으로 여긴다. 상상하는 모습은 다음과 같다. 큰 목소리의 소유자로서 두꺼운 테의 안경, 반팔 셔츠에 클립온 넥타이 차림의 사람이 천장에 물 얼룩이 진 사무실의 허름한 칸막이 안에 앉아 컴퓨터 모니터를 들여다본다. 그의 주변에는 종이 박스가 잔뜩 쌓여 있다. 그는 기차가 정시에 운행되고 있는지, 공장 생산량이 기준에 부합하는지, 모든 보고서가 정확하고 깔끔하고 명확하며 모든 수치가 맞게 계산되었는지 점검한다.

반면, 리더는 완전히 다르다. 선지자이자 챔피언이자 동기 부여자로서 언덕 위에 앉아 있다. 그 배경은 아름답다. 푸른 하늘 아래 그의 앞으로는 초원이 펼쳐져 있고, 뒤로는 눈 덮인 산들이 자리한다. 공기 중에 갓 자른 잔디와 아마(亞麻) 시트 냄새가 난다. 리더는 눈으로 볼 수 있는 신성한 기운으로 둘러싸여 독특한 매력으로 사람들을 끌어당긴다. 그는 손짓과 함께 "나를 따르라!" 하고 외치기만 해도 사람들에게 불가능한 일을 성취할 수 있는 영감을 준다. 이러한 리더의 전형은 리더를 동기 부여자이자 영감을 주는 사람으로 착각하게 만든다. 현실의 리더들은 테드 토크(TED Talks, 미국 테드 재단에서 운영하는 강연회-옮긴이) 무대에 오르거나, 패널 토론에서 의견을 펼치거나, 회의에서 아이디어를 큰 소리로 내뱉기도 한다.

이러한 정신 모델(mental model)에는 리더가 관리자보다 더 훌륭하다는 의식이 깔려 있다. 간단히 말해 대다수의 사람들은 언덕 위에서 영감을 주는 사람을 기꺼이 따르고자 하고, 두꺼운 테의 안경을 쓴 관리자는 자신들이 견뎌야 할 대상쯤으로 여긴다. 이는 완전히 잘못된 생각이다.

2017년 발표한 논문 〈고도를 기다리며: 리더십 연구라는 특이한 분야 속 심각한 문제 여덟 가지(Waiting for Godot: Eight Major Problems in the Odd Field of Leadership Studies)〉에서 매츠 앨버슨(Mats Alvesson)은 관리에서 리더십을 분리해 생각하려는 사람들의 태도를 냉소적으로 꼬집었다. 그는 이렇게 적었다. "그것은 대체로 이념적 매력, 그리고 관리자의 자존감을 드높이고자 하는 마음에서 비롯되었다. 리더십은 과장의 문화와 맞아떨어지는데, 이 문화에서는 많은 것이 평범하고 정확한 방식보다는 인상적이고 비범한 방식으로 분류되고 이해된다."

당신이 지원하는 관리자의 직책 이름이 세일즈 매니저, 엔지니어링 매니저 등 '매니저'로 불린다는 것을 명심해야 한다. '리더'라는 직책에 지원하는 사람은 거의 없다. 훌륭한 관리자가 되려면 전형적인 매니저 업무와 과장되지 않은 범위 내에서의 전형적인 리더십, 이 두 가지를 모두 잘 수행할 수 있어야 한다.

제너럴 매직(General Magic)이란 회사를 들어 본 적 있는가? 나는 실리콘밸리에서 13년 동안 근무했지만 2019년, 비행기에 관한 다큐멘터리를 보고 나서야 이 회사를 알게 되었다. 제너럴 매직은 1989년 마크 포랫(Marc Prat)과 빌 앳킨슨(Bill Atkinson), 앤디 허츠펠드(Andy Herzfeld)가 공동 창업한 회사다. 당시 CEO였던 존 스컬리(John Sculley)의 축복 속에 애플에서 분리되어 나온 회사였다. 제너럴 매직의 '하위 직급' 엔지니어들 중에는 토니 파델(Tony Fadell)과 메건 스미스(Megan Smith)도 있었다. 파델은 아이팟(iPod) 개발에 일조했고, 이후 네스트(Nest)를 창업했다. 메건은 구글에서 다양한 기업 인수 프로젝트에 참여했는데,

그중에는 구글 맵스의 근간이 된 키홀(Keyhole) 인수도 있었다. 그는 후에 오바마 행정부의 CTO(Chief Technology Officer, 최고기술책임자)로 발탁됐다. 그렇다. 이런 사람들이 제너럴 매직의 '하인들'이었다! 내가 직접 들은 이야기는 아니지만 여러 전설적인 인물들의 말에 따르면 앳킨슨과 허츠펠드는 소프트웨어 천재들이었고, 테크 분야에서는 포랫을 두고 '미래를 읽어 낼 수 있는 사람'이었다고 평했다. 이들이 함께한 팀은 너무도 전설적이라 파넬은 제너럴 매직에서 일하기 위해 사정하고 애원했고, 인사팀 책임자가 질릴 정도로 귀찮게 굴었으며, 나중에는 회사 건물 밖에서 잠까지 자며 팀에 합류하고 싶다는 의사를 보였다.

그 회사에는 비전과 비전가들로 가득해 심지어 일반 직원들조차 관리자가 필요 없다고 생각했다. 누군가 엔지니어들 중 한 명을 엔지니어링 팀의 관리자로 앉히려는 움직임을 보이자 다들 반발했다. 펜대나 굴리며 이래라저래라 지시나 내리는 고루한 사무직 관리자가 왜 필요하단 말인가? 누구나 홀라크라시(holacracy, 관리자와 위계질서 없이 권한과 의사 결정이 조직 구성원 모두에게 분배된 구조-옮긴이)를 원했다.

1995년, 제너럴 매직은 비즈니스 원칙이나 그 비슷한 것 하나 없이 IPO(상장을 위한 기업공개-옮긴이)를 진행했다. 그럼에도 9,600만 달러를 유치했고, 이에 앞서 많은 투자자에게서 2억 달러를 투자받은 일도 있었다. 당시에는 상상조차 하기 어려운 자금 규모였다. 비즈니스 원칙이 없음에도 제너럴 매직은 소니(Sony), 모토로라(Motorola), 마쓰시타(Matsushita), AT&T 등 여러 네트워크 및 하드웨어 파트너들과 계약을 맺으며 회사 가치를 두 배로 높였는데, 이는 아마도 포모(FOMO, Fear of missing out, 본인만 소외되거나 뒤처진 듯한 불안감-옮긴이)가 작용한 첫 사례로, 제너럴 매직은 그 덕을 톡톡히 봤다. 애플 CEO 스컬리를 포함해 위에서 언급한 기업의 CEO들이 합류해 대단한 영향력과 노련함을 지닌 이사회가 꾸려졌다. 누구나 여기에 참여하고 싶어 했다. 지금에야 우리는 그들이 대단한 아이디어 또한 갖고 있었다는 것을 잘 안다. 그것은 바로 아이폰(iPhone)이다. 아이폰은 대단한 화젯거리였다. 당신도 들어 봤을 것이다. 안드로이드(Android)에 애착이 큰 나는 삼성과 LG, 구글 휴대전화의 기반이 된 소프트웨어를 개발한 회사로서 나중에 구글에 인수된 '안드로이드'를 창업한 앤디 루빈(Andy Rubin) 또한 제너럴 매직에 있었다는 사실도 잘 안다.

제너럴 매직은 비전과 인재, 훌륭한 아이디어, 필요한 모든 신뢰와 신용까지 갖추고 있었다. 하지만 수많은 이점을 지녔음에도 주가가 곤두박질치며 기업은 처참하게 몰락했다. 당시 제너럴 매직은 시장 흐름보다 너무 앞서 있었다. 지금이라면 정말 큰 성공을 거두었을 훌륭한 아이디어들은 당시에 반도체 칩과 네트워크 기술력이 뒷받침해 주지 못했다. 하지만 이것만으로 그들의 실패를 모두 설명할 수 없다. 그들은 4년간 끊임없이 타이밍을 놓쳤고, 기대치를 조정하고 약속한 것을 지키는 데 실패했다. 관리의 기본이 전혀 안 되어 있었고, 심지어 가장 기본적인 관리 원칙인 합리적인 체계조차 오만하게 무시했다. 흥미로운 리더십은 넘쳐났지만 지루해 보이는 관리는 부재한 상황이었다. 그 뛰어난 리더들이 결국 회사를 붕괴와 치욕으로 이끈 셈이었다. 제너럴 매직은 제너럴리 트래직(Generally Tragic, 대체로 비극적인-옮긴이)이 되고 말았다. 그들은 관리자 한두 명쯤은 됐어야 했다.

그 마음도 이해한다. 영감 넘치는 사람과 함께하는 것은 분명 흥미롭다. 한 10분은 그럴 수 있다. 팀에 두 번째 멤버… 세 번째 멤버가 들어올 때까지도 마찬가지다. 그 뒤에는 영감이 좌절로 바뀐다. 자신의 정확한 역할이나 책임이 무엇인지, 팀의 공동 노력에서 자신만이 기여할 수 있는 것이 무엇인지, 무엇으로 성공이 결정되는지, 성공이 어떻게 측정되는지 아는 사람이 아무도 없기 때문이다. 사람들은 자신이 어떤 기준으로 평가받는지 모르고, 무엇이 중요한지 알지 못하며, 우선순위에 대한 개념이 없고, 회사나 팀의 목표와 계획에 대한 발언권이 없으며 상황 파악이 안 된다. 자신의 업무를 잘 해내기 위해 가용할 수 있는 자원에는 무엇이 있는지 모른다. 영감을 주는 리더는 아이디어가 많지만, 정작 일을 추진하려고 하면 필요한 기본 도구, 조직, 프로세스가 없다.

'관리자가 되는 것'이 '리더가 되는 것'보다 낫다는 이야기가 아니다. 수입과 지출이 균형을 이루고, 성공이 무엇이고 또 어떻게 그것을 측정하는지 모두 알고 있으며, 다들 북소리에 손발을 맞춰 행진한다면 분명 좋은 일이다. 하지만 사람들이 비전과 공동 목표가 무엇인지 모르고, 개인적인 동기나 목적을 깨닫지 못한다면 자신의 업무와 완전히 연결되어 있다고 말하기는 어렵다.

집단을 A지점에서 B지점으로 이동시키기 위해서는 지도 제작자와 길잡이가 필요하다. 낮은 직급의 관리자라면 길잡이 역할에 좀 더 집중해야 하고, 높은 직급의 관리자라면 지도 제작자의 역할에 좀 더 집중해야 한다고 가정할 수 있다. 하지만 현실의 관리자는 자신이 어떤 역할을 맡을지 결정할 수 없다. 사람들을 A에서 B로 이끌기 위해서는

탁월한 리더의 성공 법칙

두 역할을 모두 해내야 하기 때문이다.

몇 년 전 킴 스콧과 함께 캔더에서 일할 당시, 리커전 파마슈티컬스 (Recursion Pharmaceuticals)의 최고인재책임자인 헤더 커크비(Heather Kirkby)와 대화를 나눈 적이 있었다. 당시 인튜이트(Intuit)의 제품 관리자에서 리더십 개발 직책으로 인사이동을 한 그녀가 자신의 업무를 바라보는 태도는 내게 큰 공감을 불러일으켰다. 그녀는 이렇게 말했다. "관리자라는 직책의 위엄을 되찾고 싶어요."

나는 그 관점이 마음에 들었다. 직책이 관리자라면 반드시 사람들을 이끌어야 하니까 말이다. 샌프란시스코에 본사를 둔 '급여 및 인사 관리' 신흥 테크 기업 거스토(Gusto)에서는 정말 영리하다 볼 수 있는 한 가지 변화를 감행했다. 바로 '매니저'라는 직함을 '역량 강화자(People Empowerer)' 또는 'PE'로 변경한 것이었다. 누군가 또는 어떤 조직이 사람들에게 널리 받아들여지는 단어를 바꾸어 '귀여움'을 노리는 시도를 나는 좋아하지 않지만, 이 조직의 변화만큼은 대단히 마음에 들었다. 관리자의 역할 중 핵심을 직함에 명시했기 때문이다. 역량 강화자! 대개 매니저의 직무, 즉 관리자의 직무는 사람들을 돕고 지원하는 것이다. 관리자는 직원들에게 힘을 실어 주고 그들이 성장할 수 있도록 도와야 한다.

마이클 유심(Michael Useem) 박사는 자신의 저서 《리더십 모멘트(The Leadership Moment)》에 나쁜 관리자였던 와그너 닷지(Wagner Dodge)와 1949년 몬태나에서 그가 이끈 열다섯 명의 소방대원에 관한 이야기를 시간순으로 정리해 소개했다. 이 경우, 잘못된 관리가 사람들을 죽음으로 내몰았다.

와그너 닷지는 당시 9년 차 소방대원으로 해당 직무를 수행하는 데 필요한 기술적 전문성을 모두 지녔다고 평가받던 사람이었다. 그는 전형적인 강력한 리더에게 필요한 기술을 모두 갖추었지만 정책 수립, 팀 구성, 명확한 방향 제시, 표준 운영 절차 같은 기본적인 관리 업무에 문제가 있어 결국 '맨 걸치(Mann Gulch) 참사'로 알려진 사건으로 이어지게 되었다.

와그너와 열다섯 명으로 구성된 소방대는 헬레나 국유림(Helena National Forest)의 안전한 곳에 낙하산을 타고 착륙했다. 현장에 도착하자마자 와그너는 화재 상황이 위에서 내려다봤을 때와 다르다는 것을 깨달았다. 지상에 먼저 도착한 대원이 지도를 갖고 있을 것이라 예상했던 것도 사실과 달랐다. 대원 그 누구도 지도를 가지고 있지 않았다. 무전기를 매단 낙하산이 펼쳐지지 않았던 탓에 무전기 또한 망가졌고, 대체품도 없었다. 임무를 시작한 지 몇 분 만에 그는 벌써 기본 관리에 실패했다. 또 다른 문제는 잘못된 정책으로 빚어진 결과였다. 미국 산림청은 휴식 여부만을 고려해 소방대를 꾸렸다. 휴식을 많이 취한 순서대로 팀 배정을 한 탓에 대원들끼리 결속력을 쌓거나 표준 운영 절차를 수립할 기회가 없었다. 와그너의 대원들은 서로 친분이 거의 없었다.

이 비극을 낳은 일련의 사건들은 기록으로 남아 있다. 산불은 강풍으로 인해 예상치 못한 방향으로 빠르게 번졌다. 이 상황을 본 와그너는 대원들을 불길에 휩싸인 곳과 강 사이 안전한 지역으로 이끌기 시작했다. 위험해지면 강이 퇴로가 될 수 있었다. 다만 한 가지 큰 문제는 그가 대원들에게 이동해야 하는 '이유'를 알리는 데 실패했다는 것

탁월한 리더의 성공 법칙

이다. 안전지대로 접근하던 대원들은 불길이 능선을 넘어 번지며 퇴로가 차단되었다는 사실을 깨달았다. 그들에게 가장 안전하고 가까운 탈출 경로가 끊겨 버린 것이었다.

와그너는 다른 경로로 탈출해야 한다고 판단했고 그렇게 했지만, 정작 대원들에게 아무런 설명도 하지 않았다. 팀원의 입장이 되어 생각해 보길 바란다. 그들은 자신의 리더는 물론 다른 대원들도 잘 모르는 상태였다. 리더는 생사의 갈림길에 놓인 상황에서 이미 잘못된 결정을 내린 바 있었다. 무엇보다 가장 심각한 문제는 리더가 왜 그런 행동을 하는지 그 '이유'를 팀원들이 정확히 이해하지 못했다는 점이다. 대원들에게 이유가 전달되지 않았고, 그런 상황에 참고할 만한 사전 훈련도 없었다.

빨리 움직이는 것이 가장 중요했던 만큼 와그너는 소방대원들에게 장비를 모두 벗어 던지라고 지시했다. 그럼에도 그들은 시속 약 30~65킬로미터의 강풍이 불고 불이 잘 번지는 풀이 무성했던 탓에 불길을 피할 수 없었다. 와그너는 달리기를 멈추고 성냥을 켜 풀밭에 맞불을 놓은 뒤 그 안으로 뛰어들었다. 와그너의 전략은 혁신적이고 논리적이었다. 주변 땔감을 태워 없애고, 그 불탄 자리에 들어가 몸을 최대한 낮추고 축축한 천으로 얼굴을 감싼 뒤 불길이 지나가길 기다리는 것이었다. 고육지책이었지만, 그가 갖고 있는 경험과 지식에 따르면 그것이 유일한 생존 방법이었다. 이 전략이 실제로 행해진 것은 그때가 처음이었는데 효과가 꽤 있었다.

그러나 그 효과는 오직 와그너 닷지 자신에게만 적용되었다. 안전지대를 조성한 와그너는 대원들에게 안으로 들어오라고 손짓했지만 아무도 그의 지시를 따르지 않았다. 와그너의 판단과 결정을 신뢰하지 않은 대원들은 자신이 최선이라고 생각한 대로 행동했다. 사건 후 살아남은 두 명의 대원 가운데 한 명은 인터뷰에서 이렇게 말했다. "다들 그가 미쳤다고 생각했어요." 불길이 빠른 속도로 뒤따라오고 있는 상황에서 왜 팀장이 자신들 앞에 불을 놓았는지 이해할 수 없었다.

와그너 닷지는 이 사건 전까지만 해도 대원들에게 신뢰를 받고 있었다. 마치 언덕 위에서 "나를 따르라!"라고 외치는 영감을 주는 리더 같은 존재였다. 그러나 팀은 그를 따르지 않았고, 그 결과 열세 명의 소방대원이 목숨을 잃게 되었다. 이는 그의 기본적인 관리 방식에 문제가 있었기 때문이다. 만약 그가 자신 바로 뒤에 있던 한 명의 대원에게라도 곧장 상황을 설명했다면 그 대원은 와그너를 신뢰했거나 그의 의도를 이해했을 가능성이 크다. 그래서 한 사람이 와그너를 따랐다면, 나머지 대원들 역시 그를 따라 생존했을지도 모른다. 가장 안타까운 점이 바로 와그너가 방향을 제시하는 소통에서 사려 깊지 않았다는 것이다. 사람들에게 짤막한 명령어만 내뱉거나 와그너처럼 아예 소통이 없다면 아무것도 전달할 수가 없다.

요약하자면 잘못된 관리로 인해 당시 미국 산림청 사상 최악의 소방 활동 사고가 벌어졌다. 헤더 커크비의 말이 맞다. 관리자라는 직책의 위엄을 회복해야 한다.

그렇다면 어떻게 해야 할까? 커크비가 제안한 것을 실천하려면 먼저 관리자 업무의 가장 기본적인 원칙에 초점을 맞춰 그것이 왜 중요한가에 대한 같은 인식을 공유해야 한다. 그래야만 우리가 실제로 무엇을 할지 논의할 수 있다. 핵심만 추려 말하자면, 관리자의 역할은 다음 두 가지다. ① 정렬된 결과를 달성하고 ② 팀원 개인의 성공을 지원하는 것. 그리고 이것은 세 가지 주요 요소인 빅3를 통해 이루어진다.

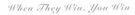

2장

빅3→참여↔결과(3→E↔R)

앞서 논했듯이 '관리자가 직원 참여의 70퍼센트를 책임진다'는 사실을 뒷받침하는 자료들을 모으면 K2 산 높이로 쌓일 정도로 방대하다. 이 말은 높은 참여에만 해당되는 것이 아니라 낮은 참여에도 해당된다. 사람들은 특전, 복리후생, 정책, 유연 근무제, 시설 등의 낮은 레버리지 아이템(비즈니스를 신장하는 데 쓰이는 도구와 방법들-옮긴이)을 포함한 '직원 경험(EX)'을 지나치게 중요시하는 경우가 많다. 여기에 높은 레버리지 아이템인 기업의 사명과 가치가 함께 더해질 때 최상의 기업 문화가 표현된다. 그러나 무엇보다 중요한 것은 함께 일하는 동료들이다. 훌륭한 인재들이 함께 일하고 싶어 할 만큼 훌륭한 문화적 표준이 되는 인물들을 고용한다면 훌륭한 직원 경험이 대부분 해결된다. 특별한 직원 경험을 제공하는 데 관리자만큼 중요한 요소는 없다. 어쨌거나 관리자가 직원 경험의 핵심이다.

이미 언급했듯이 직원 참여와 결과 간에 연관성이 있다는 사실은 전혀 놀랍지 않다. 놀라운 점은 논의의 대상이 단순히 직원 퇴사율 같은 문제가 아니라 구체적이고 명확한 비즈니스 성과라는 것이다. 예를 들어 보자. 상장 기업의 가장 중요한 지표 중 하나인 주당순이익(EPS)은 직원 참여와 큰 상관관계를 보인다. 2013년 갤럽 조사에 따르면 직원 참여에서 상위 10분위를 차지한 기업들은 경쟁사에 비해 주당순이익이 약 150퍼센트 높았고, 상위 4분위 기업들은 약 95퍼센트 높은 주당순이익을 기록했다. 앞에서 언급한 것처럼 직원 참여가 상위 4분위에 드는 기업들은 하위 4분위 기업들보다 생산성이 17퍼센트 높았고, 수익성이 21퍼센트 높은 것으로 나타났다.

어떤 이들, 특히 당근보다 채찍에 의존하는 구식 관리자들은 기업의 이러한 결과와 직원 참여 간에 직접적인 연관성을 찾는 것을 어려워한다. 이들에게는 직원 참여도를 높이는 데 집중하는 것이 너무 안일하게 느껴진다. 퀄트릭스 경험관리연구소의 브루스 템킨(Bruch Temkin)과 그의 팀은 참여와 기업 결과의 관계를 '직원 참여 선순환(Employee Engagement Virtuous Cycle)'이라는 이름의 모델로 멋지게 설명했다.

모델에 따르면 참여도 높은 직원들이 훌륭한 고객 경험(CX)을 제공하는데, 이 고객 경험은 대단히 넓은 범위를 포함하는 개념이다. 참여도 높은 마케터는 상품을 설명하거나 기업의 브랜드에 담긴 스토리를 딱 알맞은 정도로 상세하게 전달하려고 더욱 열심히 노력한다. 참여도 높은 소프트웨어 엔지니어는 더욱 명확하고 효율적인 코드로 더 나은 소프트웨어를 설계하기 위해 노력한다. 참여도 높은 영업사원은 단순히 주문을 받는 수준에서 벗어나 컨설팅적인 판매로 전환

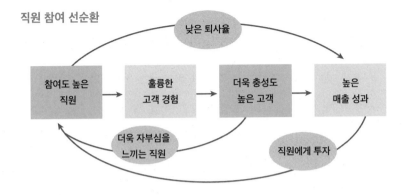

직원 참여 선순환

낮은 퇴사율

참여도 높은 직원 → 훌륭한 고객 경험 → 더욱 충성도 높은 고객 → 높은 매출 성과

더욱 자부심을 느끼는 직원

직원에게 투자

함으로써, 《챌린저 세일(Challenger Sale)》에서 말한 '고객을 대상으로 가르치고, 제안하고, 주도하는 챌린저 영업사원(challenger seller)'으로 거듭날 수 있다. 참여도가 더욱 높은 고객 서비스 담당자는 고객의 문제를 해결하기 위해 더욱 끈기 있게 매달린다. 당신도 이런 태도가 중요하다는 데 동의할 것이다. 고객은 불만족스러운 서비스를 단 한 번만 경험해도 다른 곳으로 눈을 돌릴 수 있기 때문이다. 반면 고객의 좋은 경험은 그 회사에 대한 충성도를 강화한다. 기존의 고객을 유지하는 것보다 새로운 고객을 확보하는 데 더 많은 비용이 들기 때문에 충성도는 매우 중요하다.

경험관리연구소의 모델은 참여와 결과 간의 양방향 영향력을 잘 보여준다. 참여도 높은 직원들이 조직을 성공하게 하고, 성공하는 조직은 직원들의 참여도를 높인다. 직원들은 성공하는 조직에서 계속 일하고 싶어 한다. 그래서 이를 선순환이라고 하는 것이다.

결론적으로 말해, 관리자가 달라지면 기업이 달라진다. 고위 책임자나 인사 조직이 할 수 있는 가장 효과적인 개입은 관리자 수준에서 이루어져야 하는데, 내 생각에는 이보다 더 효과적인 개입은 없다. 관

탁월한 리더의 성공 법칙

리자는 직원 참여에 핵심이 되는 사람이고, 기업은 직원 참여 정도에 따라 성패가 좌우된다. '훌륭한 관리'는 훌륭한 결과로 이어지는데, 이는 매우 중요하다. 관리자의 첫 번째 의무가 정렬된 결과를 달성하는 것이기 때문이다.

하지만 정렬된 결과만으로는 충분치 않다. 기준을 완전히 충족하기 위해서는 '행복한 결과'여야 한다. 권위주의적인 리더십 모델은 이제 구식이 되었다. 유능한 인재들은 독재자 같은 관리자나 태만한 관리자를 더 이상 용납하지 않는다. 다른 선택지가 너무도 많기 때문이다. 직원들이 깨어 있는 시간의 절반 이상을 직장에서 보내는 만큼 리더에게 단순히 성공을 도울 뿐만 아니라 만족스러운 환경에서 성공할 수 있도록 도와달라고 요청하는 것은 무리가 아니다.

퀄트릭스에서는 행복한 결과를 이끄는 행동 열두 가지를 정리한 뒤 직원들에게 관리자가 그 행동을 어느 정도로 보이는지 답변하도록 했다. 우리는 이 설문조사 결과에 관리자 효율성 지수(Manager Effectiveness Index)라는 이름을 붙였다.

이를 통해 놀라운 사실을 알게 되었다. 실적 등급과 할당량 달성으로 측정된 성과에서 최고를 기록한 관리자들은 열두 가지 관리자 효율성 질문(이후 자세히 설명할 예정) 모두에서 회사 평균을 웃돌았고, 특히 다음 두 가지 질문에서 회사 평균을 크게 웃도는 결과를 보였다.

1. 관리자가 얼마나 자주 당신에게 피드백을 구하는가?
2. 관리자가 잘한 일에 대해 구체적인 칭찬을 얼마나 자주 하는가?

최고 성과를 내는 관리자들이 관리자 효율성 지수에서 회사 평균을 웃도는 사실은 매우 흥미로웠다. 하지만 나는 우리가 더 큰 무언가를 발견했을지도 모른다는 생각이 들었다. 많은 회사가 최고의 관리자를 가려내는 데 부정확하거나 신뢰할 수 없는 방법을 사용하며, 그렇게 선정된 관리자들에게 "저기요, 어떻게 한 겁니까?"라고 묻는 게 일반적이다.

물론, 그중에는 자신의 성공 비결로 짐작되는 요인들을 명확히 밝힐 수 있는 관리자도 몇몇 있겠지만, 대체로는 그렇지 못하다. 어떤 행동, 습관, 활동이 성공에 기여한 것인지 온전하고 정확히 의식하는 사람은 생각보다 적다. 심지어 자신이 성공한 이유를 설명할 수 있는 관리자들조차 그 이유가 틀릴 때가 많고, 옳게 짚었다고 해도 우연의 일치일 공산이 크다. 객관성이 거의 없고 선입견으로 가득한 자신의 경험에만 의존하기 때문이다. 더 나은 관리자가 되고자 하는 사람은 그런 관리자의 조언을 듣고 그대로 실천하려고 노력한다. 물론 유용한 조언도 있겠지만, 그렇지 않은 것도 있다. 따라서 조언을 들은 사람은 효과가 있을 수도 있고 없을 수도 있는 이야기와 정보에 따라 행동하게 된다. "그 방법이 효과가 있을지 어떻게 아는가?"라는 질문에는 제대로 답하지 못한다. 그런데도 더 나은 관리자가 되었다면 그것은 순전히 운이 좋았기 때문이다.

우리가 발견한 것은 팀과 회사, 관리자가 더 나은 비즈니스 결과를 이끌어 내게 하는 리더십 기준이라 할 수 있다. 우리는 이 리더십 기준을 만들기 위해 누군가를 찾아가 성공 비결을 설명해 달라고 요청할 필요도 없었다. 그 비결은 이미 수치로 뒷받침되어 명확히 드러나

탁월한 리더의 성공 법칙

있었기 때문이다.

우리가 발견한 것은 이것뿐만이 아니다. 우리는 뛰어난 리더십, 직원 참여, 그리고 정말 중요한 결과 간에 긴밀한 상관관계를 찾아냈다. 다음은 이 리더십 시스템이 실제로 어떻게 작용하는지 보여주는 간략한 설명이다.

- **빅3→참여** (3→E): 관리자 효율성의 +/-2포인트는 직원 참여의 +/-1포인트와 같다. 즉 뛰어난 리더십(또는 특정한 행동 양식)과 직원 참여 간에 탄력성이 있다는 것을 발견했다.

- **참여↔결과** (E↔R):
  ▶ E↔R: 직원 참여의 +5포인트는 목표 성과 달성의 +30포인트와 관련이 있다. 이 통계는 매우 흥미롭다. 대부분의 기업에서 목표 성과 달성은 중요하게 여길 뿐 아니라, 목표 성과 설정과 달성 여부는 세일즈 리더십 팀이 아니라 독립적이고 객관적인 재무 부서에 의해 결정되기 때문이다.
  ▶ E↔R: 직원 참여의 +5포인트는 계약 갱신율의 +5퍼센트와 연관이 있다. 퀄트릭스는 고객에게 실질적인 가치를 제공하는 훌륭한 제품을 보유하고 있으며, 세계 최고 수준의 계약 갱신율을 자랑한다. 구체적인 수치는 기밀이지만, 이 사실만으로도 참여도 높은 엔지니어, 제품 관리자, 디자이너, 유저 리서치 담당자가 가치 있는 제품을 만들고, 참여도 높은 고객 성공 관리자(Customer Success Manager, 고객의 성공과 장기적 만족을 담당하는 관리자-옮긴이)가 고객이 그 제품에서 최

대 가치를 얻도록 돕는다는 것을 확인할 수 있다. 이 모든 결과는 재무 부서에서 평가된 수치로 도출되었기에, 객관적으로 측정된 직원 참여와 비즈니스 성과 간의 긴밀한 연관성을 다시 한 번 확인할 수 있다.

퀄트릭스의 피플 애널리틱스(People Analytics, 데이터를 이용해 비즈니스 가치를 창출하고 인재를 관리·육성하는 시스템-옮긴이) 팀은 이러한 척도들을 몇 페이지 분량으로 밝혔는데, 간단히 요약하자면 (열두 가지 리더십 행동으로 나뉘는) 빅3와 직원 참여(E), 비즈니스 결과(R) 사이에 정량적 관계가 성립한다는 것이다. 이것이 3→E↔R 모델의 힘이다. 이는 직원 경험이라는 넓은 분야에서 그 같은 관계가 성립할 것이라고 예측해 온 점을 고려하면 그리 놀라운 일은 아니다. 그럼에도 이 발견이 특별한 것은 직원 참여와 결과가 측정 가능하고, 간단하고, 일관되고, 연속적이며, 경제적인 리더십 방법인 빅3로 귀결된다는 점이다. 3→E↔R 말이다.

28년 동안 사람들을 이끌면서 내가 깨달은 것은 그들에게는 명확한 기대치, 자신만의 계획을 세우고 실행할 수 있는 자율성, 성공을 위한 지원, 커리어에 대한 도움이 필요하다는 사실이다. 이는 관리자가 직원들에게 반드시 제공해야 하는 세 가지 요소로 요약될 수 있다. 바로 방향성(Direction)과 코칭(Coaching), 커리어(Career)다. 이 세 가지 일을 잘하는 관리자는 활기차고 성공적인 팀을 이끌며 만족스러운 결과를 얻는 경향이 있다. 나는 이러한 깨달음을 이론으로 만들어 퀄트릭스에 적용했고, 피플 애널리틱스 팀과 협력해 철저히 검증했다. 이

탁월한 리더의 성공 법칙

이론은 방향성, 코칭, 커리어를 자세히 다룬 다음 각 부에서 알 수 있듯이 매우 효과적이었다.

3장

참여를 불러오는 빅3의 놀라운 힘

방향성, 코칭, 커리어. 이제부터 이 간단하면서 일관되고 각 요소가 서로 밀접하게 연결되어 있는 리더십 기준을 본격적으로 다룰 것이다. 다만 그 전에 세 가지 핵심 요소에 대해 간략히 살펴보겠다. 리더십 기준과 그것을 평가하는 방법에 관한 개요로 이해하길 바란다. 관리자인 당신이 빅3라는 기준에 얼마나 부합하는지 알아보기 위한 질문들을 소개할 예정이다. 당신에게 보고하는 직원들에게 해당 내용을 질문해 보기 바란다. 직원들의 관점이 가장 중요하다. 그들이 실무를 보는 사람들이고, 채용·개발·유지하려는 대상이며, 당신의 행동 하나하나를 가까이서 지켜보는 사람들이기 때문이다. 물론 동료, 상사, 다른 부서 사람들에게도 다음의 질문들을 해보라고 할 수 있다. 이는 당신이 참여와 결과 모두에 영향을 미치는 방향으로 사람들을 이끌고 있는지 확인하는 데 그 목적이 있다.

방향성

가까운 친구인 라이언 니딩(Ryan Neading)이 언젠가 내게 이런 질문을 했다. "왜 그렇게 지도를 좋아하는 거야?" 나는 지도를 정말 좋아한다. 사실, 이 글을 쓰고 있는 지금도 약 100개의 지도가 2미터 반경 안의 벽걸이 보관함에 가지런히 정리되어 있다. 친구의 질문을 받고 잠시 생각해야 했지만, 그래도 대답이 제법 금방 떠올랐다. 나는 삶의 모든 측면에서 맥락을 갈망하는 사람이고, 그 맥락을 시각적으로 잘 보여주는 것이 지도이기 때문이다.

미 해병대 보병 장교였던 나는 지도를 해독하는 법을 아주 자세히 배웠다. 우리는 국제 횡축 메르카토르(Universal Transverse Mercator, UTM) 도법으로 웨이포인트(waypoint, 지리적 위치 또는 중요 지점-옮긴이)를 표시하는 법, 이동 방향을 각도로 나타낸 방위각을 측정하는 법, 보행 속도를 측정해 거리를 계산하는 법, 지도상의 진북(眞北)을 나침반이 가리키는 방향으로 전환하기 위해 '서편각은 더하고, 동편각은 빼는' 법을 배웠다. 실력이 좋았던 나는 미 해병대 지휘관 기초반 수업에서 높은 점수를 받았다. 1995년, 처음 소대에 배치된 후 오키나와 정글에서 정찰 훈련을 했다. 호랑거미와 반시뱀들을 피해 험난한 곳을 헤치고 나가던 중에 방향을 안내하던 해병대원이 길을 잃고 말았다. 나는 그가 길을 잃을 것이라곤 생각지 못했다. 마침내 그보다 계급이 좀 더 높은 해병이 나를 돌아보며 말했다. "소위님, 우리가 돌아갈 길을 찾아야 할 것 같습니다." 나는 나무에 올라가 후방교회법(後方交會法)을 실행했다. 이는 멀리 보이는 두 지점을 이용해 현재 위치를 삼각측량

하는 방법이었다. 나는 우리의 위치를 10미터 오차 범위 내로 찾아냈다. 그리고 우리의 현 위치를 길잡이 병사에게 지도상으로 보여준 뒤 다시 한 번 기회를 줬다.

중요한 점은 품질 좋은 지도 없이는 지상에서 위치와 방향을 파악하는 것이 거의 불가능하다는 것이다. 내 오랜 경험에 비추어 보면 웨이포인트를 파악하고 팀을 어떤 지점까지 이끌고 가는 데 탁월한 능력을 보이는 '관리자'들조차 훌륭한 지도를 만드는 지식과 능력은 부족할 때가 많다. 내가 여기서 제시하는 방향성 프레임워크는 첫 단계인 지도를 만드는 것부터 시작해 웨이포인트를 인식하고 한 지점에서 다음 지점으로 이동하는 과정을 보여준다. 이 일련의 과정은 팀원 전체가 무사히 목적지에 도착하게 하는 것이 목표다.

방향성 프레임워크는 '목적'과 '비전'이라는 장기적 요소, 'OKR(목표와 핵심 결과)'과 '우선순위'라는 단기적 요소, 이렇게 네 가지 요소로 구성되어 있다. 팀의 목적이 너무도 명확하다는 착각에 빠져 장기적 요소들을 생략하는 관리자가 너무도 많다. 하지만 팀의 목적은 결코 명확하지 않다. 이런 관리자들은 비전을 마크 저커버그(Mark Zuckerberg)나 일론 머스크(Elon Musk) 같은 사람들이나 세우는 것이라 생각한다. 잘못된 생각이다.

당신이 팀에 탄탄하고 명확한 방향을 제시하는지 파악하기 위해, 당신의 팀원에게 물을 수 있는 관리자 효율성 질문들은 다음과 같다.

• **관리자가 당신에게 요구되는 것을 얼마나 명확하게 전달하는가?** 이 질문의 목적은 관리자가 팀에 전달한다고 생각하는 명료함의 정도

탁월한 리더의 성공 법칙

와 실제로 관리자가 팀에 제시하는 명료함 사이에 늘 존재하는 간극을 해소하는 것이다. 거의 항상 이러한 간극이 존재하는데, 이 같은 현실은 자신이 대단히 명확하게 전달한다고 생각했던 관리자에게 큰 충격으로 다가온다.

- **어떤 일을 하지 않아도 되는지 알려 주는 것을 포함해 관리자가 당신 업무에서 우선순위를 정하는 데 얼마나 도움이 되는가?** 우선순위 결정은 더하는 것이 아니라 빼는 행위다. 이 이야기를 꺼내면 사람들은 크게 고개를 끄덕이며 동의하지만, 그러고 나서도 중요하지 않은 업무에 매달리며 '일과 삶의 균형(work-life balance, 워라밸)'에 대해 불평한다. 우선순위 결정은 정말 중요한 소수의 일에 집중하고, 이 일들을 더 효과적으로 처리하며, 일과 삶의 균형을 되찾는 비결이다. 문제는 과잉 성취를 추구하는 사람이 너무 많다는 것이다. 이들은 흔히 업무량과 업무 성과를 혼동한다. 관리자는 이 둘을 명확하게 구분하도록 도움을 주고 일을 덜 해도 된다고 말해 줄 수 있다. 관리자가 아니면 누가 그렇게 하겠는가?

- **개인의 OKR을 수립하는 데 관리자가 얼마나 협력하는가?** OKR은 분기별 목표 설정을 돕기 위한 개념으로, 6장에서 자세하게 다룰 예정이다. 관리자인 자신이 마이크로 관리자(Micro Manager, 세부 사항까지 간섭하고 통제하는 관리자-옮긴이)로 비난받을 가능성이 높은 때는 이 목표를 설정하는 시점, 즉 대개 다음 회계 분기를 2~3주 앞둔 때다. 목표만 분명하게 정해지면 이를 성취하는 과정에서 직원들에게 자율성을 허락하기 훨씬 수월하기 때문이다. 단순히 쓸모없는 내용을 잔뜩 적어 내는 OKR이 아니라 직원들이 비즈니스에 실제로 중요한, 측

정 가능한 목표에 집중하도록 관리자가 도움을 줄 수 있다.

- **팀의 OKR을 설정하는 데 관리자가 얼마나 협력하는가?** 팀의 분기 목표(더 정확히 말하자면 관리자인 당신의 목표)를 정할 때 관리자의 가장 큰 역할은 팀원들의 의견을 수렴하는 것이다. 당신 팀은 그들의 팀이기도 하기 때문이다. "우리가 다 함께 달성해야 할 목표는 무엇이라 생각하나요?"라고 묻는 것만으로도 팀원들을 목표에 더 깊이 관여하게 하고, 결과에 대한 주인의식을 더 많이 심어 줄 수 있다.

- **당신과 당신의 업무에 영향을 주는 회사 변화에 적응하는 데 관리자가 얼마나 도움이 되는가?** 상황은 변하기 마련이다. 대부분의 사람들은 변화를 잘 받아들이지만, 변화가 그들의 역할에 불확실성으로 작용할 때 위협을 느낄 수도 있다. "내 자리가 유지될까?" "새로운 상사가 오게 될까?" "다른 팀으로 가게 될까?" "그동안 내가 한 일이 물거품이 되는 건 아닐까?" "회사 주가가 떨어지는 건 아닐까?" 직원들이 불안을 떨치고 변화에 적응하는 데는 약간의 도움이 필요하다. 직속 관리자는 직원들에게 도움을 주기 가장 좋은 위치에 있다. 필요할 때는 긍정 어린 말을 해주거나, 몇 번이고 확신을 주거나, 안심시켜 주는 등의 도움을 줄 수 있다. 그런 조치가 필요치 않을 때는 앞으로 어떤 변화가 있을 것인지 인간적인 태도로 신속하고 분명하게 이야기해 주는 것이 좋다.

코칭

업무 수행은 결국 이것으로 귀결된다. 바로 결과다. 훌륭한 결과는 좋은 태도와 뛰어난 업무 결과물을 통해 이루어진다. 이는 사람들이 '무엇'을 하는지뿐만 아니라 '어떻게' 하는지에도 신경 써야 한다는 뜻이다. 우리는 ① 팀원들이 잘하고 있는 일을 계속 잘하도록 코치하거나 ② 개선할 수 있는 것은 개선하도록 코치할 수 있다. 이것이 코칭의 핵심이다. 너무 복잡하게 생각할 필요 없다.

팀의 성공을 위해 관리자가 할 수 있는 일은 많다. 더 많은 자원이나 인력을 제공할 수 있고, 더 나은 도구를 제공할 수도 있다. 팀원들이 강점은 더욱 키우고 약점은 보완하도록 이끌 수도 있고, 명확한 방향을 제시할 수도 있다. 직원들이 하는 일이 더욱 성공하기 위해 우리가 할 수 있는 일은 무한대에 가깝지만, 가장 손쉽게 할 수 있는 일은 바로 코칭이다. 다행스럽게도 이 일은 비용이 가장 적게 들고 가장 효과적이다.

이 섹션에서 나는 여러분이 팀원들을 잘, 그리고 자주 코치해 큰 잠재력을 일깨우는 방법에 대해서만 다루는 것이 아니라, 상사를 코치하는 법에 대해서도 이야기할 예정이다. 내가 셀 수 없을 정도로 많이 받은 질문의 주제이기도 하다. 많은 사람이 상사를 코치하고 싶어 하지만 그 방법을 모르는 듯하다. 그래서 그 점에 대해서도 이야기할 생각이다.

마지막으로, 당신이 팀원들에게 진심으로 관심을 기울인다는 것을 어떻게 보여줄 수 있는지도 다룰 것이다. 어떤 사람들에게는 이러한 것이 쓸데없는 일로 여겨질지도 모른다. 하지만 우리가 흔히 사용하는 관심 표현 방식은 모든 사람에게 효과가 있는 것이 아니다.

관리자가 직원들에게 코칭을 제대로 하고 있는지, 직원들도 똑같이 코치할 수 있는 환경을 조성하고 있는지 알아보기 위한 질문은 다음과 같다.

- **관리자가 얼마나 자주 당신에게 피드백을 구하는가?** 사람들은 자신의 의견을 누군가 들어주길 바란다. 그러니 직원들이 자신의 의견을 표현할 수 있도록, 그것도 자주 그런 기회를 가질 수 있도록 해야 한다. 직원들에게 피드백을 구하고, 당신이 실제로 그 의견을 귀담아듣고 있다는 모습을 보여라. 자주 묻고 좋은 매너로 반응하는 것이 팀 내 신뢰를 쌓는 적절한 방법들 중 하나다. 이를 통해 관리자 자신은 고쳐야 할 점을 깨닫고, 팀원들은 함께 이루어야 하는 일에 적극적으로 참여하게 된다.

- **관리자가 잘한 일에 대해 구체적인 칭찬을 얼마나 자주 하는가?** 칭찬은 사람들이 무엇을 계속해야 하는지 이해하도록 돕는 '지속적인 코칭'의 가장 좋은 수단이다. 하지만 우리 모두는 칭찬을 지나치게 아낀다. 대부분 칭찬하기를 잊어버리기 때문이다. 어떤 이들은 칭찬이 상대방의 자만심을 부추기는 행위이거나 정말 대단한 순간을 위해 아껴 두어야 할 행위라고 착각한다. '칭찬을 나중에 하면 더 좋을 거야'라는 생각은 칭찬을 미룬 행동을 정당화하기 위해 스스로에게 하는 거짓말에 불과하다. 이 책에서는 미국 긍정코칭연합(Positive Coaching Alliance)이 권장하는 대로 칭찬과 비판을 5 대 1 비율로 할 것

탁월한 리더의 성공 법칙

을 제안한다.

- **관리자의 피드백이 성과를 향상하는 데 얼마나 도움이 되는가?** 직원들에게 인기를 얻지 못한다는 걱정은 하지도 말라. 관리자는 개선을 목표로 한 코칭을 제공해야 한다. 이 과정이 늘 좋고 만족스러울 수만은 없다. 이 질문에는 두 가지 목적이 있다. 첫째는 관리자가 성과 향상에 도움이 되는 코칭을 제공하는지, 그리고 코칭이 유용한지 직원들의 의견을 구하는 것이다. 둘째로 관리자가 이러한 코칭을 제공해야 한다는 점을 직원들에게 상기시키기 위함이다.

- **당신의 아이디어나 우려에 관리자가 얼마나 호응하는가?** 팀의 아이디어와 우려에 관리자는 즉각적인 반응을 보여야 한다. 직원들의 제안에 일일이 조치를 취할 필요는 없지만, 팀의 계획에 최종 결정을 내리는 과정에서는 관리자로서 분별력을 발휘해야 한다. 결국 팀이 하는 모든 일에 대한 책임은 당신에게 있기 때문이다. 하지만 '효과적인 리더'가 되기 위해서 팀원들의 의견이 존중받고 충분히 검토된다고 느낄 수 있는 문화를 만들어야 한다. 비록 모든 의견이 실행되지는 않더라도 관리자가 그 의견에 귀를 기울이는 것이 중요하다.

- **아무리 사소해도 안전 문제로 관리자를 찾을 때 편안함을 느끼는가?** 일반 직원들의 관점에서 보면 관리자는 회사를 대변하는 존재다. 직원들은 안전과 관련해 이런저런 걱정을 할 수 있다. 밤늦게 혼자 주차장에 차를 빼러 가는 것이 불안하다거나, 위협적인 팀 환경에 처해 있다고 느끼거나, 어떤 일로 다른 직원과 부딪친 후 보복을 우려하는 등의 문제가 발생할 수 있다. 이런 문제는 관련 부서에만 맡길 사안이 아니다. 관리자는 직원들이 자신의 걱정을 상담할 수 있는

환경을 조성해야 한다. 당신 눈에 사소해 보일지라도 직원들에게는 아주 큰 문제일 때가 많다.

- **관리자가 당신에게 인간적으로 마음을 써 주는가?** 최고의 관리자는 사람들이 더욱 성공할 수 있도록 자신의 시간을 내어 도와준다. 직장에서 모두가 추구하는 것이 성공이다. 내 경험으로 보면 관리자가 직원들에게 가장 쉽게 보일 수 있는 관심은 주말을 잘 보냈는지, 자녀가 잘 지내는지, 건강은 어떤지 묻는 것이다. 물론 이런 사적인 관심을 누구나 원하지는 않는다. 하지만 이 같은 따뜻한 관심과 성공하기를 바라는 태도는 직원들에게 직장에서 한 인간으로 존중과 보살핌을 받는다는 느낌을 준다. 이에 대해서는 11장에서 자세히 다룰 예정이다.

커리어

우주를 소재로 한 공상 과학 영화를 즐겨 본 사람이라면 '슬링샷 (slingshot)'을 알 것이다. 이는 우주선의 연료가 떨어져 속도를 낼 수 없는 상황에 등장한다. 대장은 긴장된 목소리로 이렇게 말한다. "슬링샷밖에 방법이 없겠어." 슬링샷은 행성의 중력을 이용해 은하계 먼 곳까지 이동할 만큼의 속도를 얻는 것을 뜻한다. 엔지니어는 자칫하면 그힘에 의해 우주선이 산산조각 날 수도 있다고 걱정한다. 과학 책임자는 실패할 확률이 높다고 지적한다. 하지만 결국 다들 한마음이 되어 그것이 유일한 희망이라는 데 동의한다. 당신의 역할이 바로 슬링샷이다. 당신의 사람들이 커리어의 먼 곳까지 나아갈 수 있도록 힘이 되어 주어야 한다.

관리자인 당신이 직원들과 함께하는 시간은 짧을 것이다. 운이 좋다면 2년, 3년, 4년 정도일까. 직원들은 그보다 훨씬 긴 궤도를 따라 수십 년에 걸쳐 나아가고 있다. 단정컨대, 당신이 해야 할 일은 직원들이 당신 부하로 있는 짧은 시간뿐 아니라 오래도록 궤도 끝까지 갈 수 있도록 돕는 것이다.

직원들이 커리어에 대해 현명하게 생각하도록 돕는 것은 관리자가 할 수 있는 가치 있는 일들 중 하나다. 이는 내가 지금까지 경험한 사례뿐만이 아니라 4부에서 보게 될 데이터로도 입증된다. 그러나 직원들의 커리어를 도와주는 일은 가장 많은 실수를 저지르는 리더십 영역에 속한다. 직원들은 '커리어'와 '승진'을 동일시하며 관리자가 기대한 것과 다른 기대를 드러내곤 한다. 승진은 제한된 틀 안에서 이루어져 한계가 있다. 이와 달리 관리자가 제공할 수 있는 도움, 즉 장기적인 꿈을 향해 단기적으로 눈에 보이는 성과를 낼 수 있도록 직원을 돕는 것은 거의 무한하다.

만약 직원들의 큰 꿈을 이룰 수 있도록 돕는다면, 그들과의 인간관계가 크게 개선될 것이다. 또한 당신이 그들을 소중하게 여긴다는 것을 보여줄 수 있을 뿐만 아니라 회사의 전반적인 성장, 개발, 학습 지표도 향상될 것이다.

관리자가 직원들의 성장과 발전에 도움을 주고 있는지 파악하기 위한 질문들은 다음과 같다.

- **당신의 성장과 발전에 관리자가 얼마나 지원해 주는가?** 관리자는 어떻게 하면 직원들의 성장과 발전을 체계적으로 도울 수 있을지 생각하고 계획해야 한다. 직원들이 '승진이 곧 성장'이라는 좁은 생각에서 벗어나게 해야 승진이라는 잠깐의 기쁨 뒤 찾아오는 실망을 방지할 수 있다.

- (다시 한 번 묻는다) **관리자가 당신에게 인간적으로 마음을 써 주는가?** 관리자가 직원들에게 '인간적으로 소중하게 여긴다'는 느낌을 주는 것은 '아서 왕의 성배(영국 켈트족 전설로, 아서 왕의 기사들이 최후의 만찬에서 예수가 사용한 신성하고 영험한 술잔을 찾는 일-옮긴이)'처럼 매우 중요하지만 쉽지 않은 일이다. 당장의 실적과 업무를 떠나, 당신이 직원들을 소중하게 여긴다는 것을 직원들이 느낀다면 모든 일이 제대로 돌아간다. 당신이 직원들의 성공을 도울 때 그들은 직장에서 관심을 받고 있다고 느낄 확률이 높다. 여기서 말하는 성공이란 몇 주 후에 마감되는 분기별 목표를 달성하는 것만이 아니라 장기적 성공을 의미한다.

관리자의 역할은 두 가지다.
정렬된 결과를 달성하고,
팀원 개인의 성공을 지원하는 것.
그리고 이것은 빅3를 통해 이루어진다.

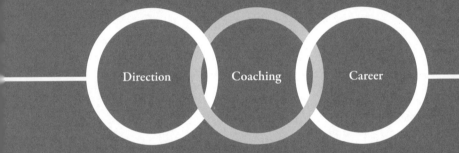

2부

방향성

- 당신에게 요구되는 것이 무엇인지 관리자가 어느 정도로 명확하게 전달하는가?
- 어떤 일을 하지 않아도 되는지 알려 주는 것을 포함해 관리자가 당신의 업무에서 우선순위를 정하는 데 얼마나 도움이 되는가?
- 개인의 OKR(목표와 핵심 결과)을 수립하는 데 관리자가 얼마나 협력하는가?
- 팀의 OKR을 수립하는 데 관리자가 얼마나 협력하는가?
- 당신과 당신의 업무에 영향을 주는 기업의 변화를 헤쳐 나가는 데 관리자가 어느 정도로 도움을 주는가?

트위터에서 일할 당시 나는 SMB 광고 사업부를 이끌었다. SMB는 '중소기업(Small and Medium Businesses)'을 뜻하는 용어로, 우리의 목표는

탁월한 리더의 성공 법칙

세계의 거의 모든 중소기업과 계약을 맺고 이 기업들이 트위터 광고를 통해 목표를 달성하도록 돕는 것이었다. 호황기에는 대단한 성공을 거두었다. 제로에서 시작한 우리는 내가 근무하던 4년 동안 수십만 명의 광고주와 계약을 체결했고, 수억 달러의 수익을 거두었다. 지금까지도 우리 팀이 자랑스럽고 우리가 이룬 성과에 큰 자부심을 느낀다.

하지만 이런 성과를 거두기까지는 고통과 고난도 적지 않았다. 내가 나 자신에게 걸었던 기대에 부응하지 못할 때도 있었다. 당시 나를 둘러싼 환경이 큰 부담으로 작용했다. 이런 환경을 만든 리더가 따로 있었다기보다 내가 처한 현실을 자각한 데서 온 부담이었다. 거기에는 그럴만한 이유가 몇 가지 있었다. 내가 합류했을 당시 트위터는 기업공개를 9개월 앞두고 있었고, 구글과 페이스북 같은 기업들이 이미 크게 성장해 SMB 광고 사업 분야에서 큰 성공을 거두고 있었다. 애널리스트(Analyst, 증권 시장에서 기업을 분석해 그 정보를 투자자들에게 제공하는 사람-옮긴이)들이 압박해 올 것이고, 우리는 좋은 성과를 거둬야만 한다는 것도 알고 있었다. 또한 트위터에서는 팀을 정기적으로 개편했다. 직전에 7년간 몸담았던 구글은 당시 성과를 이유로 고용 기간을 단축하지는 않았다. 내가 트위터에 입사한 지 2개월이 채 되지 않았을 때 고위 마케팅 리더가 해고당하는 일이 벌어졌다. 그 리더와 함께 일한 적이 있던 나는 충격이 아닐 수 없었다! 그가 실력이 좋다고 생각했던 터였다. 상사인 리처드 알폰시(Richard Alfonsi)를 붙잡고 내가 얼마나 충격을 받았는지 속마음을 털어놓자, 그는 이렇게만 말했다. "실전이야, 러스."

위험 부담과 압박감이 큰 상황 속에서도 나는 건강한 시각을 유지하려 애썼다. '여기서 무슨 일이 벌어지든 누가 죽는 것은 아니니까 집중해서 맡은 일을 완수하자. 여기는 해병대가 아니잖아.' 이렇게 생각했다. 특히 힘들었던 시기가 있었는데, 이제 와 생각해 보면 내 잘못이 컸다는 생각이 든다. 서로 협력해야 할 부서와 직원들의 뜻을 하나로 모으지 못했다. 즉 공동 방향 설정에 실패한 것이었다.

이 조직의 생리가 어땠는지 대략적인 분위기를 설명해 보겠다. 나는 마케팅, 세일즈, 고객 성공·지원 업무를 담당하는 고투마켓(go-to-market, 시장 진출) 팀을 직접 이끌면서 제품 관리자 라비(Ravi)와 협력했다. 그는 엔지니어링, 디자인, 고객 경험 팀을 총괄했다. 또한 라비는 다른 제품 및 엔지니어링 팀들과의 소통과 지식 공유를 담당해 관련 혁신안이 여러 연구개발 부서에 전달될 수 있도록 했다. 관례상 나는 라비가 맡은 팀들을 직접 관리하지 않았다. 라비와 나는 투인어박스(two-in-a-box, 부서, 팀, 프로젝트를 이끄는 관리자가 두 명인 시스템-옮긴이)로 일했다.

게다가 유럽과 아시아 태평양 시장을 맡은 팀들은 지리적으로 분산되어 있었다. 세계적인 규모의 비즈니스를 운영해 본 경험이 있었던 나는 실리콘밸리 본사에서 일하는 몇 안 되는 미국인이었다. 각 지역의 리더들은 모두 능력 있고 현지 지식이 풍부했다. 전반적으로 인재도 많았고 전문 지식도 충분했으며 개성이 강한 인물도 많았지만, 이런 장점들로 인해 해결해야 할 문제도 제법 있었다.

더 큰 문제는 트위터의 전략적 목표가 역풍을 맞은 것이었다. 사용자 증가세가 정체되어 갔고, 이를 타개할 방법을 우리가 알고 있는지

탁월한 리더의 성공 법칙

도 불확실했다. 더 최악인 것은, 월스트리트는 매출이 아니라 사용자 증가에 중점을 두고 있었다. 그래서 우리가 첫 16분기 중 15분기에 매출 목표를 달성했음에도 주가는 떨어졌다. 당시 우리의 SMB(중소기업) 광고 사업은 가능한 자원을 적극 활용해 광고주 유치를 이미 최대한 달성한 상태였다. 새로운 광고주를 찾을 가장 믿을 만한 곳은 현존하는 트위터 계정인 만큼, 트위터 사용자 성장 속도가 정체되는 현상은 SMB 광고 사업 성장에도 대단히 부정적인 영향을 미쳤다. 우리는 3억 트위터 사용자 중 누가 비즈니스 상대가 될 가능성이 높은지 읽어 내는 방법을 터득했고, 이를 바탕으로 재빨리 접근해 광고주를 유치할 수 있었다. 그러나 사용자가 증가하지 않을 때는 SMB 광고 성장 또한 둔화할 수밖에 없었음에도, 이 연관성이 트위터의 최고 경영진 사이에 널리 인정받지 못했다.

마지막으로 조직에 대한 관점의 차이도 있었다. 한 직속 부하는 나에게 조직 개편을 강하게 요구했다. 이 직원은 내가 앞서 설명한 기능적·지역적 역학 관계로 인해 조직에 주인의식이 부족하고, 이 문제가 성공에 방해가 된다고 생각했다. 다른 직속 부하들은 우리 팀이 다른 협력 부서나 지역 파트너들보다 사업에 대한 책임을 좀 더 떠안고 있는 것 같다고 지적했다. 당신이 내 부하라면 "저는 이 일을 성공적으로 해내는 데 어려움을 느낍니다"라고만 해도 나를 적극적으로 움직이게 하기에 충분하다. 나는 직속 부하들이 내게 압박을 가하자 상사인 리처드 알폰시를 압박했다.

당신에게 이 조직이 좋거나 나쁘다는 식의 인식을 심어 주지 않기 위해 가급적 사실만 기술하려고 노력했다. 복잡한 조직 환경은 성장하는 테크 기업들이 일반적으로 경험하는 현실이라는 점을 이해해 주길 바란다. 조직 운영에서 내가 통제권을 더 가지길 바랐을까? 물론이다. 특히 스타트업이 태생적으로 지닌 모호성에 더해 여러 부서가 처리하는 일의 순서가 서로 다른 상황에서 더욱 그랬다. "보고 라인은 중요하지 않습니다"라고 말하는 사람들은 자신의 보고 라인이 대체로 불확실하다는 사실을 알까?

어느 곳에서 일해도 늘 그렇듯, 나는 이 사업에 주인의식을 가졌다. 해병대에 있을 때 내 안에 새겨진 주인의식은 DNA까지 완전히 바꿔 놓았다. 중요한 것은, 당시 나는 사업 성과를 책임지는 위치에 있었다는 사실이다. 내가 해내야 할 몫이 따로 있었고, 매 분기마다 SMB 사업의 수익 예측 회의에 참석해 CEO와 CFO(Chief Financial Officer, 최고재무책임자)가 월스트리트 애널리스트들에게 들려줄 이야기를 마련해야 했다.

이 모든 것, 그러니까 극도로 고조된 긴박감, 매우 복잡하게 얽혀 있는 조직 구조, 막중한 책임감, 성공하고 싶다는 욕구 등을 고려한다면 당시 리더십 환경이 얼마나 어려웠는지 짐작할 수 있을 것이다. 약 6개월 동안은 그 상황에 적응하지 못했다. 나는 실패하고 있었다. "내가 책임자야"라고 하는 거만한 모습을 보이기 시작했다.

정확히 말해 내가 그와 똑같은 말을 하고 다닌 것은 아니다. 하지만 사람들이 그리 생각하도록 비슷한 말과 행동을 했다. 당신도 그런 말을 하거나 분위기를 풍긴다면, 단언컨대 당신은 책임자가 아니다. '동트기 전이 가장 어둡다'는 말처럼 내게 가장 어두운 순간은 회사 전체 회의, 즉 트위터에서 '티 타임(Tea Time)'이라고 부르는 자리에서 찾아

탁월한 리더의 성공 법칙

왔다. CEO였던 딕 코스톨로(Dick Costolo)가 주재하는 회의였다. 나는 지금도 딕과 좋은 관계를 유지하고 있다. 티타임이 끝날 무렵 딕은 이렇게 말했다. "우리 리더들 중 몇몇이 '내가 책임자'라는 태도를 보인다는 이야기가 들리는데, 이 자리에 계신 여러분께 분명히 말해 두고 싶습니다. 그런 것은 우리 경영 방식이 아닙니다."

명치를 세게 얻어맞은 기분이었다. 그것은 적어도 부분적으로 나를 향한 메시지였다. 마켓 스트리트에 자리한 본사 9층과 10층의 공용 공간에 2,000명의 사람이 모여 있는 가운데 내가《월리를 찾아라(Where's Waldo?)》의 주인공이 된 듯한 끔찍한 순간이었다. 몇 분 전까지만 해도 군중 속의 한 명이었던 나를 딕은 몇 마디 말로 콕 짚어 낸 것이었다. 나는 빨간색과 흰색의 줄무늬 셔츠에 우스꽝스러운 모자를 쓴 채 멍한 얼굴을 한 월리가 된 느낌이었다. 이 책 끝에 있는 '감사의 말'에서 언급했듯이 나는 딕 코스톨로의 행동을 지켜보며 리더십과 경영에 대해 많은 것을 배웠다. 여러 면에서 그는 그런 메시지를 전달하기에 더없이 적합한 인물이었다. 그 순간 나 자신이 문제인 것을 처음으로 절실히 깨달았기 때문이다.

우리는 교차기능 팀(Cross-Functional Team, 크로스펑셔널 팀이라고도 한다. 대개 프로젝트 진행을 위해 각 부서에서 선발된 사람들로 구성된다-옮긴이)으로서 기대치를 공통되게 인식하고 성공의 정의를 공유함으로써 더 나은 협력을 이루어 낼 수 있었다. 난관을 극복하고 난 뒤 COO(Chief Operating Officer, 최고운영책임자)인 애덤 베인(Adam Bain)은 나에게 이렇게 말했다. "당신은 괴물 같은 비즈니스를 만들어 냈어요. 기록이 입증하고 있잖아요!" 그 말은 사실이었지만, 회사 내 조직들은 성공을 극대화하는 쪽으로 움직이지 않았다. 그것이 내가 트위터를 떠나게 된 결정적 이유였다. 나는 우리가 이룬 성과에 자부심을 갖고 떠났지만, 그 시기의 내 행동 방식이 약간 부끄럽기도 했다. 나는 단순해도 쉽지는 않은 일에 실패했다. 모든 이해관계자가 공통된 방향성을 갖게 하지 못했고, 그로 인해 회사가 '정렬된 결과'를 얻는 데 문제가 있었다.

직장에서의 기대는 여러 형태로 나타난다. 관리자의 역할은 첫째가 '정렬된 결과를 달성하는 것'이고, 둘째가 '팀원들이 성공할 수 있도록 지원'하는 것임을 명심해야 한다. 여기서 '개인과 조직의 목표가 적절히 일치하는 것'이 가장 까다롭고 중요하다. 내가, 더 나아가 우리 팀이 정렬된 결과를 이루어 내는 것이 기대된다면 조직 내 어떤 메커니즘으로 가능하게 할 수 있을까? 바로 '방향 설정(Direction Setting)'이다. 찰리 베세커(Charlie Besecker)는 큰 성공을 거두고 있는 유타의 전자상거래 회사 루트(Route)의 최고매출책임자(Chief Revenue Officer)다. 그가 제시한 기대 설정 방안은 다음과 같다. ① 자신이 무엇을 기대하는지 명확히 알라. ② 자신이 기대하는 것을 직원들이 분명히 알게 하라. ③ 기대치를 측정할 방법을 마련하라. ④ 그 기대치에 따라 팀을 관리하라. 내가 이 방법을 무척 마음에 들어 하는 이유는 기억하기 쉬울 뿐만 아니라 종종 간과되는 첫 번째 단계인 '자신이 무엇을 기대하는지 명확히 아는 것'에서부터 시작하기 때문이다. 무엇을 기대하는지 확실히 모른 채 팀을 이끄는 경우가 얼마나 많은가.

방향을 설정하는 것이 관리자가 반드시 해야 할 일은 아니다. 하지만 방향이 설정되었는지 확인하는 것은 관리자가 반드시 해야 할 일이다. 이 둘의 차이는 명확하지만, 여기에 문제 제기하고 논쟁하려는

탁월한 리더의 성공 법칙

사람도 있다. 분명하게 해 두자. 당신이 '직접 방향을 설정'했다면 방향이 설정되었는지 확인하는 당신의 의무는 벌써 다한 것이다. 하지만 나는 이렇게 주장하고 싶다. 당신이 방향을 설정할 때 팀원들이 참여하면, 그 방향을 팀원들이 훨씬 더 잘 수용하고 따른다. 1954년에 출간된 기념비적인 도서 《경영의 실제(The Practice of Management)》에서 피터 드러커(Peter Drucker)는 몇 가지 중요한 것을 언급했는데, 특히 회사의 목표를 설정할 때는 부하 직원들과 협의해야 한다고 강조했다. 또한 그는 이렇게 적었다. "사람들이 행동 방침을 정하는 데 참여하면, 그것을 끝까지 실행할 가능성이 더 커진다." 직원들과 함께 방향을 정하면 찰리가 말한 기대 설정 방안에서 첫 번째와 두 번째 단계를 충족할 가능성이 크게 높아진다. 일석이조인 셈이다.

내가 개인적으로 선호하는 것은 회사가 추구하는 '큰 그림'을 팀이 잘 이해해 그 방향을 팀이 알아서 설정하는 정도가 되는 것이다. 내가 실제로 경험한 훌륭한 CEO들, 즉 퀄트릭스의 이사회 의장이자 프로농구팀 유타 재즈(Utah Jazz)의 구단주인 라이언 스미스(Ryan Smith), 퀄트릭스의 CEO 지그 세라핀(Zig Serafin), 트위터의 딕 코스톨로와 잭 도시(Jack Dorsey), 구글의 에릭 슈미트(Eric Schmidt)와 래리 페이지(Larry Page)는 모두 '협력적'으로 방향을 정하고 리더들의 의견을 적극 경청하는 모습을 보였다. 그들은 주변의 뛰어난 사람들을 활용해 회사의 공동 방향을 정했다.

2017년부터 2019년까지 매년 초에 라이언 스미스는 퀄트릭스의 최고 경영진, 부사장급, 부서 책임자 모두를 소집해 며칠간 연간 핵심 전략과 최우선 목표를 수립하는 워크숍을 가졌다. 라이언은 이렇게 말했다. "어떠한 어려움이 닥쳐도 이 목표를 꼭 달성해야 합니다."
Q-스태프로 알려진 그의 직속 스태프가 몇 주 전부터 준비한 업무 흐름도(swimlane)를 가져왔다. 이 업무 흐름도는 Q-스태프가 추측한 각 팀의 업무와 그 흐름을 나타낸 것이지만, 넓게 보면 회사가 나아가야 할 방향을 가리키는 것이었다.

자리가 끝난 뒤 100여 명의 사람들은 Q-스태프 멤버가 이끄는 작은 팀으로 나뉘었고, 이후 다시 반으로 나뉘어 본격적인 문제 해결 프로젝트에 들어갔다. 점심 식사를 마친 뒤에는 소그룹 사람들끼리 다시 모여 의견을 교환했다. 사람들이 모인 장소는 대화 소리로 시끄러웠고, 진행자들은 다양한 의견을 하나의 전략으로 만들기 위해 바쁘게 움직였다. 나는 내가 감독하는 그룹의 의견을 취합해 올해의 인재 운영 주요 전략을 개발해야 했다. 그날 저녁에 각 팀이 모여 주요 전략 초안을 발표했다. 약 100명의 사람들이 이를 검토해 이의를 제기하고, 반박하고, 예상치 못한 문제를 제시하고, 비판적인 의견을 던지는 등 격렬한 토론을 벌였다. 2020년 1월, 내가 우리 그룹의 아이디어를 발표하고 나자 퀼트릭스의 이사회 의장인 라이언 스미스가 이렇게 말했다. "제가 이 과정을 좋아하는 이유가 바로 이겁니다. 내 스태프는 결코 생각해 내지 못할 계획을 만들어 오니까요."

그 후 나는 피드백 받은 우리 팀 제안을 직속 부하들과 공유한 다음 최종안을 완성했다. 최종안은 1월 말에 열린 회사 전체 회의에서 발표된 뒤 내부 목표 설정 시스템인 오도(Odo)에 업로드되었다. 회사의 모든 구성원은 이 주요 전략 목표에 맞춰 각자의 목표를 설정했다. 2020년의 경우, 2019년 12월 연휴 며칠 뒤부터 시작해 1월 말이 되

탁월한 리더의 성공 법칙

기 전에 일련의 과정이 모두 마무리되었다.

2021년 계획은 팬데믹으로 인해 2020년에 가상의 환경에서 진행해야 했다. 복잡하고 지난하며 곤란할 수 있는 일련의 과정이었지만 퀄트릭스의 CEO 지그 세라핀은 시작부터 끝까지 수백 명의 의견을 취합하고 다양한 시각을, 즉 지리적 다양성, 서열에 따른 다양성, 부서의 다양성, 성 다양성, 민족 다양성을 모두 고려하며 능숙하게 이끌었다. 그 결과 우리는 회사의 연간 핵심 목표 외에도 영업 영역, 할당 목표, 채용 관리자별 인력 계획 등 운영에 필수적인 여러 계획을 완벽하게 설정한 채 2021년을 시작할 수 있었다. 이 모든 일은 새해가 되기 전에 완료되었다.

지금까지 한 이야기는 한 가지 핵심 포인트를 강조하기 위해서다. 당신의 역할은 방향을 설정하는 것이고, 그 과정에 직원들을 참여시키면 목표를 명확하게 반영한 방향이 설정된다는 점이다.

사고 과정을 체계적으로 정리하기 위해 방향성을 다음 네 가지 핵심 요소로 나누었다. 가장 오래 지속되고 바뀔 가능성이 가장 낮은 요

목적	존재의 이유 같은 것으로, 수십 년간 유지되는 요소다. 미션(사명)과 동의어로 쓰일 때가 많다.
비전	함께 오르고자 하는 큰 산으로 볼 수 있다. 수년에 걸쳐 설정되며, 종종 측정 가능한 목표가 포함된다.
OKR	목표와 핵심 결과(Objectives and Key Results)를 말하며 전사적인 차원의 분기별, 반기별, 때로는 연별 업무를 나타낸 것이다.
우선순위	주간 및 일일 단위의 업무를 나타낸다.

소로 시작해, 지속성이 가장 낮고 주기적으로 변할 가능성이 높은 요소를 마지막에 두었다.

내가 이 프레임워크를 개발한 데는 몇 가지 이유가 있다. 첫째로, 상위-하위 관계 시스템에서 방향성을 체계적으로 정리하기 위해서였다. 각 요소는 바로 앞 요소의 자녀인 셈이다. 가령, 비전은 목적의 자녀이고, OKR은 비전의 자녀이며, 무엇보다 중요한 우선순위는 상위 요소인 OKR의 자녀다. 둘째로, 여기에 나오는 용어들은 뒤섞여 쓰일 때가 많은데, 방향성을 이해하고자 할 때 이 용어들을 잘못 사용하면 혼란과 불일치가 초래될 수 있기 때문이다. 특히 '우선순위'는 '전략적' 다음으로 비즈니스 분야에서 잘못 쓰이는 단어이다. 예컨대, "OKR이 분기별 우선순위(우선 사항)"라고 말하는 것이 적절할까? 그렇게 볼 수도 있지만 이미 분기별 우선순위를 나타내는 용어로 'OKR'이 있다. 스페이스X(SpaceX, 일론 머스크가 설립한 우주탐사 기업-옮긴이)의 우선순위가 '다른 행성에서의 삶을 실현하는 것'일까? 그럴 수도 있지만, 이미 그것에는 '미션'이라는 용어가 쓰인다.

나는 자신의 역할에 자신감이 없는 사람은 회사에서 자신의 '고유 목적'을 이해하지 못하거나, 자신이 기업의 최고 목표에 어떻게 구체적으로 기여하는지 모른다고 생각한다. 일일 및 주간 업무와 회사의 목적 사이에 연결선을 명확히 그릴 수 있다면 자신이 중요한 존재임을 느끼기 쉽다. 《트라이브(Tribe)》의 저자인 세바스찬 융거(Sebastian Junger)는 이런 말을 했다. "인간은 고난에 개의치 않는다. 사실은 고난 속에서 성공한다. 이들이 싫어하는 것은 자신이 불필요하다는 느낌을 받는 것이다." 사람들은 조직의 큰 목적 안에서 자신의 역할이 있을 때 자신이 필요한 존재라고 생각한다.

　회사의 성과는 목표, 비전, 목적을 실현하는 것으로, 회사에 속한 각 개인의 성과를 모두 더한 것이다. 자신이 필요한 존재라고 느끼려면 자신의 업무가 거시적인 맥락에서 어떻게 연결되고 기여하는지 인식해야 한다. 회사나 팀의 거시적인 맥락을 이해하려면, 회사나 팀의 존재 이유부터 알아야 한다. 다시 말해 '목적'부터 알아야 하는 것이다.

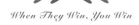
4장

지도를 만들다: 목적

목적(Purpose)은 때로 미션(Mission)이라고도 불린다. 목적과 미션이 완전히 다른 개념이라고 주장하는 사람들도 있지만, 이들이 말하는 차이는 우리가 신경 써야 할 정도로 의미 있다고는 생각하지 않는다. 여기서는 혼란을 주지 않기 위해 목적이라는 단어 하나만을 사용할 것이다. 목적을 정의하려면 "우리 팀이 왜 존재하는가?"라는 질문을 해야 한다. 지금껏 상당수의 리더십 팀과 함께 '목적에 대한 서술(Statement of Purpose)' 작업을 해온 내가 경험한 흥미로운 일 중 하나는, 이 질문에 다들 같은 생각을 하고 있을 거라 예상했지만 실제로는 서로 다른 생각을 품고 있었다는 사실이다.

나는 이렇게 묻는다. "만약 당신이 리더십 팀 리더로서 방향을 잡지 못한다면 팀원들이 팀의 목적이 무엇인지 알 수 있을까요?" 답은 뻔하다. 그러지 못할 것이라고 대답한다. 그렇다면 왜 팀의 목적을 정해야 할까?

나는 한때 크로스핏(CrossFit, 여러 운동을 섞은 체력 단련 운동 프로그램-옮긴이) 공인 트레이너였고, 크로스핏에 갓 입문했을 때는 이 운동을 열심히 전파하고 다녔다. 그러는 가운데 다음과 같은 배꼽 빠지는 농담을 사람들과 주고받기도 했다. 먼저 "크로스핏 하는 사람인지 어떻게 알 수 있을까요?"라는 문제를 낸다. 그 답은 이러했다. "본인들이 먼저 말해요!" "크로스핏 하는 사람, 무신론자, 채식주의자가 술집에 들어오면 다들 들어오자마자 자신이 어떤 사람인지 밝히죠." 이런 농담은 특히 2013년부터 2017년까지 크로스핏 하는 사람들이 기회만 생기면 운동 이야기를 꺼냈던 것을 보여준다. 하지만 사실 크로스핏은 매우 효과적이고(훌륭한 피트니스 결과물), 효율적이며(아주 적은 시간을 투자해도 결과를 빨리 얻는다), 무엇보다 강도 높은 운동이다.

"왜 크로스핏을 해야 하는가?"라는 설교에 빠져 있던 나는 〈더크로스핏저널(The CrossFit Journal)〉 2002년 10월호에 실린 "피트니스란 무엇인가?"란 제목의 기사 내용으로 이야기를 시작했다. 보통 사람들은 "헬스장에 한번 와 보세요. 정말 멋진 경험을 하게 될 겁니다"라는 식으로 크로스핏을 권했다. 하지만 나는 크로스핏이 엄청나게 힘들다는 것을 알고 있었다. 운동을 하다 보면 "내가 지금 왜 이 짓을 하고 있지?" 하고 자기 자신에게 묻게 된다. '정말 이렇게 운동을 해야 할까?' '이 헬스장 회원권에 많은 돈을 들일 필요가 있을까?' 이런 생각도 떠오를 수 있다. 이에 대한 내 생각은 사람들이 "왜?"라는 질문에 답을 안다면 고통, 실패, 근육통, 좌절, 극도의 피로감 등을 이겨 낼 가능성이 훨씬 높아진다는 것이다. 크로스핏 운동이 일상생활에서 얼마나 가치 있는 일인지 이해했을 테니 말이다.

내게는 그 잡지의 기사가 계시처럼 느껴졌다. 크로스핏의 창시자인 그렉 글래스먼(Greg Glassman)은 과학자인 아버지에게서 영감을 받아 피트니스도 측정 가능한 것이라면 과학적 방법으로 이론을 세운 뒤, 그 이론을 검증하면 된다고 생각했다. 먼저 그렉은 피트니스의 정의가 무엇인지 알고자 했다. 정의를 초기 이론에 사용할 수 있을 것이라고 생각했기 때문이다. 그는 피트니스의 정의를 알아내기 위해 자료를 샅샅이 뒤졌지만, 쓸 만한 정보는 전혀 찾을 수 없었다. 어쩐 일인지 피트니스의 개념을 정립하려 했던 사람이 아무도 없었고, 그런 이유로 어떤 방식이 가장 좋은 결과를 내는지 판단하는 기준도 없었던 것이다.

그 기사는 "왜 크로스핏을 해야 하는가?"라는 질문에 정답을 제시해 주었다. 고통스러워도 왜 운동을 끝까지 해내야 하고, 다음 날 왜 또다시 헬스장에 가야 하는지 이해하는 데 도움이 됐다. 크로스핏과 마찬가지로 어떤 회사든 끔찍한 하루를 만들어 낼 가능성이 있다. 전 세계 회사 가운데 하나도 예외 없이! 나는 미 해병대를 시작으로 몸담았던 모든 조직과 회사를 사랑했다. 하지만 어느 곳에서나 "도대체 이걸 내가 왜 하고 있는 거지?"라는 질문을 스스로에게 던지는 순간이 찾아왔다. 나는 이 질문이 언젠가 직원들에게서도 제기될 것이라고 예상하며, 그들이 답을 찾을 수 있도록 돕는 것이 중요하다고 생각한다. 그저 어깨를 으쓱하며 "뭐, 알아서 하겠지"라고 말하는 관리자가 되고 싶지는 않다. 그것은 일종의 직무 태만이기에 나는 관리자가 팀원들과 함께 팀의 목적을 설정하도록 가르친다.

목적은 부정적인 질문에 대한 답 이상의 것이다. 목적은 '우리가 존재하는 이유'로 나는 팀원들의 목적이 명확할수록 그들이 적극적이고 의식적으로 팀의 방향에 동참하거나, 참여하지 않겠다는 의지를 보일 것이라고 본다. 나는 두 가지 간단한 원칙을 가지고 커리어를 쌓아 왔다. 그 원칙이란 첫째는 좋은 사람들과 어려운 문제를 찾고 해결하는 것이다. 둘째는 중요한 무언가를 위해 중요한 일을 하는 것이다. 이 두 가지 원칙이 실현될 수 있는 회사인지 판단하기 위해 가장 먼저 살펴봐야 할 것이 바로 회사의 목적이다. 한 예로, 퀄트릭스의 목적은 경험의 격차를 좁히자는 것이다. 대부분의 조직은 고객과 직원들에게 훌륭한 경험을 제공하고 싶어 하지만, 실제로는 기대에 미치지 못할 때가 많다. 퀄트릭스는 조직이 제공하고자 한 경험과 실제 경험 간의 간극을 좁힐 수 있도록 돕는다.

다른 기업의 목적 선언문을 살펴보도록 하자. 이 중 몇몇은 예전 것이지만 "왜 이 기업이 존재하는가?"라는 질문에 간단한 문장으로 답변을 보여주는 훌륭한 사례라고 판단해 포함했다. 다음 페이지의 목적 선언문을 읽으며 어떠한 공통점이 있는지 잘 살펴보길 바란다. 그리고 이 기업들의 목적 선언문에서 유사한 점은 무엇인지 노트에 적어 보자. (잠시 멈춰 생각하는 시간을 갖길 바란다.)

이 콘텐츠로 교육할 때 사람들이 가장 먼저 찾아내는 공통점은 전부 '무엇무엇 한다'로 끝나는 행동 기술문이라는 것이다. 두 번째는 특정한 시간을 가리키는 문구가 등장하지 않는다. 세 번째로 유사한 점은 이 서술문 중 어느 것도 명확하고 측정 가능한 목표를 언급하지 않았다. 네 번째는 문장이 짧고 힘이 있으며, 기억하기가 쉽다. 다만

기업명	핵심 목적
쓰리엠(3M)	해결되지 않은 문제들을 혁신적으로 해결한다.
머크(Merck)	인류의 생명을 지키고 향상한다.
월마트(Walmart)	평범한 사람들이 부자처럼 물건을 살 수 있는 기회를 제공한다.
디즈니(Disney)	사람들에게 행복을 선사한다.
코카콜라 (Coca-Cola)	세상을 상쾌하게 만든다.
구글(Google)	세상의 정보를 체계화해 누구에게나 접근 가능하고 유용하게 만든다.
트위터(Twitter)	모든 사람이 아무런 장벽 없이 즉각적으로 아이디어와 정보를 창조하고 공유하는 힘을 제공한다.
뷰티 베이커리 (Beauty Bakerie)	달콤함을 제공하고, 사람들의 삶을 달콤하게 만든다.

이러한 목적 선언문은 보통 더 길고 자세하며, 기업의 책임이 더 드러나는 내용으로 보완된다는 점을 언급할 필요가 있다. 마지막으로는 하나같이 "이 기업 또는 팀이 존재하는 이유는 무엇인가?"란 질문에 훌륭하게 답변하고 있다.

물론 모든 훌륭한 목적 선언문이 이 공통점을 정확히 따르는 것은 아니다. 하지만 여기에 소개한 것들은 매우 성공적인 사례이므로 당신이 목적 선언문을 작성할 때 참고하면 도움이 될 것이다.

팀의 핵심 목적을 제시하는 것은 벅차게 느껴질 수도 있다. 내가 가장 권하고 싶은 점은 혼자서 하려 애쓰지 말라는 것이다. 그렇게 하면 실패할 가능성이 크다. 따라서 팀을 소집할 것을 권한다. 당신이 5명으로 구성된 조직의 관리자라면 그들 모두와 함께해도 좋고, 500명 규모의 조직을 책임지고 있다면 8명을 직속으로 뽑아 팀을 꾸려도 좋다. 목적을 정하는 과정에서 팀원들과 협업한다면 더 나은 답을 얻을 수 있고, 그 답은 팀원들이 더 잘 받아들이고 따를 것이다.

팀의 목적을 정하는 데 때에 얽매일 필요가 없다. 관리자로서 이제 막 팀을 맡아 시작하는 단계라면 목적을 정하기 가장 완벽한 때이지만, 당신이 그 역할을 맡은 지 오래되었다고 해도 목적 설정은 여전히 의미 있는 일이다. 간단한 방법을 하나 알려 주겠다. 두 시간짜리 회의를 갖는 것이다. 기존 팀 회의가 있다면 그 시간을 활용해도 좋다. 안건은 단 하나, 팀의 핵심 목적을 설정하는 것이다.

해당 회의 2주 전에 팀원들에게 팀의 핵심 목적을 각자 작성해 회의 때 가져와 달라고 요청한다. 이때 두 가지 사항을 강조하고 반드시 지키도록 해야 한다. 첫째, 다른 팀원과 협력하지 않는 것이다. 협력은 회의 때 할 것이라고 알려 준다. 둘째, 모든 내용을 글로 작성한다는 것이다. 이것이 중요한 이유는 글이 곧 생각이고, 생각은 글을 쓰는 과정에서 더욱 깊어지기 때문이다. 머릿속에서 명확하지 않은 부분은 글을 쓰면서 정리가 된다. 또한 이렇게 하면 팀원 모두가 눈에 보이는 과제를 완료하게 되고, 초기 논의를 위한 다양한 의견을 확보할 수 있다. 이는 당신이 집단 지성의 도움을 받을 가능성을 높이고, 팀원들이 자기 나름의 타당한 논리를 갖고 핵심 목적에 접근하도록 한다. 이 접근법의 또 다른 이점은 팀에 대해 팀원들이 가장 중요하게 여기는 가치와 우선순위를 더욱 깊이 파악할 수 있다는 것이다.

팀원들과 회의할 때는 단 한 가지 질문에 대한 답을 구한다는 점을 명심해야 한다. 바로 "우리가 왜 존재하는가?"라는 질문이다. 팀의 목적을 도출하는 데 도움이 될 만한 몇 가지 질문을 소개하겠다.

- 우리의 고객은 누구인가?
- 우리는 무엇을 만드는가?
- 우리는 그것을 왜 만드는가?
- 우리가 왜 중요한가?
- 우리가 내일 출근하지 않는다면 어떤 (중대한) 일이 일어날까?
- 우리가 없어지면 어떤 위기가 발생할까?
- 회사의 목적은 무엇인가?
- [상사·조직 등의] 목적은 무엇인가?

당신은 "우리의 목적은 무엇인가?"라는 질문에 옳고 그름이 분명한 답이 없음을 금방 깨닫게 될 것이다. 또한 일부 답이 다른 답보다 '더 옳거나' '덜 옳다'는 것도 눈치챌 수 있을 것이다. 이는 마치 다이어트 펩시(Diet Pepsi)가 건강에 좋지 않지만, 일반 펩시보다는 건강하다는 것과 같은 맥락이다. 이 작업의 가치는 핵심 목적을 규정하는 과정을 마무리할 때쯤에 팀원 모두가 핵심 목적을 구성하는 각 단어가 어떤 이유로 선택되었는지, 그리고 해당 목적 선언문이 어떻게 도출되었는지 정확히 알게 된다는 데 있다.

퀄트릭스 인재 운영 팀의 목적 선언문을 작성할 때 나는 가장 먼저

탁월한 리더의 성공 법칙

직속 부하 직원들에게 사전 작업을 맡긴 뒤, 그들을 집으로 초청해 하루 종일 함께했다. 아침에 커피를 마신 직후 보통 직접적으로는 함께 일하지 않는 직원들을 둘씩 짝을 지어 팀을 이루게 하고, 조직의 목적에 대한 각자의 아이디어에서 합의점을 찾게 했다. 점심을 함께하는 자리에서는 각 팀의 아이디어 발표에 이어 약 한 시간 동안 토론을 벌였다. 그 뒤 합의된 내용을 가지고 두세 명이 목적 선언문을 최종적으로 정리하게 했다. 우리는 짧은 글, 중간 길이의 글, 긴 글까지 세 개의 선언문을 완성했다. 짧은 글은 기억하기가 쉬웠고, 중간 길이의 글은 더 자세했기 때문에 팀의 프로필 페이지에 게시해 이해관계자와 동료들에게 우리 팀의 목적을 알리는 용도로 활용되었다. 마지막으로 긴 글에서는 인재 운영 팀의 목적이 실현되는 데 하위 팀들이 어떻게 기여하는지 명확히 볼 수 있도록 했다.

다음은 그 결과물이다.

1. 인재 운영 팀의 목적: 전설적인 경험을 가능하게 하기 위해…
2. 우리는 중요한 순간에 집중하고 경험 관리 비전을 실현하며 퀄트릭스의 가치를 구현할 뿐만 아니라, 퀄트릭스 앰버서더를 양성함으로써 직원 라이프사이클을 넘어 지속되는 전설적인 경험을 가능하게 합니다.
3. 우리는
- 혁신적인 지원자 경험을 통해 인재를 발굴하고 채용하며, 모두가 처음 만났을 때보다 더 나은 상태가 되게 합니다.
- 데이터를 적극 활용해 측정하고, 설계하고, 관리하고, 직원 경험의

기준을 높입니다.

- 직원들과 관리자들이 이끌고, 참여하고, 행동할 수 있도록 권한을 주어 성공을 향한 모든 이의 잠재력을 일깨우고 의미 있는 비즈니스 성과를 이끕니다.
- 공정성, 공평성, 존중, 신뢰, 소속감의 토대를 마련함으로써 퀼트릭스의 문화 수호자 역할을 합니다.

당신과 이 과정을 함께하는 사람들 대부분은 마지못해 한다는 점을 미리 밝혀야 할 것 같다. 물론 겉으로는 열중하는 척할 것이다. 이 일을 함께하게 되어 무척 흥분된다고 말할 것이다. 하지만 속으로는 시간 낭비라고 생각하고 있을 가능성이 크다. "이런 걸 어디다 써먹어?"라고 자신이나 가장 가까운 사람들에게 몰래 물어볼지도 모른다. 하지만 당신은 끝까지 밀어붙여야 한다. 예전에 나는 이 과정을 마친 뒤 사람들의 고해를 듣느라 갑자기 신부님이 된 것 같다는 농담을 하곤 했다. "러스, 솔직히 말해서요, 너무 한심한 짓이고 시간만 엄청 낭비하는 일이라고 생각했어요. 그런데 지금은 정말 할 만한 가치가 있는 일이었다는 생각이 듭니다." 그러면 나는 보통 이렇게 대답했다. "성모송(聖母誦) 다섯 번, 영광송(榮光頌) 한 번 바치고, 위스키 한 잔 하세요."

위에 소개된 목적 선언문에는 외부 사람들이 보기에 보통은 잘 쓰지 않는 난해한 단어들도 있다. 그러나 중요한 것은 이 선언문을 작성하기까지 우리가 거친 과정이다. 그 과정을 통해 내 리더십 팀에 속한 모든 사람이 한뜻을 가질 수 있었다. 우리는 그 단어들을 두고 치열하

탁월한 리더의 성공 법칙

게 고민했다. 단어가 정말 중요하기 때문이다. 그 결과, 리더들은 팀과 개인의 목적을 인재 운영 팀의 목적과 나란히 연계시킬 수 있었을 뿐만 아니라 조직 내 저 아래에 있는 직원들에게도 우리의 목적을 잘 설명할 수 있었다.

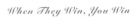

목적지를 정하다: 비전

1962년 9월 12일, 존 피츠제럴드 케네디(John Fitzgerald Kennedy) 대통령
은 본격적인 유인 달 탐사 계획을 선언했다. "우리는 10년 안에 달에
가기로 결정했고, 또 다른 일들도 할 겁니다. 그것이 쉽기 때문이 아
니라, 어려운 일이기 때문입니다. 그 목표는 우리가 가진 뛰어난 기술
과 에너지를 활용하고 평가하는 데 기여할 것이기 때문입니다. 우리
가 기꺼이 수용하고자 하고, 미루고 싶지 않으며, 승리하고자 하는 도
전이기 때문입니다."

미 대통령 역사상 가장 강력했던 이 비전은 아주 명료했다. 1960년
대가 끝나기 전에 미국인들이 달에 발을 디딜 것이라는 내용이었다.
또한 대담했다. 1961년 말까지만 해도 앨런 셰퍼드(Alan Shepard)를 태
우고 케이프커내버럴에서 발사된 프리덤(Freedom) 7호가 비행에 성공
함으로써 미국인이 우주에 머문 시간은 최대 15분이었고, 대통령의

선언이 있기 고작 6개월 전 존 글렌(John Glenn)이 최초로 궤도 비행에 성공했을 뿐이었다. 새로운 비전은 사람들에게 영감을 주었고, 대부분의 미국인들이 하나가 되게 했다. 1969년 7월 20일, "한 인간에게는 작은 걸음이지만 인류에게는 거대한 도약"이라는 말과 함께 닐 암스트롱(Neil Armstrong)과 버즈 올드린(Buzz Aldrin)이 달 표면에 발을 내딛으며 케네디 대통령의 비전은 현실이 되었다. 그렇게 7년 만에 우주를 탐험하는 능력이 크게 발전되었다.

비전은 핵심 목적과 다르다. 목적이 우리가 왜 존재하는지에 관한 것이라면, 비전은 함께 오르고자 하는 언덕을 모두가 같은 방식으로 이해하도록 만드는 것과 같다. 여기서 주목할 점은 구릉지에는 보통 언덕이 여러 개라는 것이다. 만약 당신이 뒤따르는 사람들에게 "언덕 위에서 만납시다!"라고 말한다면 가장 먼저 듣게 될 질문은 "어느 언덕이요?"일 것이다. 어느 언덕인지 분명히 알려 주지 않으면 사람들이 서로 다른 언덕에 오를 가능성이 높다. 따라서 온라인 유통업체의 비전 선언문이라면 "가장 큰 온라인 소매업체가 되겠습니다"보다 "우리의 비전은 세계에서 가장 고객 중심적인 기업이 되고, 사람들이 온라인에서 구매하고자 하는 모든 것을 찾고 발견할 수 있는 공간을 만드는 것입니다"가 낫다.

비전 선언문은 미래 어느 시점에서의 상태를 묘사한다. 구체적인 모습, 즉 측정 가능하거나 명확히 식별할 수 있는 방식으로 작성하는 것이 좋다. 훌륭한 비전 선언문은 묘사하는 글처럼 읽히는데, 앞에서 살펴본 목적 선언문과 달리 보통 행동 중심적이지 않다. 비전 선언문은 현재의 팀 또는 회사가 걷고 있거나 걷길 원하는 발전 과정의 이상적인 최종 상태를 나타낸다. 가장 간단한 사고 모델은 자신이 속한 공동체나 팀, 회사가 목적을 달성했을 때 어떤 모습일지 상상해 보고 묘사하는 것이다. 미래의 이상적인 모습을 한눈에 보여주는 스냅샷이라 할 수 있다.

당신은 팀원들과의 간단한 훈련을 이런 질문과 함께 시작해 볼 수 있다. "자, 지금부터 3년 후를 떠올려 봅시다. CEO가 우리 팀이 고맙다고 파티를 열었습니다. 무슨 일 때문에 큰돈을 들여 파티를 열어 준 걸까요?" 흔한 방식이지만, 5년 후 팀원들이 〈타임(Time)〉 잡지 표지에 실렸을 때를 가정해 볼 수도 있다. 팀원들은 자신의 팀에 관한 기사 내용을 요약해야 하는데, 이는 과거를 되돌아보며 자신의 업적을 기록하는 것이다.

아이디어를 구체화하는 데 도움을 주기 위해 몇몇 기업의 비전 선언문을 소개한다. 리스트를 살펴본 뒤 노트에 이 선언문들의 공통점을 적어 보자. 다 적었으면 다음의 비전 선언문에 어떤 공통점이 있는지 살펴보자. 첫째, 누가 봐도 매력적인 미래를 그리고 있다. 둘째로는 실제로 증명할 수 있을 법하다. 그러니까 측정 가능하거나 성공 또는 실패를 판단할 수 있는 방식으로 작성되었다. 이 중 예외는 나이키의 '아디다스를 제압하라'라는 비전이다. 하지만 이 비전조차도 아디다스의 시장 점유율을 크게 감소시키겠다는 나이키 리더십 팀의 의도가 드러난다. 따라서 해당 선언문이 그 자체로는 성공 또는 실패의 기준이 제시되지 않았거나 측정 가능하지 않지만, 여기서 딱 한 걸음만 더 나가면 측정 가능한 용어로 표현될 수 있다. 셋째로는 포부를 담고 있다. 포부를 담았다는 점에서 '목적'과 유사하다. 이 공통점으

탁월한 리더의 성공 법칙

기업명	비전(미래상)
마이크로소프트(Microsoft) (1985년)	모든 책상과 모든 가정에 컴퓨터를.
월마트(Walmart) (1990년)	2000년까지 1,250억 달러 규모의 기업으로 성장합니다.
나이키(Nike) (1960년대)	아디다스를 제압하라.
제너럴 일렉트릭(GE) (1980년대)	우리가 진출하는 모든 시장에서 1등 또는 2등이 되겠습니다.
스페이스X(SpaceX) (현재)	사람들이 다른 행성에서 살 수 있도록 하겠습니다.
알츠하이머 협회 (Alzheimer's Association) (현재)	알츠하이머가 없는 세상을 위해.
티치 포 아메리카 (Teach For America) (현재)	언젠가 이 나라의 모든 아이가 훌륭한 교육을 받을 기회를 갖게 될 것입니다.

로 인해 사람들이 목적과 비전을 자주 혼동하는 듯하다. 그러나 부디 그러지 않길 바란다.

이제 좋은 비전 선언문이 어떤 것인지 기본적인 개념을 배웠으니, 팀을 위한 강력한 비전을 만들고 전달하는 데 좀 더 세련되게 접근할 수 있을 것이다. 《성공하는 기업들의 8가지 습관(Built to Last)》의 저자인 짐 콜린스(Jim Collins)는 비전을 두 가지로 나누어 설명한다. 첫째는 미래상으로, 이는 최종 상태를 묘사하는 간명한 선언문을 뜻한다. 이것이 '미래상 선언문'이다. 그다음으로 그는 더 길게 작성해야 하는 '선명한 묘사'에 대해 말한다. 이는 매우 세부적으로 미래를 묘사하는 것, 즉 당신과 팀이 원하는 미래를 최대한 상세하게 그리는 것이다. 이 두 가지가 합쳐질 때 가장 강력하고 선명한 비전이 탄생한다는 그의 생각에 동의한다.

팀과 함께 비전을 설정할 때 가장 먼저 해야 할 일은 시간 범위를 정하는 것이다. 대략 2년에서 5년까지가 적당하다고 본다. 이 기간 내에 당신이 바라는 팀, 기업, 세계의 상태를 현실적으로, 즉 측정 가능한 방식으로 묘사한다. 그 후에 이를 달성하기 위해 당신이 가진 모든 것을 집중시키면 된다. 비전이 크고 대담하다면 목표 또한 그에 맞춰 크고 대담하게 설정할 수 있을 것이다.

2000년까지 1,250억 달러 규모의 기업이 되겠다는 월마트의 비전을 살펴보자. 그들이 이 비전을 1997년에 세웠고, 당시 1,000억 달러의 기업이었다고 가정해 보자. 내가 그들의 입장이었다면 2000년까지 1,250억 달러를 달성하기 위해 1998년과 1999년에 중요한 기점이 되는 목표를 설정했을 것이다. 이를테면 1998년에 1,060억 달러, 1999년에 1,150억 달러, 이런 식으로 말이다. 이 같은 프로세스는 팀이나 회사에 모두 적용할 수 있다. 당신이 원하는 미래를 그리고, 그곳에 이르기까지의 경로를 구축하면 된다. 그런 뒤 미래상과 정확하게 일치하는 방향으로 생각하고, 조직하고, 투자하라.

인사(HR) 조직의 비전을 상상해 보자. 미래상은 '행복하고 높은 성과를 내는 팀'일 수 있다. 그러면 강력하고 생생하게 묘사하기 위해 다음 두 가지로 구분해야 할 것이다.

1. 행복

2. 높은 성과

각 항목에서 행복과 높은 성과의 의미를 정확히 설명해야 한다. '행복'의 경우, 우리의 직원 참여가 (전 세계 직원 참여 전문가들에게 고하건대, 직원 참여는 목표가 아니라 측정 지표다!) 업계를 선도하는 미래를 그려 볼 수 있다. 즉 많은 직원이 공정성과 공평성, 포용성, 소속감을 느끼며 회사의 홍보대사 역할을 하는 것이다. 또한 두 가지 주요 아이디어를 바탕으로 업계 선두로 나아가기 위한 '직원 경험' 목표를 설정한다. 바로 입사 지원자(채용 후보자)부터 퇴사자까지 직원의 생애주기에 걸쳐 직원 경험을 설계·계획·구현·측정·개선하고, 의견 수렴을 분기별에서 실시간으로 전환하겠다는 것이다. 이 모든 과정은 측정 가능한 방식으로 진행되는 것이 중요하다.

높은 성과는 관리자 효율성(Manager Effectiveness), 쉽게 말해 관리자 역량을 중심으로 목표를 설정할 수 있다. 훌륭한 리더십이 더 높은 직원 참여도와 더 나은 결과를 불러올 가능성이 높고, 관리자 효율성은 어느 정도 통제할 수 있기 때문이다. 또한 회사의 비전 선언문도 활용해야 한다. 비전 선언문에는 매출 및 직원 수와 관련한 목표가 기재되어 있을 수 있다. 이 경우, 기업의 비전 선언문에 기재된 매출 생산성(Revenue Productivity) 목표를 달성하는 데 지원해야 한다. 예를 들어 매출 목표는 1억 달러이고 직원 수가 100명이라면, 이는 직원 1인당 100만 달러의 생산성을 기대한다는 뜻이다. 인사팀으로서 3→E↔R이라는 핵심 전략을 통해 직원 경험을 개선하고, 이를 바탕으로 매출 생산성을 높일 수 있어야 한다. 이 과정에서 우리 모두는 직원 경험의 경제적 가치를 더욱 잘 이해할 수 있게 될 것이다. "계획보다 더 큰 성과를 내겠습니다"라고 대담하게 말할 수 있을지도 모른다.

여기서 당신이 꼭 기억해야 할 것은 '행복하고 높은 성과를 내는 팀'이라는 미래상은 자칫하면 허튼소리로 여겨질 수 있다는 점이다. 누군가 "그래서 행복이라는 게 도대체 뭐요?"라고 물으며 논쟁하려 들기가 쉽다. 하지만 우리는 이러한 개념들이 정확히 무엇을 의미하는지 정의했기 때문에 스스로에게 책임을 물을 수 있고, 우리 팀 비전을 팀원들과 타 부서의 파트너들에게 설명하고 공유할 수 있다.

앞서 언급했듯이 목적과 비전은 CEO만이 회사 차원에서 정하는 것이라고 생각하는 관리자가 많다. "비전은 제가 세우는 게 아니라, 저커버그(메타의 CEO-옮긴이)가 세우는 겁니다"라고 말하곤 한다. 하지만 나는 그 생각을 바꿔 보길 권하며, 관리자들이 목적과 비전을 어떤 팀에도 필수적인 요소로 간주하길 바란다. 또한 미션(Mission)과 목적(Purpose), 비전(Vision)이라는 용어의 의미에 얽매이지 않길 바란다. 그 것은 쓸데없이 시간만 낭비하는 짓이다. 목적은 'Why(왜?)'에 대한 대답이고, 비전은 'Where(어디로?)'에 대한 대답이다. 이를 단순하게 받아들이고 실행에 옮기길 바란다. 짐 콜린스는 목적과 비전의 조합을 '핵심 이념(Core Ideology)'이라고 했다.

나는 비전을 개발하는 과정을 여러 번 경험했는데, 늘 있게 마련인 회의적인 사람들을 조심스럽게 설득해야 했다. 구글에서 일할 당시 내 직속 부하였던 브라이언 마르쾨트(Brian Marquardt)가 이 일을 700명 규모의 팀에서 진행해 보자고 제안했을 때 나 또한 확신이 없었다. 나는 목적과 비전이 모두 필요한 조직에서 리더로서 개발을 진행해 본

탁월한 리더의 성공 법칙

적 있고, 팀이 목적과 비전을 개발할 수 있도록 도운 적도 있다. 그러나 이때 리더십 팀들이 거의 같은 생각을 할 것이라 확신하고 모였다가 서로 다른 생각을 확인한 경우가 여러 번이었다. 심지어 어떤 경우에는 극과 극이었다. 리더들의 생각이 같지 않다면 부하 직원들이 같은 생각을 할 가능성은 얼마나 되겠는가? 직원들이 자신에게 기대하는 것을 이해할 가능성은 또 얼마나 될까? 그들은 정작 우리가 자신들에게 장기적으로 기대하는 바를 모르는데, 그들이 장기적인 관점에서 주인의식을 발휘하지 않는다고 탓할 수 있을까? 목적과 비전은 궁극적으로 보이지 않는 리더의 역할을 하며, 구체적인 방향과 지침이 없을 때도 방향과 지침을 제공한다. 목적과 비전이 비록 1년에 몇 번밖에 사용되지 않거나, 6개월에 한 번 또는 1년에 한 번 열리는 평가회의에서만 언급된다고 하더라도 조직에 귀중한 역할을 할 것이다.

6장

경로를 계획하다: OKR(목표와 핵심 결과)

OKR, 즉 '목표와 핵심 결과'라는 직접적인 목표 설정 시스템은 많은 책에서 다뤄지는 주제다. OKR과 관련해 가장 중요한 참고 자료로 추천하는 것이 두 가지 있다. 먼저 벤처투자자인 존 도어(John Doerr)가 저술한 《OKR 전설적인 벤처투자자가 구글에 전해 준 성공 방식(Measure What Matters)》은 이 개념을 가장 잘 설명한다고 볼 수 있다. 둘째로는 베러웍스(Betterworks)라는 실리콘밸리 기업으로, 조직이 조화로운 방식으로 OKR을 개발하고 관리하도록 도움을 주는 소프트웨어를 만드는 기업이다. 나는 이들이 만든 소프트웨어에 대해 달리 더말할 것이 없지만, 이들의 블로그와 웹사이트에 소개된 '참고 자료' 섹션은 대단히 훌륭하다! 지금 여기서 내가 할 일은 OKR에 관한 정보를 충분히 제공해 당신이 이를 시작하고, 기대치를 설정하는 더 큰 프레임워크에 어떻게 부합하는지 이해할 수 있도록 돕는 것이다. 따라서 《OKR 전설적인 벤처투자자가 구글에 전해 준 성공 방식》이나 베러웍스가 제공하는 방대한 콘텐츠를 상세히 다루지 않을 것이다. 좀 더 깊이 파고들고 싶다면 어떻게 해야 할지 이미 알고 있을 것이라 믿는다.

OKR은 목표 설정 시스템으로, 다음 두 가지 핵심 요소로 이루어져 있다. '목표(Objective)'와 각 목표 아래 설정되는 하나 이상의 '핵심 결과(Key Results)'다. 기업이 최상위 수준의 OKR을 먼저 작성한 후 관리자급이 그에 맞는 자신들의 OKR을 개발하는 방식이 이상적이다. 궁극적으로는 기업 내 모든 직원이 기업의 최상위 목표와 정확히 연계되는 OKR을 갖고 있어야 한다. 이것이 잘 이행된다면 직원들이 "내 업무가 회사의 전체적인 그림과 어떻게 연결되는지 잘 모르겠어"라는 말은 하지 않을 것이다.

OKR은 개인과 조직의 목표 모두에 기여한다. 첫째, 기업의 최상위 목표에 맞춰 노력과 방향을 집중시키는 데 도움을 준다. 둘째, 제대로 설정되고 정기적으로 검토된다면 개인이 목표와 일치하는 성과를 실시간으로 보고할 수 있게 해준다. 셋째, 생산적인 코칭의 기반을 마련해 준다. 관리자의 역할이 정렬된 결과를 달성하고 팀원들이 성공할 수 있도록 돕는 것인데, 이 정렬된 결과의 기초가 되는 것이 바로 OKR이다. OKR은 관리자에게 더 큰 성공의 기회를 제공한다. 그 이유는 코칭 개입이 필요한 지점이 자주 드러날 뿐 아니라, 직원들이 지속해야 할 활동에 초점을 맞춤으로써 훌륭한 성과를 구체적으로 드러낼 기회를 제공하기 때문이다. 넷째, OKR은 목적과 비전을 매 분기, 매주, 매일의 업무와 직접적으로 연결할 수 있게 해준다. 만약

OKR이 비전과 목적에 기반하지 않았다면 뭔가 잘못된 것이다. 이는 장기적 요소인 목적과 비전이 적절하지 않거나, OKR이 팀과 기업의 장기적 목표와 분리되어 있음을 의미한다. 마지막으로 다섯째, OKR은 부서 간 협업을 더욱 효율적으로 이루어지게 하고, 자신들의 업무가 무엇이고 가장 중요하다고 여기는 것이 무엇인지 서로 알 수 있게 해준다. 예를 들어 어떤 프로젝트에 파트너 팀이 도움을 주고자 하거나 자신들의 목표를 달성하기 위해 협력하려고 할 때 중요한 정보로 작용한다.

OKR은 주로 분기별로 설정한다. 분기가 시작될 때 목표를 정하고, 이후 13주간 정기적으로 진행 상황을 점검하며, 분기가 끝날 때 자신 또는 조직의 성과를 평가한다. 물론 1년을 단위로 OKR을 설정할 수도 있다. 일부 목표는 1년 이상 지속되는 경우도 흔하다. 여기서 핵심은 무엇을 성취하고 싶은지, 언제까지 성취하고 싶은지 명확히 밝히는 것이다. 다만 거의 모든 OKR은 분기별로 설정하고 점검한다. 그이유는 대부분의 기업이 분기 단위로 운영되고, 13주는 의미 있는 성과를 달성하기 충분한 기간이기 때문이다. 성공하기 아직 멀었다면 그 기간에 방향을 수정하는 데도 무리가 없다.

OKR을 제대로 이해하기 위해서는 구성 요소인 '목표'와 '핵심 결과'로 나누어 살펴봐야 한다. 목표는 대체로 우리가 이루고 싶은 바를 좀 더 일상적인 언어로 표현하는 경향이 있다. 인사 조직을 예로 든다면, 목표는 '[기업명] 직원 경험을 향상시킨다' 또는 '우리의 비전을 한 단계 높여 다양하고 공정하며 포용력 있는 기업으로 나아간다'가 될 것이다. 여기서 목표는 대개 야심차고 의미심장하며, 기업과 부서, 다

탁월한 리더의 성공 법칙

양한 구성원의 목표와 일치할 뿐만 아니라 해당 조직의 비전 및 목적과도 부합해야 한다.

핵심 결과는 팀이나 개인이 목표를 어떻게 달성할 것인지, 팀이나 개인이 성공을 어떻게 측정할 것인지 설명한다. 핵심 결과는 측정 가능하거나 이분법적(성공 또는 실패로 구분 가능)이어야 하며, 성공과 실패를 분명하고 명확하게 판단하는 기준을 제시해야 한다. 데드라인도 포함되어야 한다. '[기업명] 직원 경험을 향상시킨다'라는 목표를 뒷받침하는 핵심 결과의 예는 다음과 같다.

- 9월 14일까지 새로운 직원 참여 설문조사를 진행한다.
- 올해 관리자 효율성 점수를 83퍼센트에서 86퍼센트로 올린다.
- 직원들의 요구를 더 자주 듣고, 이를 적절히 해결하기 위해 2분기 말까지 수동적이고 지속적인 의견 수렴 메커니즘에 주요 투자를 진행한다.
- 중요한 순간(Moments That Matter, 입사 첫날, 생일 축하, 승진, 성과 보상, 해외 연수 등 직원이 직장에서 경험하는 중요한 경험이나 사건-옮긴이) 다섯 가지를 선정하고, 이 중 세 가지를 '직원경험여정맵(EX journey map)'을 활용해 설계한 뒤, 분기 말까지 한 가지를 구현한다.

'우리의 비전을 한 단계 높여 다양하고 공정하며 포용력 있는 기업으로 나아간다'에 해당하는 핵심 결과는 다음과 같을 것이다.

- 분기 말까지 전 직원의 40퍼센트를 소외 계층에서 채용한다.

- 자체 분석과 제3자를 활용해 성별 임금 격차가 있는지 확인하고, 만약 그렇다면 이를 해소할 실행 계획을 개발한다.
- 올해 말까지 다수 집단과 소수 집단의 포용성 경험 격차를 12퍼센트에서 6퍼센트로 낮춘다.

이것이 바로 '목표 선언'의 핵심이다. "이것이 우리가 달성해야 할 일이고, 이렇게 측정할 것이며, 이 시점까지 완료할 것이다"라고 공표하는 것이다. 대부분의 최고 경영진은 매 분기마다 자신들의 목표를 선언한다. 상장 기업은 루틴처럼 행하는 일이다. 기업의 성과란 결국 그에 속한 개인과 팀의 성과가 축적된 결과라는 점을 생각해 보면, 결과를 예측하는 기업 능력은 그 기업에 속한 사람들이 자신의 결과를 예측하는 능력에 달려 있다는 주장이 타당해 보인다. 개인부터 기업 수준까지의 이러한 결과 예측은 같은 목표에 기반한 것이어야 한다. OKR은 이를 가능케 하는 가장 효과적인 도구다.

* * *

OKR에서 수없이 목격했던 함정과 위험을 몇 가지 소개하겠다.

1. **무기 경쟁**-동료가 마흔~쉰 개의 OKR을 갖고 있으니 자신도 많은 양을 보여주어야 한다고 착각하는 사람이 있다. 내가 어느 회사에서 근무할 때 일에 집중을 잘 못하는 직속 부하가 한 명 있었다. 몇 가지 비즈니스 결과물과 관련해 내가 성과를 문제 삼아 자신을 압박한다

고 느꼈던 그는 약 스무 개의 OKR을 내게 보여주었다. 그중 구체적으로 설명된 것은 하나도 없었고, 우리가 중요하게 여기는 두 가지 비즈니스에 대해 핵심 결과를 명확히 표현하거나 목표를 선언하지 못했다. 나는 그에게 괜찮은 두 개만 남기고 나머지는 모두 삭제하라고 지시했다.

2. **성공과 실패의 모호한 기준** – 형편없는 OKR은 성공을 어떻게 측정하고 식별할 것인지 명확한 기준을 제시하지 않는다. 이러한 모호함은 책임을 회피할 의도에서 비롯되기도 한다. 지금 목표를 명확히 정의하지 않는다면 분기 말에 OKR을 재해석해 성공한 것처럼 보이게 만들 수도 있다. 그러나 목표를 명확히 선언해야 하며, 만약 목표 달성에 실패했다면 그 과정에서 무엇을 배웠고, 어떻게 수습해 다시 도전할 것인지 밝혀야 한다. 예를 들자면 '큰 거래 대부분을 성사시킨다'보다 '분기 말까지 지금 진행 중인 큰 거래 세 건(기업 1, 기업 2, 기업 3)을 완료한다'가 훨씬 더 명확하다. 책임감 있는 조직 문화를 정착시키려면 성공이나 실패를 판단할 명확하고 분명한 기준을 미리 설정해야 한다. OKR은 이를 실현하기 위한 가장 좋은 도구다.

3. **인풋 지향** – '계획 세우기', '테일러의 팀과 협업', '지나와 미팅', '재무 프로젝트에 계속 참여하기' 같은 것은 의미 있는 비즈니스 결과가 아니라 '단순한 인풋(input, 투입)'이다. OKR을 이런 식으로 작성하도록 방치한다면 그저 그런 결과를 얻는 것은 당연하다. OKR을 달성하는 데 필요한 요소를 주석처럼 추가하거나 가시성을 높이고 싶기 때문이라면 문제 될 것은 없다. 하지만 OKR이 단순한 인풋과 아웃풋(output, 산출)으로 채워지게 해서는 안 된다. 독도법을 비유로 들

자면 '빨리 걷기' 또는 '정확한 방위각 측정하기' 같은 표현은 도움이 되지 않는다. 반면 '오후 2시 30분까지 40.709475, -74.010846에 도착'은 매우 명확한 표현이다.

4. **소수만 이해하는 단어나 표현**-OKR에는 몇 가지 목적이 있는데, 그 중 하나는 상사, 협력팀, 조직 전체 등 이해관계자에게 자신이 무엇을 하고 있는지 명확히 전달하는 것이다. 이해할 수 없는 단어나 표현을 쓴다면 그들이 당신의 목표를 이해하는 데 어려움을 겪는다. 이를 개선하려면 당신이 하는 일을 이해하려고 노력하는 다른 팀의 입장이 되어야 한다. 하위 조직과 연결된 상태를 유지하려면 계획한 목표와 측정 가능한 결과를 명확하고 간단하게 전달하는 것이 중요하다.

OKR은 개인의 목표와 이 목표를 달성하기 위해 해야 할 일들을 명확히 하는 데 도움을 주는 강력한 도구다. 자신이 무엇을 하고자 하는지 명확하지 않다면 다른 사람들에게 명확하게 전달할 수 없다. 앞에서 설명한 찰리 베세커의 기대 설정 방안을 떠올려 보기 바란다. '먼저 자신이 무엇을 기대하는지 명확히 알고, 다음으로 자신이 기대하는 것을 직원들이 분명히 알게 하는 것.' 이 원칙은 당신의 팀원들에게도 똑같이 적용된다. 각 개인, 그들의 관리자, 관련 팀들이 각각 무엇을 달성해야 하는지 명명백백해져야 '정렬(alignment)'과 같은 멋진 단어를 사용할 수 있다. 만약 당신과 회사가 종종 목표 달성에 어려움을 겪는다면 OKR을 신중하게 수립하고, 조직적으로 운영하고, 소통하는 것으로 그 문제를 상당 부분 해결할 수 있다.

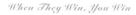

7장

목적지까지 길을 찾다: 우선순위 결정

우선순위 결정은 더하는 것이 아니라 빼는 것에 달려 있다. 네 가지 핵심 요소(목적, 비전, OKR, 우선순위)로 이뤄진 방향성 프레임워크에서 나는 우선순위를 '일일 또는 주간 단위로 수행하는 업무'를 의미하는 개념으로 사용한다. 우선순위는 OKR이나 그룹 비전 같은 더 큰 업무 표현을 지원해야 한다. 예컨대 '분기별 업무'를 우선순위로 볼 필요는 없다. 그 이유는 이미 그것을 가리키는 단어인 OKR이 있기 때문이다.

'몇 가지 일만 잘하라'는 말을 몇 번이나 들어 봤는가? 집중해야 하고, 너무 많은 일을 하려고 하는 것은 위험하다는 말을 사람들이 얼마나 자주 하는가. 나는 사람들이 이런 말을 하는 것을 자주 듣지만, 그럼에도 사람들이 너무 많은 일을 하려고 하는 것을 본다. 내가 몸담았던 여러 테크 기업은 기업 입장에서 다양한 문제를 고민하고, 그 문제들에 영향을 미칠 수 있는 능력과 관심을 가진 사람을 채용하는 경향이 있었다. 무엇보다 그 기업들의 저급한 문화는 좋게 말해 암묵적으로, 나쁘게 말해 노골적으로 업무량을 중시했다. 전설적인 음반 프로듀서인 릭 루빈(Rick Rubin)은 이런 말을 했다. "작업에 투자한 시간은 중요하지 않다. 단 하나의 평가 기준은 '그것이 훌륭한가'다." 그런데도 사람들은 "밤낮없이 주말에도" 또는 "수많은 시간"과 같은 말을 들으면 대단하다고 칭찬한다. 이는 잘못된 반응이다. 중요한 것은 업무의 양이 아니다.

나는 다음과 같은 점을 명확히 하고 싶다. 옛날 사고방식을 가진 사람들이 내 주장을 의도와 다르게 받아들일 수 있기 때문이다. 첫째, 당연히 사람들이 업무 강도를 높여야 할 때도 있을 것이다. 고객과의 마감일이 촉박할 때, 대규모 기업 행사를 계획할 때, 분기 말에 압박이 큰 영업 부서, 법무팀, 매출채권 부서가 몰입해야 할 때 등이 그렇다. 인사팀도 성과관리 시즌에는 박차를 가해 일해야 하고 업무 시간 또한 길어질 것이다. 코로나19 팬데믹 때처럼 기업이 새로운 시장 조건에 빠르게 대응해야 할 때도 있다. 이러한 상황에서는 회사 측에서 직원들에게 일상적인 수준 이상의 시간을 요구하거나 기대할 수 있다. 문제는 업무 폭주가 일상적으로 이루어지는 것인데, 이는 집중력과 계획 부족에 따른 것으로 보인다. 해병대에서 우리가 자주 썼던 말이 있다. "너의 계획 실패가 나의 비상사태는 아니다."

둘째, 옛날 사고방식을 가진 사람들이 내 말을 '열심히 일하는 건 중요하지 않다'는 뜻으로 받아들이지 않길 바란다. 열심히 일하는 것은 당연히 중요하다. 따라서 이 글을 읽으며 내가 엉뚱한 주장을 하는 것처럼 느껴진다면, 글을 다시 한 번 읽길 바란다. 우리는 열심히 일

탁월한 리더의 성공 법칙

해야 하고, 대부분의 사람들은 열심히 일하고 싶어 한다. 하지만 효율을 극대화하거나 유지하기 위해서는 영리하게 일해야 한다.

사람들은 자신이 얼마나 바쁜지 말하는 것을 너무, 너무, 너무 좋아한다. 대단한 사람이라고 과시하듯 경쟁적으로 바쁘다고 한다. 2013년, 메러디스 파인먼(Meredith Fineman)은 〈하버드 비즈니스 리뷰(Harvard Business Review)〉에 "당신이 얼마나 바쁜지 불평 좀 그만하세요(Please Stop Complaining About How Busy You Are)"라는 제목의 기사에서 이렇게 썼다. "얼마나 많은 일을 끝내지 못했는지 불평하는 것이 아니라, 시간 관리 기술이 얼마나 뛰어난지 자랑하는 소리를 한 번이라도 들어 봤으면 좋겠다." 지금 내가 메러디스의 소원을 들어주겠다.

경영대학원을 졸업한 2005년 나는 맥킨지(McKinsey), 베인(Bain), 액센추어(Accenture) 등 여러 컨설팅 회사에 면접을 봤다. '내가 구글에 입사하지 못할 경우'를 예상한 대안들이었다. 나는 내가 어떤 사람이 되고 싶은지 정확히 몰랐고, 그럴 때 가장 좋은 직장은 컨설팅 회사라고 생각했다.

컨설팅 회사와 투자 은행의 끔찍하게 긴 근무 시간은 널리 알려져 있다. 내가 입사 면접을 보러 다니느라 정신없을 그 무렵이었다. 주변 사람들에게 'V'로 알려진 아내가 어느 날 저녁에 날 붙잡아 세우더니 이렇게 물었다. "이제 그렇게 멋진 학위를 땄으니… (빈정거림이 잔뜩 묻어 있는 말투였다) 당신을 자주 못 보는 거야?" 우리에겐 아이가 둘 있었고, 셋째는 아내 배 속에 있는 상황이었다. 우리는 이런저런 대화를 나눴고, 나는 그때 한 가지 약속을 했다. "내 커리어가 좋은 아빠 역할에 방해되지 않게 할게." 그뿐만 아니라 회사가 요구하는 일 때문에 가족과 함께 보내는 시간이 없어지면 그 일을 아예 접겠다고 말했다. 그것이 우리의 약속이었고, 그로 인해 재미있는 일도 벌어졌다. 내가 시간 관리와 우선순위를 정하는 데 탁월한 능력을 갖게 된 것이다. 내 커리어는 멈추거나 중단된 적이 없었는데, 이는 내가 거절에 능숙해졌기 때문이었다. 상사나 상사의 상사가 일을 맡기려고 하는 난처한 상황에서도 말이다. 정말 놀랍게도 나는 중요하지 않은 일을 쳐내는 데 고수가 되어 있었다. 가족과 저녁 식사를 함께하겠다는 생각에서 비롯된 이 간단한 실천은 내가 상상했던 것보다 훨씬 더 큰 성공을 가져왔다.

2008년, 나는 와튼스쿨 출신 아르체이너 길라비(Archana Gilravi)를 구글에 영입하는 데 성공했다. 아르체이너는 금세 내가 맡은 그룹의 브레인이 되어 그룹의 팀들, 프로세스, 투자 등이 올바르게 운영될 수 있도록 도왔다. 그녀는 정말 탁월한 인재였다. 단 한 가지 문제라면 그녀가 일을 너무 많이 한다는 것이었다. 그녀가 업무상 메일을 발송한 것을 보면 밤낮을 가리지 않았다. 이후 진행된 일대일 미팅에서 나는 그 문제를 언급하며 일을 좀 줄이길 권했다. 아르체이너는 중요한 일을 다 처리했을뿐더러 조직 운영에 별로 중요하지 않은 일까지 챙기고 있었다. 나는 그녀의 업무 조정에 도움을 주고, 무엇이 중요하고 중요하지 않은지 알려주겠다고 했다. 하나부터 열까지 모두 자신이 해야 직성이 풀리는 아르체이너는 내 제안에 크게 반발했다. "안 돼요. 모든 걸 다 해야 해요." 우리는 대화하고 토론하고 심지어 언쟁까지 벌였지만, 나보다 다섯 배쯤 똑똑한 그녀는 결국 자신 뜻대로 했다. 그녀가 중요한 일들을 정말 잘 해냈기 때문이다.

몇 년 후, 우리가 미뤄 왔던 문제를 마주하는 때가 찾아왔다. 아르

탁월한 리더의 성공 법칙

체이너와 그녀의 배우자에게 아이가 생겼다. 이제 막 부모가 된 사람이라면 금방 깨닫는 중요한 사실이 하나 있다. 아이를 제대로 돌보지 않으면 교도소에 갈 수도 있다는 것이다. 회사에 쏟아붓던 그 많은 시간을 조정할 수밖에 없다. 일을 하는 데 많은 시간이 주어지지 않는다면 결국 무엇을 터득하게 될까? 일을 덜어 내는 법을 배운다. 우선순위를 정하는 법을 마침내 배우게 되는 것이다. 나는 그런 상황을 맞기 전에 일을 덜어 내는 법을 배우면 일을 훨씬 더 효과적으로 할 수 있고, 우리 삶도 더 풍요로워질 것이라고 생각한다.

당신이 관리자라면 직원들이 업무에 시달리지 않게 해야 한다. 코로나 팬데믹으로 퀄트릭스가 전면 재택근무를 실시했을 당시 직원들은 불안해했지만, CEO인 지그 세라핀은 고위 직원 회의에서 다음과 같은 단순한 메시지를 던졌다. "지금은 사람들이 일을 줄이고 정말 중요한 사안에 집중하도록 도와야 합니다." 그로부터 얼마 지나지 않아 내가 지그에게 물었다. "어떻게 지내세요?" 그는 바쁘다는 대답 대신 "집중하면서요"라고 대답했다. CEO가 본보기인 리더십은 어느 시대에나 정답이다.

직원들이 일을 줄여도 된다고 하는 결정은 몸소 모범을 보이는 데서 시작한다. 겸손한 척하며 자신을 과시하거나, 반년간 쉬지 못했다거나 주말에도 일한다고 불평하면서 성과주의적인 일중독자의 모습을 보이는 관리자가 있다고 치자. 그 사람은 시간을 관리하는 능력이 형편없을 뿐 아니라 온갖 잘못된 모범을 보이고 있을 확률이 높다. 이는 나쁜 본보기를 보이는 리더십이다.

반면, 훌륭한 관리자는 업무 집중을 돕고 우선순위를 정하도록 강제하는 프로세스를 구축한다. 우선순위 결정을 강제하는 것이 왜 중요할 수밖에 없는지 살펴보자. 첫째, 일을 너무 많이 하려는 사람이 부지기수이기 때문이다. 둘째, 지금껏 수천 개 회사를 컨설팅한 사람으로서 말하건대, 혼란스럽지 않은 회사를 본 적이 단 한 번도 없기 때문이다. 결국 문제는 다음 두 가지 요인이 결합해 발생한다. 해야 할 일이 너무 많다는 것과 모든 일을 해내려고 한다는 것. 게다가 실제로 우선순위를 정하기는 매우 어렵다. 정신적 에너지가 엄청나게 소모되는 강도 높은 사고 과정이다. 그래서 우리는 우선순위를 계획할 기회가 주어져도 피하려고 한다. 데이비드 록(David Rock)이《일하는 뇌(Your Brain at Work)》에서 "우선순위 결정을 우선시하라"고 한 것도 바로 그 때문이다. 말장난 같은 이 말은 자신과 다른 사람들에게 우선순위 결정을 강제하지 않으면 건너뛸 때가 많다는 것을 의미한다. 리더는 ① '적어도 매주 목표에 맞춰 우선순위를 정한다', ② '우선순위는 매우 중요한 소수의 업무에 집중한다'는 간단한 원칙을 세워야 한다.

내가 효과를 경험한 몇 가지 간단한 실천 사례가 있다. 첫 번째 사례로 퀼트릭스는 매주 월요일에 직원들에게 스니펫(Snippet, 우선 업무를 짧은 메모 형식으로 기록한 것-옮긴이)'을 작성하도록 요구하고, 스니펫은 OKR에 맞추도록 한다. 실제로 스니펫을 작성할 때 회사의 목표 설정 플랫폼에서는 "어떤 OKR에 우선순위를 두고 싶습니까?" 같은 질문을 던져 직원들에게 우선순위를 상기시킨다. 스니펫은 개수가 적어야 하는데(3~5개가 적당), 이는 다음 주의 우선순위를 고려한 것이다. 우선순위는 할 일을 무작위로 나열해 놓은 목록이 아니다. 다음 부등식을 살펴보길 바란다. 3>2>4('3은 2보다 크고, 2는 4보다 크다'라고 읽는다). 이

탁월한 리더의 성공 법칙

는 곧 '우선순위가 3개를 초과하면 아무것도 없는 것과 같다'는 말을 간단하게 표현한 것이다('우선순위는 3개가 적절하고, 2개는 적으며, 4개 이상은 과도하다'는 것을 뜻한다-옮긴이). 나는 한 주의 일정을 살펴보고 꼭 해야 하는 일 세 가지를 정한 후, 가급적 빨리 해치우려고 한다. 투명성과 업무 협력을 위해 퀄트릭스에서는 스니펫이 모두에게 공개된다. 전 직원은 CEO와 CEO 스태프의 스니펫도 확인할 수 있다.

내가 좋아하는 두 번째 실천 사례는 '일일 스탠드업 미팅'이다. 이 미팅은 애자일 소프트웨어 개발 방식(개발과 평가를 반복하며 잦은 출시를 목표로 하는 개발 방식으로, 구성원의 즉각적인 의사소통이 중요하다-옮긴이)의 결과물로, 15분 동안 모두가 서서 그날의 우선순위를 설명하는 시간이다. 몸이 편하지 않게 서서 진행해 미팅이 빨리 끝나도록 하는 것이 핵심이다. 코로나19 팬데믹 기간에 100퍼센트 재택근무에 들어가면서 우리 팀은 슬랙(Slack, 주로 프로젝트 협업에 이용되는 업무용 메신저-옮긴이)으로 미팅을 진행했다. 매일 아침 8시 30분, 슬랙봇(Slackbot)이 자동으로 "오늘 어떤 일을 할 예정인가요?"라는 메시지를 우리 팀에게 보내 미팅을 준비시켰다. 그럼 팀원들과 나는 각자의 최우선 업무 세 가지를 간단히 공유했다. 여기서 중요한 점은 하루의 우선순위를 세 가지로 강제해야 한다는 것이다. 물론 3>2>4라는 원칙 때문이기도 하지만, 이러한 실천 방식이 경쟁으로 변질되지 않도록 하기 위해서다. '어제 알렉시스가 우선순위를 다섯 개 말했으니, 나는 오늘 여섯 개를 발표해야겠어'라는 식은 안 된다. 모두가 이 규칙을 지키지 않으면 우선순위를 결정하는 것이 단순한 예정 업무 목록 경쟁으로 전락하고, 결국 중요하지도 않은 많은 일을 하게 되는 오류를 범한다.

결국 우선순위 결정은 거절을 하는 것이다. 누구나 "아니오"라고 말하는 법을 배우고 정중하게 거절하는 법을 익혀야 한다. 나는 사람들에게 잘 거절하는 법을 코칭한 경험이 있는데, 여기에 몇 가지 중요한 것을 공유하고자 한다. 우선 공손하게 거절하기 위해서는 어떠한 요청이든 경청할 줄 알아야 한다. 요청을 평가할 때는 직접 얼굴을 보거나 (메일이나 문자보다는) 화상 회의 소프트웨어인 줌(Zoom)을 통해 하는 것이 가장 좋다고 생각한다. 가장 큰 이유는 그 요청이 수락해야 하는 일일 가능성도 있기 때문이다. 요청을 신중하게 평가하기 전에는 어떤 답을 줄지 알 수 없다.

다만 이런 상황을 가정해 보자. 당신에게는 이미 신중하게 준비하고 관리하던 프로젝트가 있었다. 그런데 기존의 우선순위와 무관하거나, 지장을 주거나, 중요도가 떨어지는 요청이 들어온 것이다. 이때는 요청을 분석한 후, 당신의 현재 우선순위와 목표를 설명하며 팀의 업무에 그 요청까지 포함할 수 없는 이유를 밝히는 것이 중요하다. 거절할 때는 미안하고 양해를 바란다는 말을 함께 건네는 것이 좋다. "정말 미안해요. 상사와 팀, 그리고 제가 정해 놓은 기간 내에 일을 마쳐야 해서 그 요청은 들어주기 어렵겠어요." 상대방이 물러서지 않는다면 '상부 보고 라인'을 제시한다. "그럼 이렇게 하죠. 그 요청은 제가 진행 중인 프로젝트 하나와 대체할 수밖에 없는데, 과연 그게 가능할지 그쪽 상사와 제 상사가 함께 논의하면 좋겠습니다." 마지막으로 요청해 준 것에 고마움을 표시하고, 향후 가능성을 열어 두는 방법도 고려해 볼 수 있다. "이 프로젝트를 저에게 알려줘서 고마워요. 지금 당장은 착수하기 어렵지만, 다음 분기 때 그 일을 함께 진행하는 게 좋을지 한번 논의해 봐요."

우선순위 결정은 더하는 것이 아니라 빼는 작업임을 명심해야 한다. 업무 목록을 작성하는 것이 아니라, 하루 또는 일주일 단위로 정말 먼저 해야 하는 극소수의 일들을 정해야 한다. 중요한 업무를 처리하는 동안에는 방해가 되고 지장을 주는 일은 최대한 차단해야 한다. 그리고 우선순위로 정한 일들은 반드시 100퍼센트 OKR에 기반한 것이어야 한다. 만약 그렇지 않다면 그 일을 우선순위로 정할 가치가 있는지, OKR이 제대로 수립된 것이 맞는지 의문을 가져야 한다. 결론적으로 말해 개인이 날마다 수행하는 업무와 한 분기의 목표는 항상 연관되어 있어야 한다.

모든 것이 긴밀하게 작용하도록 만든다

내가 목적, 비전, OKR, 우선순위라는 방향성 프레임워크를 개발한 이유는 이 프레임워크가 장기적인 방향과 단기적인 방향이 적절히 서로 일치하는지 동시에 파악할 수 있는 일관된 상하 관계를 제공하기 때문이다. 간단히 말하자면,

- 내 팀의 목적은 기업의 목적과 상사가 속한 팀의 목적 등에서 기인해야 한다.
- 내 팀의 비전은 팀의 목적과 상위 조직의 비전에서 기인해야 한다.
- 내 팀의 OKR은 팀의 비전과 상위 조직의 OKR에서 기인해야 한다.

• 내 팀과 개개인의 우선순위는 팀의 OKR에서 기인해야 한다.

이 도표를 보면 그 관계를 정확히 파악하는 데 도움이 될 것이다.

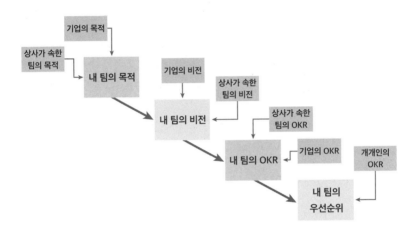

2021년, 퀼트릭스의 CEO인 지그 세라핀은 위의 내용을 멋지게 요약했다. 고위 영업 임원이 주최한 리더십 시리즈에 참석한 자리에서였다. 그에게 한 영업 관리자가 질문을 했다(여기서는 질문을 재구성했다). "저희는 빠르게 움직이고, 빠르게 성장하고, 우리가 만든 분야를 선도하고 있는데, 때때로 상황이 너무 혼란스럽기도 합니다. 이런 환경에서 어떻게 팀을 이끌어야 할지 조언을 주신다면요?" 지그는 이렇게 대답했다. "리더로서 당신의 역할은 기대치를 명확하게 하고 업무를 단순화하는 것입니다." 완전히 동감하는 바다. 우리는 직원들이 정말 중요한 몇 가지에만 집중하게 도와줌으로써 그들이 큰 성공을 거두게 할 수 있다.

탁월한 리더의 성공 법칙

리더의 역할은 기대치를 명확하게 하고
업무를 단순화하는 것이다.

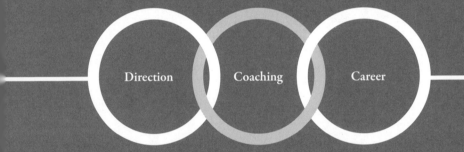

3부

코칭

- 관리자가 얼마나 자주 당신에게 피드백을 구하는가?

- 관리자가 당신이 잘한 일에 대해 구체적인 칭찬을 얼마나 자주 하는가?

- 관리자의 피드백이 성과를 향상하는 데 얼마나 도움이 되는가?

- 당신의 아이디어나 우려에 관리자가 얼마나 호응하는가?

- 아무리 사소한 일일지라도 안전 문제로 관리자를 찾아가는 것을 편안하게 느끼는가?

- 다음의 문장에 얼마나 동의하는가? '우리 관리자는 내게 인간적으로 마음을 써 준다.'

탁월한 리더의 성공 법칙

용어에 대한 몇 마디

피드백, 가이드, 코칭…. 직원들이 더 나아질 수 있도록 돕는 행위를 가리키는 데 쓸 수 있는 단어는 많다. 어떤 이들에게는 '피드백'이란 단어가 라디오에서 나오는 귀를 찢을 듯한 금속성 잡음처럼 느껴질 수 있다. 또 어떤 이들은 덜 권위적으로 느껴진다는 이유로 피드백 대신 '가이드'를 선호한다. 지나치게 구체적이고 지시적인 의견 전달 방식보다는 방향을 전달한다는 뉘앙스 때문이다. 또 다른 이들은 가이드란 단어가 어떠한 조언을 참고하거나 선택지로 고려해 보라는 느낌이 아니라 가부장적이고, 심지어 신의 음성이 전해지듯 절대적으로까지 느껴진다고 말한다.

나는 '코칭'을 선호한다. 코칭은 특히 스포츠계에서 성과에 대한 비판을 선수가 자연스럽게 받아들이게 만드는 과정이다. 내게 코칭은 에너지 넘치고 자주 행해지는 그 무엇이자, 오로지 더욱 나아진다는 데만 초점이 맞춰진 행위다. 하지만 스포츠 경험이 많지 않은 사람이거나 코치가 멍청하다면 코칭이라는 단어에 거부감을 가질 수도 있다. 앞으로 나는 이 세 가지 용어를 번갈아 사용할 예정이다. 당신은 자신이 편안하게 느끼는 용어를 골라 사용하면 된다. 세 용어 모두 결국 같은 목적을, 다시 말해 직원들이 더욱 성공할 수 있게 돕는다는 목적을 지닌다.

8장

도전 의식을 자극하라

1997년 가을, 나는 캘리포니아 펜들턴 기지의 미 해병 제5연대 제1대 대 알파 중대의 중대장이었다. 해병대에서는 중대장보다 나은 보직은 없다. 175명 정도 되는 해병대 전투병들이 소속된 중대는 상륙전의 가장 기본적인 작전 부대로, 장군들이 전장에서 전략적으로 움직이는 체스 말과 같은 존재다. 또한 중대장은 자신의 해병대원들을 진정으로 파악할 수 있는 마지막 기회가 되는 자리이기도 하다. 동기들보다 몇 년이나 일찍, 예정보다 훨씬 앞서 중대를 지휘할 수 있었던 것은 행운이었다.

어느 금요일 오후, 나는 대원들에게 휴가를 주기로 했다. 해병대가 주말에 쉬는 것은 흔한 일이긴 했지만, 이를 공식적으로 허락하기 위해서는 몇 가지 확인 절차가 필요했다. 병기관으로부터 소총과 고유번호가 부여된 무기들, 즉 로켓 발사기부터 야간 투시경까지 모두 이상이 없다는 보고를 받아야 했다. 병기고에 문제없다는 보고를 받으면 나는 대원들을 집합시켜 안전 교육을 실시했다. 과도한 알코올 섭취의 위험성, 특히 음주 운전을 할 경우 본인은 물론 타인에게 끼칠 수 있는 심각한 위험성을 수차례 강조했다. 간단히 말해 영리하게 굴라고 당부했다. 내가 휴가를 주면 대원들은 뉴포트비치, 라스베이거스, 로스앤젤레스, 샌디에이고, 티후아나로 떠났다.

금요일 밤 탄산음료를 한두 잔쯤 마시고 있을 때였다. 당직 사관에게서 전화가 왔다. 대대 지휘관들은 한 달에 한 번씩 돌아가며 대대 본부에서 하룻밤 당직 근무를 섰다. 이들은 북한이 남한을 침공하거나 해병대원의 친인척이 사고로 다치는 등 급한 일이 발생했을 때 가장 먼저 대응하는 역할을 맡았다. 당직 사관은 그런 전화를 받으면 상황의 위중함을 판단한 후 필요한 사람들에게 해당 소식을 알려야 했다.

당직 사관은 내게 이렇게 말했다. "중대장님, 문제가 생겼습니다."

"말해보게." 내가 대답했다.

그는 이렇게 말했다. "대원 한 명이 유치장에 있답니다."

"아주 안 좋은 상황이군. 무슨 일 때문이지?"

"술에 취해 경찰을 때렸습니다." 당직 사관이 말했다.

"일단 알겠네. 가서 데려와야지. 어디에 있나?"

"멕시코에 있습니다, 중대장님."

그 소리를 듣자 내 입에서 욕이 튀어나왔다.

해병대원 본인뿐만 아니라 펜들턴 기지의 지휘관을 포함해 내 위의 모든 지휘관에게도 너무 많은 문제를 불러오는 사안이었다. 우스꽝스러운 이야기처럼 느껴질지 모르지만, 이 해병대원은 국제적인 사건을 일으킨 것이었다. 전쟁을 불러올 정도는 아니었지만, 군사 기지와 인접 지역 사이에 종종 긴장 관계가 형성되기도 한다는 점을 고려하면 매우 민감한 사건이었다. 제1차 세계대전 때 독일군이 '악마의 개(Devil Dogs)'라고 별명을 붙인 미 해병대는 안타깝게도 항상 우리가 바라는 대로 행동하지는 않는다.

당직 사관은 선임 부사관과 함께 멕시코로 가서 일을 저지른 악마의 개를 데려와야 했다. 그러자면 정부 소유 흰색 밴을 타고 가야 했고, 무기는 병기고에 반납해야 했다. 나는 주말 내내 이 사건을 조사해야 했다. 월요일 아침에 내 상관으로서 대대장인 보그스(Boggs) 중령에게 합당한 처벌을 권고해야 했기 때문이다. 처벌의 강도를 정한 통일군사재판법(Uniform Code of Military Justice, UCMJ)에 따라 보그스 중령이 내릴 수 있는 처벌에는 몇 가지가 있었다. 강등 처분을 내릴 수도 있었고, 월급 지급을 유예할 수도 있었으며, 해당 대원에게 막사 연금 처분을 내려 몇 주간 휴가를 금지할 수도 있었다. 조사를 마친 나는 중령에게 최고형을 권고하기로 결정했다.

월요일 아침, 대대 본부로 와서 중령을 만나라는 전화를 받았다. 나는 관례적인 회의를 예상했다. 중령의 데스크 주변으로 원사와 당직 사관, 그 외 몇 명의 이해관계자들이 둥그렇게 둘러앉아 진행하는 회의 말이다. 보통 회의는 매우 신속하게 진행되었다. 그 후 우리는 곧장 해당 해병대원을 데려와 그가 비사법적 처벌(Nonjudicial Punishment, NJP), 즉 징계를 받도록 했다.

보그스 중령 사무실에 도착한 나는 내가 좀 일찍 온 줄 알았다. 다른 사람들은 보이지 않았다. 문은 닫혀 있었고, 원사와 중령이 안에서

탁월한 리더의 성공 법칙

대화를 나누고 있는 것 같았다. 사무실에서 나온 스캇(Scott) 원사가 나를 알아보고 말했다. "들어가셔도 됩니다, 대위님."

안으로 들어서자 중령은 내게 문을 닫으라고 말했다. 그 뒤에는 보통 "자리에 앉으시죠"라는 말이 이어져야 했지만, 그날은 아니었다. 그날 중령은 내가 서 있기를 바랐다. 나에게 던진 그의 첫 번째 질문은 짤막했다. "래러웨이 대위, 알파 중대에서 무슨 일이 벌어지고 있는 겁니까?"

나는 당연하게도 당황스러움을 느꼈는데, 그 질문 때문만이 아니라 평소의 방식에서 벗어난 상황 때문이었다. 질문의 의미를 파악하려 노력한 끝에 나는 결국 이렇게 대답했다. "중령님, 오늘 이 자리에서 어떤 일이 벌어질지를 두고 대원들이 크게 걱정하고 있습니다. 아시다시피 스미스(실명이 아니다) 상병은 훌륭한 해병대원에 인기도 많은 친구이고, 대원들 전부 스미스 상병이 잘못 휘말렸다는 것도 알고 있습니다." 중령은 내 대답에 불만족스러운 듯 이번에는 '무슨 일이 벌어지고 있는'에 힘을 주어 똑같은 말로 물었다. 내가 질문을 제대로 이해하길 바라는 것 같았다. 나는 또 한 번 제대로 답변하지 못했다. 중령은 잠시 아무 말 없이 가만있었다. 우회적인 방식으로는 자신이 원하는 방향에 이를 수 없다는 것을 깨달은 듯했다. 마침내 중령이 결정적인 질문을 던졌다.

"래러웨이 대위. 내가 알고 싶은 건 당신 리더십이 얼마나 부실하기에 당신 대원이 티후아나까지 가서 술을 먹고 연방 경찰의 턱에 주먹을 꽂아도 된다고 생각했느냐는 겁니다." 일반 독자들은 해병대 장교들 사이에 가장 경쟁이 치열한 병과가 보병이라는 사실을 이해하지 못할 수도 있다. 전투기도, 헬리콥터도, 탱크도, 포병도 아니다. 바로 보병이다. 보병이 가장 경쟁력 있는 특기인 이유는 해병대의 심장이자 영혼일 뿐만 아니라, 다른 모든 병과가 보병을 지원하기 위해 존재하기 때문이다. 또한 현재뿐만 아니라 미래에도 리더십 도전을 받을 가능성이 가장 높은 분야이기 때문이다. 물론 이 병과를 선택하는 방법은 리더십에 달려 있다. 나는 해병 지휘관 기초 학교를 상위 10퍼센트의 성적으로 졸업했고, 리더십 평가에서는 상위 3, 4퍼센트에 들었다. 이러한 내 리더십 기술로 1지망이었던 보병대에 배정되었다. 나에게는 존경하고 우러러보던 대대장이 내 리더십을 의심하는 것보다 더 강력한 피드백은 없었다.

보그스 중령과 나는 좋은 관계를 유지하고 있었다. 앞서 내가 동기들보다 몇 년 일찍 중대장 자리에 올랐다고 했던 것을 기억하는가? 그 일이 가능했던 것은 보그스 중령 덕분이었다. 그는 나를 최고의 지휘관 중 하나라고 여겼고, 그런 그의 마음을 나도 알고 있었기에 복부에 꽂힌 그 타격을 감당하기가 더욱 어려웠다.

나는 이러한 비난이 그리 공정하지 않다고 생각하며 사무실을 나왔다. 문제의 대원은 다 자란 성인이 아닌가. 내가 안전 교육도 하지 않았던가. 티후아나에 가서 술을 잔뜩 마시고 비행을 저지른 것은 온전히 그의 선택이 아니었던가. 정상 참작을 할 만한 정황도 있지 않은가. 멕시코 경찰은 말도 안 되는 여러 혐의를 날조해 이를 무마하는 대가로 스미스 상병의 약혼녀에게서 약혼반지를 받아내기도 했다.

그러다가 깨달았다. 나는 팀이 하는 모든 일에 책임이 있다는 것을. 이 문제를 포함해서 말이다. 마이클 잭슨이 알았으면 굉장히 실망했을 것이다. 답을 찾으려고 오만 곳을 둘러보면서도 정작 거울은 보지 않았으니 말이다(마이클 잭슨의 노래 〈Man in the Mirror〉에 빗댄 비유다-옮긴이). 피해자의 관점에서 벗어나 실행자의 관점에서 이런 질문을 했다. "내가 무엇을 다르게 했어야 이를 방지할 수 있었을까?" 당연하게도 답이 떠올랐다.

내 안전 교육이었다.

나는 매주 성의 없는 안전 교육을 진행해 왔던 것이다. 전해야 할 말만 정리해 같은 헛소리를 매번 반복했다. 한번 생각해 보라. 열아홉, 스물, 스물한 살짜리가 모인 집단이 있고, 그들과 라스베이거스, 로스앤젤레스, 멕시코를 가로막는 유일한 존재가 바로 나였다. 장담컨대 찰리 브라운(Charlie Brown, 애니메이션으로도 알려진 만화 《피너츠》의 주인공-옮긴이)의 선생님이 내뱉는 말소리처럼 내 말이 그들에게도 "와 와 와 와 와"로 들렸을 것이다. 전한 내용, 그 의미, 전달된 내용, 실제 벌어지는 일 사이에 간극이 생기지 않도록 창의력을 적극 활용해야 했다.

나는 명예훈장까지 받은 해병대 퇴역 군인과 어떻게 연락이 닿을 수 있었다. 기지에서 가까운 곳에 거주하고 있고, 전역 후 음주 운전 사고에 휘말리는 비극으로 휠체어 생활을 하게 되었다는 사연을 포함해 그에 관해 조금 아는 바가 있었다. 나는 그에게 우리 대원들에게 안전 교육을 해줄 수 있는지 물었고, 교육 후에 잠시 대원들과 노변정담의 시간을 가져 준다면 영웅적이고 비극적인 그의 이야기를 대원들이 귀담아들을 것 같다고 했다. 그는 내 요구에 응했고, 당일이 되자 내가 휴가를 줬음에도 라스베이거스나 로스앤젤레스, 멕시코로 떠나는 대원은 단 한 명도 없었다. 그의 이야기를 듣기 위해 전원이

기지에 남았다.

해병대에서 비롯되어 내 커리어 전체에 영향을 미친 한 가지 사실이 있다. 근무가 아닌 시간에 직원이 연루된 사고가 발생하면 보통 조사 보고서 첫 문장은 알코올이 연관되어 있다는 점이 강조된다. 하지만 한 가지 자랑스럽게 말하고 싶은 것은, 내가 제5연대 제1대대 중대장으로서 나머지 약 8개월을 복무하는 동안 알코올과 관련한 사고가 단 한 건도 발생하지 않았다는 점이다. 나에게는 실제로 우리 그룹이 실행했거나 실패한 모든 일에 책임이 있었고, 보그스 중령의 냉혹한 피드백 덕분에 그 사실을 깨달을 수 있었다.

냉정한 피드백과 뇌

본격적으로 이야기를 시작하기에 앞서, 여러분은 피드백을 주고받는 것이 왜 어려운 일인지 가장 기본적인 수준에서 이해해야 한다. 나는 보편적 진리에 크게 의존하는 사람은 아니지만, 코칭에 대한 저항은 너무도 조직적인 나머지 그 이유가 마땅히 궁금할 수밖에 없었다. 피드백을 주고받는 것이 어려운 이유를 잘 이해하기 위해서는 그 이면의 생리학적 현실을 파악하는 것이 중요하다.

우주, 심해와 함께 인류의 마지막 미개척 분야 중 하나로 꼽힐 정도로 뇌는 복잡한 기관으로 잘 알려져 있다. 이 책의 목적에 따라 뇌는 크게 두 핵심 부분으로 나눌 수 있다.

두개골 뒤쪽에 위치한 변연계는 감정을 통제하는 역할을 한다. 진화적 관점에서 볼 때 변연계는 뇌에서 가장 오래된 영역으로, 이 때문에 '도마뱀의 뇌'로 불리기도 한다. 이 영역은 대단히 크고 강력하며, 포도당과 산소 같은 자원을 처리하는 데 매우 효율적이다. 이곳은 투쟁-도피 반응이 일어나는 영역이자 피드백 상황에서는 위협 대응(Threat Response)과 방어 본능이 자리하는 곳이기도 하다.

다음은 전전두엽 피질로, 이마 바로 뒤인 뇌의 앞쪽에 자리한 영역이다. 이 영역은 가장 늦게 진화했고, 크기가 작으며, 상대적으로 약하고, 포도당과 산소를 처리하는 데 효율성이 떨어진다. 논리와 이성, 호기심, 문제 해결 능력이 자리한 곳이다.

흥미로운 점은 이 두 뇌 영역 간의 상호작용이다. 사실 상호작용이 거의 없다. 이들은 동시에 작동하지 않는다. 변연계는 감정적인 자극을 받으면 즉각적으로 활성화하는데, 피드백을 받는 상황에서는 이러한 자극을 위협으로 인식하는 경우가 많다. 반면, 전전두엽 피질은 활성화하는 데 많은 에너지가 필요하다. 따라서 위협의 단서가 감지되면 두 영역은 즉각적으로 상반된 역할을 하게 되며, 변연계가 우위를 점하게 된다. 더 오래되고 강하고 효율적인 변연계가 전전두엽 피질을 포함해 뇌 전체를 화학 물질로 뒤덮어 전전두엽 피질의 작동을 방해한다. 하나는 코끼리이고, 다른 하나는 그 등에 올라탄 사람과 같다.

누군가가 "너무 화가 나서 생각할 수가 없었어"라고 말한다면, 이 말은 두 시스템이 함께 작동하는 방식, 더 정확히 말하면 함께 작동하지 않는 방식을 매우 잘 설명한 것이 된다.

진화적 관점에서 보면 이런 현상은 지극히 당연하다. 수백만 년 동안 살아남은 '인간' 종은 달아났던 자들이다. 인간은 개별적으로 자연에 대항하기에 특별히 강한 존재가 아니다. 상대적으로 보면 우리는 빠르지도 않고 강하지도 않으며, 위협을 보고 듣고 냄새로 감지하는 감각도 특별히 뛰어나지 않다. 인간이란 종이 생존할 수 있었던 이유는 수백만 년 동안 다른 무엇과 마주쳤을 때, 그 앞에 서서 깊이 고민하지 않았기 때문이다. "와, 호랑이가 정말 예쁘네. 이 호랑이의 행동을 한번 연구해…." '꿀꺽!' 이렇게 반응하는 유전자를 지닌 사람들은 그 자리에서 죽음을 맞았다. 우리는 본능적으로 위협을 알아차리고 즉시 도망쳤다.

현대의 직장에서 '달라 보이는 무엇에게서 달아나는 것'에는 두 가지 중요한 의미가 내포되어 있다. 첫째, 이것이야말로 편견의 본질이다. 무언가 다른 것을 보고 도망간다는 것 말이다. 따라서 누군가에게 편견을 드러낸다고 지적해 모욕을 주어서는 안 된다. "나는 지금 아무런 편견 없이 판단하고 있어"라는 말이 백이면 백 거짓말인 것도 같은 이유에서다. 편견을 갖는다는 것은 인간이라는 의미다. 우리가 할 수 있는 최선은 편견을 인식하고, 편견을 통제하도록 돕는 방안과 과정을 마련하는 것이다. 둘째, 우리에게는 기능이 매우 뛰어난 후뇌, 즉 도마뱀의 뇌 또는 파충류의 뇌라고 불리는 것이 있다. 우리에게 일은 무척이나 중요하므로 후뇌는 초과근무를 하면서 우리를 지키려 한다. 우리의 일과 직장에서의 성과는 많은 것과 연결되어 있다. 예컨대 매슬로(Maslow)의 욕구 단계 이론을 생각해 보면, 성공적인 커리어는 다섯 단계의 욕구를 적어도 부분적으로나마 충족시킬 수 있다. 그렇기 때문에 직장에서 많은 것이 투쟁 또는 도피 반응을 유발한다. 피드백, 가이드, 코칭은 사람들을 더욱 성공하도록 돕는 일이다. 하지만 그 과

탁월한 리더의 성공 법칙

정에서 무엇을 더 잘해야 하는지 지적해야 하는 경우도 생기는데, 피드백을 받는 입장에서는 그 지적을 '내가 실패하고 있는 지점'이라고 이해하기 쉽다. 이러한 생각은 위협 대응을 불러일으킬 수 있다.

이 모든 이유로 인해 냉정한 피드백을 받았을 때 가장 일반적인 반응은 방어가 될 수밖에 없다. 피드백에 방어적으로 반응하는 것은 예민하다는 뜻이라고 우리는 오랫동안 잘못 배워 왔다. 나는 그렇게 생각하지 않는다. 피드백에 대한 방어적인 반응은 단 하나를 의미한다. 바로 우리가 인간이라는 사실이다. 방어적인 반응이 인간다움을 나타내는 것이라고 해서 화를 내거나 고함을 지르고, 타인의 말을 듣지 않고 차단하는 등의 부적절한 행동을 정당화할 수는 없다. 하지만 우리는 누군가 개선에 대한 피드백을 받으면 보이지 않는 무언의 방어적 반응을 일으킬 가능성이 매우 높다는 것을 이해할 수 있다. 그리고 많은 사람이 직접 경험했듯이 눈에 보이는 반응도 나타난다.

게다가 피드백을 주는 위치에 있는 사람들(사실상 우리 모두)은 피드백을 받는 입장이었던 적도 있다. 비판에 너무 예민하게 반응하지 말라는 가르침을 받은 우리로서는 인정하고 싶지 않다고 해도, 개선에 초점을 맞춘 코칭이 상대에게는 상당히 언짢고 위협적으로 느껴질 수 있다는 것은 모두가 아는 사실이다. 결국 피드백을 제공해야 할 사람들이 피드백을 주지 않는 상황이 종종 발생한다. 그 이유는 두 가지로 나뉜다. 하나는 이타적인 이유이고, 다른 하나는 이기적인 이유다.

이타적인 이유라면 '당신 기분을 상하게 하고 싶지 않다'는 것이다. 사이코패스를 제외한 대부분의 사람들은 타인의 입장에서 생각하고, 개선 피드백을 받으면 위협을 느끼고 방어적이 되는 감정에 공감할 수 있는 능력을 지녔다. 이기적인 이유로는 '당신의 정서적 반응을 감당하고 싶지 않다'는 데서 비롯한다. 울고, 소리 지르고, 낙담하고, 반발하고, 논쟁하고, 묵살하고, 경멸하는 등의 반응 말이다. 이러한 반응을 감당하는 것은 상당히 힘들지만 어쩔 수 없다. 관리자이자, 코치이자, 친구이자, 동료로서 이러한 반응을 감당하고 피드백을 제공하는 것이 당신의 일이기 때문이다.

이 두 가지 이유는 반드시 극복해야만 한다. 코칭은 반드시 이루어져야 하는데, 이 이유들을 극복하지 못한다면 코칭이 성사될 수 없기 때문이다. 우리에게는 다른 사람들이 성공하도록 도와야 할 의무가 있고, 피드백은 우리가 갖고 있는 도구함에서 가장 저렴하고 편리한 도구다. 코칭의 목표는 다른 사람들이 더욱 성공하도록 돕는 데 있다는 사실을 명심해야 한다. 비판적인 피드백은 상대가 더욱 잘 해낼 수 있는 무언가를 강조하는 것이다. 피드백이 부정적인 감정을 자극한다 해도 성공에 가까워지는 데 절대적인 동력이다.

더 나은 모습을 보이도록 자극하라

개선 피드백을 쉽게 전달할 수 있는 묘책은 없지만 가시를 조금 제거하는 방법은 여럿 있다. 다들 챌린지를 좋아하는 만큼, 기본적으로 사람들의 도전 의식을 자극하는 것이 하나의 방법이 될 수 있다.

도전 의식을 자극한다는 것은 리즈 와이즈먼(Liz Wiseman)의 《멀티플라이어(Multipliers)》의 핵심 아이디어다. 그녀는 멀티플라이어란 평균과 비교해 자신의 팀에서 두 배의 지적 능력, 두 배의 아웃풋, 두 배의 생산력을 이끌어 내는 리더라고 정의했다. 반대로 디미니셔(Diminisher)는 팀에서 절반밖에 끌어내지 못하는 리더를 가리킨다. 이 책을 관통하는 핵심 주제는 멀티플라이어 아래서 일하는 것이 불편할 때가 많고 결코 쉬운 일이 아니지만, 이런 리더 밑에서 일했던 사람들이 가장 많이 했던 말은 바로 "내 관리자는 내가 할 수 있다고 생각했던 것 이상으로 일을 더 많이 잘하도록 도전 의식을 자극했다"는 것이다.

영업에서도 이와 아주 유사한 사례가 있다. 2009년 경기가 완전히 침체되었을 당시 몇몇 영업사원들은 어쩐 일인지 자신의 목표를 계속 초과 달성하는 모습을 보였다. 《챌린저 세일(The Challenger Sale)》의 공동 저자인 브렌트 애덤슨(Brent Adamson)과 매튜 딕슨(Matthew Dixon)은 어떤 이유로 그것이 가능했는지 알고 싶었다. 그들은 조사를 통해 다섯 가지 유형을 정리했다. 외로운 늑대형(Lone Wolf), 관계 중심형(Relationship Builder), 수동적 문제 해결형(Reactive Problem Solver), 하드워커형(Hard Worker), 챌린저형(Challenger)이었다. 보통의 성과자와 뛰어난 성과자를 비교한 두 사람은 보통의 성과자는 다섯 가지 유형에 모두 분포되어 있다는 것을 발견했다. 하지만 (목적을 달성하는 성과를 평가해 영업 조직의 상위 20퍼센트 안에 든) 뛰어난 성과자의 40퍼센트는 챌린저형이었다. 더욱 흥미로운 점은 성과자의 비율이 가장 낮은 유형은 관계 중심형이었는데, 겨우 7퍼센트밖에 되지 않았다. 이 통찰을 강력하면서도 우리에게 위안이 되는 사례로 여기는 데는 두 가지 이유가 있다. 먼저, 너무 많은 사람이 '영업이란 결국 대인 관계'라는 가르침을 받아

왔다. 이 결과는 그런 통념을 정면으로 반박하고 있다. 다행스럽게도 영업 담당자가 구매자를 골프 게임, 근사한 저녁 식사, 술집, '신사들만의 클럽' 등을 통해 접대하며 계약을 성사하는 시대는 이미 지났다. 요즘 시대의 구매 과정에는 다양한 관점과 목적을 지닌 사람들이 참여한다. 그들은 성공하고자 노력하는 사람들로서 골프를 치며 많은 시간을 낭비할 생각이 전혀 없다. 챌린저형은 상대에게 어떠한 통찰력을 제공하고, 상대를 더욱 영리하게 만들고, 상대에게 더욱 성공해야 한다는 생각을 심어 준다. 그들은 구매팀 개개인의 세계관에 도전의식을 심어 주는 동시에 가르침을 전하고, 자신의 메시지를 구매팀원들 각각의 맥락에 맞게 조정하고, 해당 기업 내부의 복잡한 구매 절차를 장악한다. 경기 침체기에도 그들이 계속 성공하는 것은 전혀 놀랍지 않다.

관리 방면의 멀티플라이어처럼 그들의 목표는 사람들을 더욱 영리하고 뛰어나게 만드는 것이지 반드시 호감을 얻겠다는 것은 아니다. 나는 퀄트릭스의 공동 창업자인 제러드 스미스(Jared Smith)와 트위터의 전 CEO이자 01A(벤처 캐피탈 기업-옮긴이)의 파트너인 딕 코스톨로가 수없이 이렇게 말하는 것을 들었다. "사람들에게 호감을 얻으려는 관리자들은 끔찍한 불행을 불러오지."

《리더로서의 서번트(The Servant as Leader)》의 저자인 로버트 그린리프(Robert Greenleaf)는 이렇게 적었다. "훌륭한 리더는 … 겉으로 거칠고 까다롭고 타협하지 않는 모습을 보일 수 있다. 그러나 진정으로 위대한 리더들의 내면 깊숙한 곳에는 공감과 자신의 리더십을 따르는 사람들에 대한 무조건적인 수용이 있다." 까다롭고, 타협하지 않는다. "보인다, 패턴이!" 요다(영화 〈스타워즈〉 시리즈에 등장하는 제다이 기사단의 스승으로 말할 때 도치법을 구사한다-옮긴이)라면 이렇게 말했을 것이다.

다른 그 어떤 자료보다 내가 중요하게 여기는 《실리콘밸리의 팀장들》은 두 가지 핵심 개념을 제시한다. 첫 번째는 '직접적 도전(Challenge Directly)'이고, 두 번째는 '개인적 관심(Care Personally)'이다. 이 두 가지를 동시에 실천하면 관리자가 팀원들에게 피드백을 제공하는 과정에서 '마음이 더해진 솔직함(Compassionate Candor)'을 달성할 수 있다.

스스로 가능하다고 여기는 것 이상으로 사람들의 도전 의식을 자극하라고 하는 책과 자료는 많다. 리더로서 당신의 임무는 팀원들이 정렬된 결과를 달성하게 하는 것이다. 이와 더불어 팀원들이 성공할 수 있도록 돕는 데 모든 힘을 쏟아야 한다. 그들이 더 나아지기 위해서는 스스로 가능하다고 생각했던 수준 이상으로 더 많은 일을 해낼 수 있도록 당신이 그들의 도전 의식을 자극해야 한다. 이를 잘 해내는 데 필요한 조언들은 12장에서 할 예정이다.

9장

진심을 담은 칭찬을 하라

개선을 위한 피드백은 코칭의 중요한 방식 중 하나다. 또 다른 방식은 '지속 코칭(Continue Coaching)'이라고도 하는 칭찬이다. 우리는 칭찬을 보통 타인을 인정하는 개념으로 생각하지만, 그것만으로는 부족하다. 칭찬의 가장 중요한 목적은 무엇을 계속해야 하는지 사람들에게 명확하게 이해시키는 데 있다. 대부분의 사람들이 자신이 무엇을 잘하는지, 왜 잘하는지 제대로 이해하지 못하고 있는 사실은 놀랍다. 하지만 그럴 수밖에 없다. 업무 스타일, 대인관계 접근법, 업무 결과물 전달 방식은 개인이 속한 팀이나 기업 문화에 따라 그 효율성이 달라지기 때문이다. 사람들이 무엇을 계속해야 하는지 이해할 수 있게 하면서 그것이 왜 효과적인지 자세히 알려 주는 칭찬은 매우 큰 영향력을 발휘하는 활동이다.

　나는 유소년 스포츠 팀을 코치하면서 칭찬하는 법을 배웠는데, 코칭은 내 인생에서 가장 보람찬 일 중 하나였다. 단점은 다음의 몇 가지밖에 없었다. 아이들이 티볼(Tee-ball, 받침대 위에 올려 놓은 야구공을 배트로 치는, 야구와 유사한 스포츠-옮긴이)을 하다 곧장 메이저 리그로 진출할 것이라 생각하는 코치들이 있었고, 코치의 자녀를 편애하는 문화도 있었으며, 트래블 팀(여러 지역을 이동하며 게임을 펼치거나 대회에 참가하는 팀-옮긴이)과 올스타 팀을 둘러싼 정치도 놀라울 정도로 심각했지만, 이 모든 어이없는 일에도 불구하고 운동을 하는 어린이들을 코치하는 일은 삶에서 경험할 수 있는 가장 큰 기쁨 중 하나였다. 왜 그렇게 생각하는지 짧은 이야기를 들려주겠다.

첫째와 둘째 아들이 아주 어렸을 때 우리는 아이들을 YMCA 리틀 키커스(Little Kickers) 축구 프로그램에 등록시켰다. 아내는 내게 팀을 코치하는 데 도움을 줄 생각이 있는지 물었고, 나는 시간을 별로 뺏기지 않을 거라 생각하며 '물론'이라고 답했다. '가능하면 해보지 뭐' 하는 마음이었다. 알고 보니 팀에 수석 코치가 부족했고, 아내는 그 지원자로 나를 등록해 버린 것이었다. (V, 고마웠어!) 매번 훈련을 계획하고, 참가하고, 가르쳐야 한다는 사실을 알게 된 후 약간 패닉이 왔지만, 그냥 마음을 다잡고 해야만 한다는 사실을 깨달았다. 첫 훈련 날이 되자 나는 매우 흥분했다. 아들 둘이 팀에 있을 뿐 아니라 가족 모두 가깝게 지내는 집의 두 아들, 제이콥 니딩(Jacob Neading)과 루크(Luke)도 함께였기 때문이었다. 제이콥은 훌륭한 운동선수였다. 루크는 당시 신체적으로 조금 힘들어했다. 나는 그 아이의 시력에 문제가 있다는 것을 몰랐다. 다행히도 몇 년 전에 이 문제가 해결되었지만, 당시에는 그린 드래곤즈 리틀 키커스(Green Dragons Little Kickers) 축구팀에 영향을 미쳤다. 대체로 산만한 모습을 보이며 축구에 완전히 몰입하지 못했던 것이다. 루크는 매사 의욕이 넘치는 아이였지만 축구에는 영 소질이 없었다. 항상 열심히 뛰며 최선을 다해도 나의 리오넬 메시(Lionel Messi)가 될 수는 없었다. 사실 나는 그런 것에 별로 관심을 두지 않았다. 아이들이 즐거움을 느끼고 무언가를 배우는 것이 중요했다. 나는 루크가 멋진 경험을 할 수 있기 바랐지만, 처음에는 아이가 그런 경험을 하고 있는지 확신할 수 없었다.

나는 아이들에게 패스와 같은 기술을 가르치고 보여준 후 연습하도록 했다. 우리는 거의 기술과 포지션에 대해서만 가르쳤는데, 작은 골대를 두고 하는 축구이다 보니 전부 기초적인 수준이었다. 또 나는 예닐곱 살짜리 아이들의 집중력을 높이기 위해 아주 간단한 질문을 몇 가지 하고 손을 든 아이가 대답할 수 있도록 했다. 이는 우리 팀의 문화에 틀린 답은 없다는 간단한 원칙을 세우기 위한 노력이었다. 예상한 대로 루크는 한 번도 손을 들지 않았다.

그러던 어느 날 루크가 손을 들었다. 당시 나는 골키퍼 포지션에 대해 가르치고 있었다. 나는 아이들에게 질문을 했다. "자 그럼, 다른 선수들은 아무도 못 하지만 골키퍼만 할 수 있는 행동이 무엇인지 아는 사람?" 거의 모든 독자가 답을 바로 떠올렸겠지만, 골키퍼는 손을 쓸 수 있다는 게 정답이었다. 쉬운 문제였다. 축구팀 아이들 대부분은 그 사실을 알고 있었다. 드디어 시즌 들어 처음 내가 친조카처럼 사랑하는 루크가 번쩍 손을 들었다. 이제까지 본 것 중에 가장 의욕 넘치는 손 들기였다. 반쯤 선 자세로 어깨가 솟을 만큼 팔을 쭉 편 채 영화 〈매트릭스(The Matrix)〉의 네오(Neo)가 보여줄 법한 속도로 손을 앞뒤로 마구 흔들며 아이들이 늘 하는 그 말을 외치고 있었다. "아! 아! 저요! 저요!"

그래, 루크! 드디어! 내가 루크에게서 집중력을 끌어냈고, 루크는 완전히 몰입해 있었다! 아이에게 얼른 발언권을 주고 싶었다. "그래, 루크. 다른 선수들은 못 하고 골키퍼만 할 수 있는 게 무엇인지 여기 있는 친구들에게 말해 주겠니?" 분명 멋지게 정답을 말할 거라고 나는 생각했다.

루크는 너무도 천진난만하게, 마구 손을 흔들었을 때보다도 더 열정을 담아 진지한 얼굴로 아이들을 향해 우렁차게 외쳤다. "골키퍼는 날 수 있어요! … 그리고 불꽃 슛을 쏠 수 있어요!"

아이들은 인생 최고의 선물이고, 아이들을 코치하다 보면 내가 주는 것만큼 얻는 것이 있다. 나는 벨몬트 레드우드 쇼어스 리틀 리그 (Belmont Redwood Shores Little League, BRSLL)에서 리틀 리그(9~12세 아동이 출전하는 야구 리그-옮긴이) 코치를 몇 년이나 했다. 내가 가장 좋아하는 때이자 내 최고의 해는 BRSLL AAA급의 필리스(Phillies) 팀을 코치하던 2016년이었다. 그 전에도 코치를 했지만, 매니저 바로 아래인 수석 코치가 된 것은 그해였다. 드류 힐리(Drew Healey)가 매니저였는데, 2년 전 그와 함께 BRSLL AA급의 양키스(Yankees)를 2위로 올려놓고 시즌을 마무리했던 경험이 있었다. 드류는 누구도 편애하지 않았고, 아이들을 야구 이상으로 성장시키겠다는 내 열정에 공감했다. 하지만 그도 경쟁심이 있었고, 이기고 싶어 하는 아이들의 마음을 우리 둘 다 이해하고 있었다. 우리의 목표는 '성장이 먼저이지만 우승도 중요하다'는 문화를 만드는 것이었다. 아이와 학부모들은 AA 양키스에서의 경험을 즐거워했기에, AAA 필리스에서 다시 한 번 드류와 힘을 합치게 되어 기대가 컸다.

이 특별한 시즌이 시작되기 전, 우리는 긍정코칭연합에서 진행하는 세미나에 반강제적으로 참가했다. 그날은 놀랍게도 내 인생에서 가장 뿌듯하게 보낸 토요일 중 하나가 되었다. 세미나에서는 여러 주제를 다뤘는데, 가장 흥미로운 주제는 칭찬에 관한 것이었다. 발표자들은 칭찬 다섯 번에 비판 한 번이라는 비율을 소개했다. 하지만 그보다 더 중요한 이야기가 나왔는데, 훨씬 흥미로운 내용이었다. 아이들은 잘못된 일보다 올바른 일을 훨씬 더 많이 하고, 코치로서 아이들이 잘하는 일을 강조해야 그 일을 반복할 최고의 기회를 마련해 줄 수 있다는 것이었다. 나는 이 이야기를 곧장 마음에 새겼다. 직관적으로 옳은 이야기로 들렸고, 그렇게 '더 북(the Book)'이 시작되었다.

"러스 코치님, 저희 북 타임 하면 안 돼요!?"

아이들이 훈련할 동안 나는 아이들이 잘한 일을 기록했다. 훈련 시간에 누가 일찍 왔고 누가 제시간에 왔는지 적었다. 스트레칭 할 때 숫자를 크게 센 아이가 누구인지 기록했고, 아이들이 자신의 행동과 노력, 기술을 내가 모두 기록한다는 사실을 알게 하려고 책처럼 두툼한 노트와 연필을 보란 듯 들고 다녔다. 땅볼 타구를 수비할 때 누가 팔만 뻗는 게 아니라 발까지 움직이는지, 글러브 안에 들어온 땅볼을 다른 한 손으로 잘 감싸는 아이는 누구인지 등등을 기록했다. 훈련이 중반부에 이르면 아이들을 내야로 모아 이름을 불러 가며 각각 누가 무엇을 팀의 기준에 비해 얼마나 잘했는지 알려 주었다. 누가 훈련 시간에 맞춰 왔는지 말하는 자리에서는 늦은 아이의 이름은 밝히지 않

탁월한 리더의 성공 법칙

았다. 그것은 늦은 아이의 이름을 부르는 것보다 훨씬 강력한 방법이었다. 한 예로 제임스(James)는 정성과 노력을 100퍼센트 다하는 아이들 중 하나였는데, 훈련에는 습관처럼 늦었다. 이미 아이의 엄마가 피아노 수업과 겹치는 일정 때문에 드류와 나에게 양해를 구한 터라 사유는 분명했다. 제임스는 지각으로 벌을 받지는 않았지만, 늦었기 때문에 제시간에 오는 선수로 이름이 불리지 못했다. 제임스는 엄마 아빠에게 제시간에 맞춰 훈련에 들어가고 싶다고 계속 졸라댔다. 한번 생각해 보길 바란다. 이 열 살짜리 아이가 부모에게 훈련에 맞춰 제시간에 데려다달라고 다그쳤다. 제시간에 도착하면 크게 인정받고 보상도 있었기 때문이었다. 물론 우리 모두 아이가 피아노 수업에 빠질 핑계를 찾고 있는 진짜 속내를 파악했지만, 그럼에도 핵심은 달라지지 않는다. 아이들이 잘한 행동을 꾸준하게 강조했던 접근법은 사람을 관리하는 일을 28년간 해 온 내가 경험한 방법 중 사람의 행동을 유도하는 데 가장 뛰어난 효과를 보였다. 아이들은 내가 지켜보고 있는 것을 알았다. 또한 야구 수비 연습 중 팔을 아래로 내리고, 다리를 움직이며, 글로브로 땅볼을 잡을 때는 다른 손으로 그 공을 감싸야 한다는 것도 알았다. 그 모든 것이 훈련 중간과 끝의 '북 타임'에 거론되며, 그날 밤 팀 웹사이트에 그 내용이 게시된다는 것도 알았다.

이 사례에는 여러 복잡한 심리적 요인이 작용한다고 생각하지만, 우리는 전문가가 아닌 평범한 사람들이니 여기서 더 복잡하게 만들지 않을 생각이다. '더 북'을 유지하려면 코치인 우리가 팀의 기준을 분명하게 설명할 줄 알아야 했다. 가령 스트레칭을 할 때 숫자를 크게 세는 것은 명확하게 설정된 기준이었다. 그러다가 아이들이 큰 목소리로 숫자를 외치는 데 집중하느라 햄스트링 스트레칭을 대충 하는 것을 보고 그 기준을 두 가지로 나눴다. 제대로 된 방법으로 스트레칭하기와 큰 소리로 숫자 세기였다. 시간 엄수, 타격, 수비, 주루에 대한 기술적인 기준을 지키기 위한 노력까지 모든 것을 빠짐없이 다뤘다. 아이들이 기준에 맞는 성과를 보이면 우리는 바로 그때와 '더 북' 시간에 공개적으로 인정해 주었다. 이를 통해 우리는 그 기준에 부합하는 아이들의 행동을 반복시키고 강화할 수 있었다.

이를 업무에 대입해 생각해 봤다. 내가 가장 먼저 깨달은 점은 아이들은 체구만 작을 뿐 보통 성인과 다르지 않다는 것이다. 칭찬이란 아이들에게만 통하는 흑마술이라고 생각하고 싶은 마음이 들었지만, 어쩌면 내가 믿는 것보다 성인이 아이와 비슷한 점이 많지 않을까 잠시 생각해 보려 했다. 그리고 리더가 정규적으로나 정기적으로 팀원들에게 칭찬하지 않는 다른 이유에 대해서도 생각했다. 칭찬하면 그 의미가 의도한 것보다 상대에게 더 크게 전달될 수 있다는 생각에 칭찬을 참는 리더들이 떠올랐다. 또 어떤 일에 대한 칭찬이 성과에 대한 종합적인 평가로 오해받을까 봐 칭찬을 참는 이들도 있다. 예를 들면, 제 역량을 발휘하지 못해 성과관리에 문제가 있는 직원에게 칭찬하는 것은 위험하거나 상대에게 혼란을 줄 수 있다는 것이다.

이 모든 입장이 이해되기는 하지만 잘못되었다고 생각한다. 내가 가장 중요하게 깨달은 점은 대다수의 관리자는 닥치는 대로 직원들을 해고할 생각만 하는 사람이 아니라는 것이다. 다시 말해, 당연하게도 사람들에게는 잘못하는 일보다 제대로 하는 일이 훨씬 많다는 뜻이다. 따라서 칭찬이 자아를 어루만지는 행동이라거나 참아야 하는 무언가라고 여기는 생각을 극복할 수 있다면, 칭찬이 가장 편리하고 비용이 가장 적게 들고 위험이 가장 낮은 최고의 행동 유발 전략이라는 사실을 깨닫게 된다면, 이를 항상 적극 활용해야겠다는 생각이 들 것이다. "오늘 회의 진행 방식에서 정말 멋졌던 점은요…" "당신이 이 캠페인을 기획하는 것을 보며 정말 놀랐던 점은요…" "고객 미팅이 잘 진행될 수 있었던 이유는 제 생각에는 당신이…"라는 이야기가 자주 들리는 팀 문화를 한번 상상해 보길 바란다. 팀원 모두가 기쁜 마음으로 출근하는 문화를 한번 상상해 보라. 다음 말을 지금 바로 당신의 칭찬 목록에 추가하라. "제가 X에 대해 정말 좋게 생각하는 게 뭔지 알아요?" 자유롭게 쓰길 바란다.

내가 퀄트릭스에서 발견한 사실을 여기서 다시 한 번 짚어 주는 것이 좋을 듯하다. 인사 고과와 목표 성과 달성에서 최고를 기록한 관리자들은 관리자 효율성 질문 열두 개 모두 사내 평균 이상을 기록했다는 점을 기억할 것이다. 이들은 특히 질문 두 개에서 사내 평균보다 확연히 뛰어난 모습을 보였다. 그 질문 중 하나는 '관리자가 잘한 일에 대해 구체적인 칭찬을 얼마나 자주 하는가?'였다. 자신의 분야에서 뛰어난 성과를 거둔 기업의 리더들은 동종업계 다른 리더들보다 리더십 전략에서도 탁월한 능력을 보였다. 다시 말해, 칭찬을 참아야 하는 이유를 찾기 위해 터무니없고 작위적인 설명을 만들어 내며 억지로 칭찬을 삼키기 전에 다시 한 번 잘 생각해 보길 바란다. 직접 말하고, 설명하고, 진심을 담아라. 그리하면 당신과 당신 팀은 더욱 멋진 활약을 펼칠 수 있을 것이다.

10장

상사에게도 피드백 하라

위계질서를 거스르는 피드백

피드백 잘하는 방법을 주제로 수천 명을 교육하며, 상사에게 피드백을 전하는 방법에 조언이 필요한 사람이 상당히 많다는 사실을 알았다. 상사에게 냉정한 메시지를 전달하는 데 존재하는 실제 위험과 인지된 위험 때문에 이는 대단히 어려울 수 있다. 관리자가 아무리 자신이 '쿨'하다고 생각해도 직원과 관리자 사이에는 권력의 차이가 거의 항상 존재한다는 사실을 잊어선 안 된다. 관리자는 직원의 앞날과 앞길에 중요한 요소들, 즉 연봉, 승진, 휴가, 새로운 기회 등에 영향력을 행사할 수 있으며, 이와 관련해 대부분의 사람들은 불리한 입장에 놓이는 것을 원하지 않는다. 훌륭한 관리자는 그런 사실을 알고 권력의 차이를 최소화하거나 심지어 무너뜨리려 하며, 절대로 그 차이를 강조하거나 과시하려 들지 않는다.

이 책의 전제(관리자가 직원 경험을 관리·감독하는 것)를 믿는다면 직원이 관리자에게 꼭 한마디 해야겠다고 생각하는 때도 예상할 수 있다. 관리자 역시 인간이기 때문에 그들이 운영하는 팀과 시스템에 얼마간의 결함은 늘 있게 마련이다.

상사에게 피드백을 전하는 간단한 '4단계 프레임워크'를 소개하기 전에 엄연한 사실을 하나 밝혀 두고자 한다. 당신의 관리자는 사람이고, 이 사람 또한 '성공하고 싶어 한다'는 것이다. 관리자의 정강이를 발로 걷어차는 게 아니라, 관리자가 더욱 성공할 수 있도록 돕는 데 당신의 역할도 있다는 사실을 이해한다면 이미 당신은 훨씬 나은 결과를 얻을 준비가 된 것이다.

탕비실 수다와 험담에 대해 짧게 한마디 하겠다. 대체로 위에서 언급한 권력의 차이와 관련한 여러 이유로 사람들은 관리자가 성공하는 데 필요한 피드백을 전해 주지 않으려 한다. 한편 관리자의 결점을 두고 동료들과 논하려는 사람들이 있다. 동료들에게서 선의의 조언을 구하는 것부터 해로운 인신공격까지 이야기를 나누는 것이다. 내 지론은 험담이란 타인의 정보를 거래하는 행위에 불과하다. 그런데도 어떤 이들은 정보 거래가 자신의 지위를 상승시켜 줄 것이라고 믿는다. '누군가에게' 말하는 것이 아니라 '누군가에 대해' 말하는 행위는 그 사람을 돕는 행위가 아니라는 점을 명심하길 바란다. 또한 직장에서 얻을 수 있는 최고의 경험을 스스로에게 선사하는 행위도 아니다. 더 나은 방법은 관리자에게 피드백을 직접 전하는 것이다.

당신이 보복하는 사람 아래서 일하고 있다면, 이런 상사에게는 피드백을 주어선 안 된다. 여기서 멈추되, 다음으로 할 일은 이력서를 손보고 새 일자리를 알아볼 것을 추천한다. 당신이 하는 말, 당신의 생각, 당신의 요구와 바람을 들어주지 않는 사람 아래서 일하기에는 삶은 너무 짧고, 두려움 속에 살기에는 더더욱 짧다. 물론 한심한 관리자는 매우 많지만, 듣기 너무 괴로워도 당신의 의견을 이해하려 노력하는 훌륭한 관리자도 많다.

대부분의 관리자들은 보복과는 거리가 멀다. 이들도 인간이다 보니 보복할 것처럼 보일 수도 있고, 약간의 방어적인 반응을 나타낼 수도 있다. 가장 흔한 방어적인 반응은 피드백이 자신에게 직접 주어지지 않았을 때 누가 무슨 말을 하는지 알아내려고 하는 것이다. 이는 관리자의 나쁜 본능이다. 대개 피드백의 일부라도 무효화하려는 의도로 누가 그런 말을 했는지 알고 싶어 하기 때문이다. 이런 반응은 종종 어떤 실행 계획을 맞춤화하겠다는 식으로 포장된다. 예를 들어 "글쎄, 이런 말을 블레이즈와 마리아가 했다는 걸 알면 그들과 직접적으로 실행 계획을 세울 수 있지"라고 합리화하는 것이다. 하지만 대부분의 경우 이러한 정보는 자신에게 주어지는 피드백을 분석해 무력화하는 데 사용된다. 우리가 지닌 모질고 악한 편향 중 하나는 자신이 잘하고 있다는 신호는 받아들이면 반면, 그렇지 않다는 피드백은 받아들이기 어려워하는 것임을 명심하기 바란다. '누가 무슨 말을 했는지' 알아내려는 행동은 방어적인 잘못된 반응이지만 자연스러운 본능에 따른 것일 뿐이며, 반드시 보복적인 성향을 드러내는 것이 아니라는 점을 이해해야 한다.

2단계: 상사의 고유한 맥락을 파악한다

"당신이 옳은 것은 아니다." 이 말을 깊이 생각해 보길 바란다. 자신이 옳다고 생각하겠지만, 당신이 옳은 것은 아니다. 당신은 중요하고 타당한 관점을 지녔지만, 다시 반복하건대 당신이 옳은 것은 아니다. 당신이 옳다고 확신한다 해도, 동료들과 이미 대화를 나눴고 다들 하나같이 당신이 한 모든 말에 힘을 실어 주었다고 해도, 마지막으로 한번 더 말하는데 당신이 옳은 것은 아니다.

미 해병 제5연대 제1대대의 상관이었던 보그스 중령은 지휘관들에게 "누구에게 뭐 들은 이야기 있어요?"라는 질문을 자주 했는데, 이는 정보를 모으려는 게 아니라 정보 공유의 중요성을 강조하기 위해서였다. 그의 사무실로 가 몇 가지 사안을 이야기하고, 어떤 조치를 취해야 할지 브레인스토밍을 하고 나면 마치기 전 그는 이렇게 물었다. "누구에게 뭐 들은 이야기 있어요?" 관리자는 자신이 아는 상황을 공유하는 것이 중요하지만, 최고의 관리자라 해도 자신이 아는 모든 내용을 모든 사람에게, 또는 반드시 '알아야만' 하는 모든 사람에게 공유할 수는 없다. 이런 이유로 당신이 말하려고 하는 사안에 대해 상사가 모를 것이라고 생각하지 않아야 한다. 상사가 아무것도 모를 것이라거나 무능하다거나 어떠한 사실에 대해 지식이 없을 것이라고 짐작해서는 안 된다. 그들은 단지 당신과 그 사안을 공유하지 않았을 뿐인지도 모른다. 당신은 어떤 상황인지 알 수 없지만, 다행스럽게도 우리에게는 상황을 파악할 확실한 방법이 있다. 물어보는 것이다.

이런 식으로 말하는 것이다.

"요즘 X 문제에 대해 자주 생각하는데요. 이 문제에 대해 당신의 생각을 들을 수 있으면 좋을 것 같습니다." 이제 말을 멈추고 들으면 된다. 당신이 이해한 바가 맞는지 확인하고 경청하라. 경청하고 당신이 이해하는 바가 맞는지 확인하라. 논쟁도 반박도 하지 말고 그저 열심히 경청하라. "그러니까 X 사안이 이렇게 된 데에는 A와 B, C 때문이라고 말씀하신 것 같은데요. 제가 잘 이해했습니까?" 상사의 입장과 고유한 맥락을 완전히 이해했다는 생각이 들 때까지 상사의 말을 정리하고 반복하라. 이 단계에서는 상사가 나보다 '적게'가 아니라 더 '많이' 알고 있다는 태도가 가장 유효하다.

이제 당신의 역할을 마쳤다. 상사의 고유한 맥락을 파악했으니 이제 일을 진행시켜야 할지 말지 결정해야 한다. 어쩌면 X 사안이 상사의 레이더에조차 잡히지 않았다는 사실을 알게 되었을 수도 있다. 그렇다면 스스로에게 물어야 한다. "상사가 관심을 가져야 하는 사안인가?" X 사안이 당신에게는 이해할 수 없는 문제처럼 보였지만 상사의 말을 듣고 나니 그럴만한 이유가 있다는 점을 배웠을 수도 있다. 어쩌면 X 사안은 다른 사람이 관심을 갖는 프로젝트일 수도 있다. 또는 X 사안을 해결하는 데 상당히 복잡한 구조적 문제가 있고, 이를 바로잡는 데 투입되는 비용을 따져 보니 투자 수익률(Return on Investment, ROI)이 너무 낮다는 사실을 알게 되었을 수도 있다. 하지만 X 사안에 대해 알게 된 후에 상사가 생각을 달리하도록 자신이 무언가를 해야 한다는 믿음이 더욱 확고해질 수도 있다. 이 순간 당신은 "감사합니다. 궁금했던 게 해소되었습니다"라고 말하며 우아하게 나가거나, 3단계인

탁월한 리더의 성공 법칙

허락을 구한다는 단계로 나아가야 한다. 팀이 성공하도록, 그리하여 회사가 더욱 성공하도록 도울 진정한 기회가 주어진 것 같다면 밀고 나가야 한다.

3단계: 허락을 구한다

허락을 구하는 것은 직장에서 위험을 낮추는 데 가장 효과적인 전략이다. 나는 항상 이 전략을 사용한다. 상대의 관점을 이해했고 내 의견은 이와 조금 다르다는 생각이 들 때면 이렇게 묻는다. "제가 조금 다른 의견을 말씀드려도 될까요?" 내가 이 질문을 하면 백이면 백 "물론이죠"라는 반응이었다. 이 질문에 사람들이 긍정적으로 반응하는 이유는 아마도 무언가 곧 배우게 될 거라는 기대감 때문인 것 같다. 더욱 나아질 수 있도록 당신이 도울 것이라는 신호가 된다. 허락을 구하는 전략이 상대의 모든 방어를 약화하는 마법이라고는 이야기하지 않겠지만, 이 사소한 전략이 상대의 마음을 열어 개선 코칭(Improvement Coaching)을 수용하도록 하는 데 좋은 방법이다.

이 경우 당신이 위계질서를 거슬러 피드백을 제공하는 것이기에 이런 식으로 이야기를 시작할 수 있겠다. "제가 잘 이해할 수 있도록 설명해 주셔서 감사합니다. 제 생각은 조금 다른데, 말씀드려도 될까요?"

관리자가 "아니"라고 대답한다면 자신의 이력서를 손보는 단계로 돌아가야 할지도 모른다. 그러나 내 경험상 상사가 수용적인 태도를 보일 때가 많았다. 대부분은 "그럼요"라고 대답할 것이고, 그럼 이제 당신의 이야기를 시작하면 된다. 좋은 소식은 이제 문이 열렸다는 것이다. 나쁜 소식은 이제 자세히 설명하며 상대를 설득해야 한다는 것이다. 당신의 최선을 다할 때다.

4단계: 저스트 두 잇

주사위는 던져졌다. 모든 일을 실수 없이 다 마쳤다. 위험 요인을 관리했고, 상사의 고유한 맥락도 파악했으며, 허락도 구했다. 이제 당신은 피드백을 관리자인 상사에게 전해야만 한다. 왜냐고? 당신의 의견을 제시하는 것이 주변의 모든 이, 팀과 회사, 당신의 관리자가 더욱 성공하는 데 도움이 될 거라고 판단하는 충분한 근거가 당신 안에 있기 때문이다. 다른 사람의 성공을 가능케 하는 것이 당신의 임무 일부라고 생각한다면 그렇게 하는 것이 마땅하다.

상황을 파악하는 최고의 방법은 물어보는 것

세레나 윌리엄스(Serena Williams) 이야기를 잠시 해보겠다. 그녀는 선수 생활의 대부분을 세계 최고의 테니스 선수로 보냈고, 한결같이 최강자의 자리를 지킨 업적은 스포츠 선수 사상 톱 5위 또는 역대 최고로 언급될 만한 자격이 충분하다고 생각한다. 그녀는 대단했고, 적어도 10년 동안은 가장 위대했으며, 현재도 역대 최고의 선수로서 그 위대함은 말로는 다 표현할 수 없을 정도다.

세레나 윌리엄스는 서브, 백핸드, 포핸드, 전략, 영양, 유연성, 민첩성, 체력, 지구력을 도와주는 여러 코치를 두었다. 그녀가 실력 향상을 위해 직접적으로 도움을 요청했던 사람만 해도 최소 여섯 명이었다. 아마 그보다 훨씬 많을 것이다. 여기서 우리가 해야 할 중요한 질문은 누가 그들에게 요청했는가 하는 것이다. 당연하게도 세레나다.

자, 그럼 정리해 보자. 자신의 분야에서 최고에 오른 사람이 직접 적극적으로 사람들에게 부탁하고 비용을 지불하며 자신을 비판해 달라고 했던 것이다. 세계 최고가 비판을 듣겠다고 돈을 내다니… 이제 다음 질문은 명확하다.

당신이 하는 일에서 당신은 세계 최고인가? 그렇지 않을 가능성이 높을 것이다. 역대 최고인 사람이 자신이 하는 일에 많은 사람의 의견을 구하는 것이 중요하다고 생각했다면 당신도 그래야 하지 않을까? 더욱이 팀원들을 포함해 당신의 행동을 관찰하고 업무 결과를 평가하는 사람들은 온 사방에 널려 있다. 당신이 요령 있게 질문한다면, 사려 깊게 대답한다면, 타인의 의견을 듣고 싶다는 태도에 끈기와 진정성을 보인다면 그 모든 지혜를 무료로 얻을 수 있다. 코칭에 돈을 지불할 필요조차 없다. 세레나에게 효과가 있었다면 당신에게도 효과가 있을 것이다.

위에서 다룬 '위계질서를 거스르는 피드백' 섹션은 피드백을 요청하지 않은 상사에게 피드백을 주는 데 필요한 엄청난 노력을 현실적으로 짚어 보는 자리였다. 이제 상상해 보길 바란다. 당신 직원들이 당신에게 피드백을 전할 때 위험 요인에 대해 고민하지 않아도 되고, 직원들의 의견이 신중하게 검토되고 존중받고 가치 있게 여겨지고 신뢰받고 실행될 것이라 확신하는 세상을 말이다. 나는 최고의 관리자는 직원과 상사 사이에 존재하는 권력 격차를 타파하는 사람이라는 말을 자주 한다. 그 차이를 타파하는 것은 '해체'한다는 것이다.

팀이 운영되는 방식, 당신이 팀을 이끄는 방식, 팀이 시장 기회에 접근하는 방식 등 기존 방식이 자연스럽게 도전받는 세상을 상상해 보길 바란다. 최고의 해결책을 찾기 위해 모든 사람의 목소리와 아이디어가 수용될 수 있도록 당신이 보장해 준 덕분에 팀이 얼마나 더 나은 성과를 내게 될지 상상해 보길 바란다. 모든 팀원의 목소리가 수용되고 가치 있게 여겨질 때 그들이 팀에 대해 얼마나 강한 주인의식을 가질지 상상해 보길 바란다.

이러한 환경을 만들기 위해서는 묻고, 묻고, 또 물어야 한다. 물은 뒤에는 들어야 한다. 들은 뒤에는 행동해야 한다. 그러면 사람들은 곧 이렇게 생각하기 시작할 것이다. '우리 관리자는 내 말을 들어주고, 내 의견을 소중히 여기고, 때로는 내 의견에 따라 변화를 감행한다. 그리고 나는 해고가 아니라 칭찬을 받는다.' 얼마 지나지 않아 직원들은 더 자유롭게 말하기 시작할 것이다. 누구의 의견인지 따지지 않고 최선의 답을 찾는 것을 중요하게 여기는 환경 속에 있다고 믿기 때문이다.

《실리콘밸리의 팀장들》에서 가장 중요한 아이디어는 킴 스콧의 피드백을 구하는 4단계 프로세스라고 본다. 이 프로세스는 훌륭한 리더십 조언으로 유명한 인텔(Intel) 전 CEO, 앤디 그로브(Andy Grove)에게서 영감을 받아 탄생한 것이다. 킴이 저서에 해당 프로세스를 훌륭하게 설명한 만큼 여기에서 다시 이야기하지 않을 생각이다. 다만 이 프로세스를 수천 명의 사람들에게 가르치며 얻은 몇 가지 깨달음을 전하겠다.

1. **고투(go-to) 질문을 찾는다.** '고투 질문'이란 '피드백을 이끌어 내는 정

기적 질문'을 뜻한다. 물론 앤디 그로브에게는 효과 있는 방법이었지만, 그 내용을 가르치다 보니 고투 질문이 금세 진부해지고 그것만이 유일한 방법은 아니라는 점을 깨달았다. 질문은 상황에 따라 다양하게 변해야 한다. 우리는 항상 직원 참여 설문조사, 동료와 다른 관리자의 반응, 곁눈질, 깜짝 놀라는 행동 등 질문에 대한 단서를 제공받고 있다. 나는 자주 사용하는 효과적인 질문을 알려 주기보다 상황에 맞는 질문을 만드는 방법을 배우게 하는 것이 더 낫다는 결론을 얻었다. 다음 질문을 읽고 공통점이 무엇인지 노트에 적어 보기 바란다.

- 이 팀에서 무엇이 더욱 나아질 수 있는가?
- 당신에게 예산이 주어진다면 어떻게 사용하겠는가?
- 당신이 보다 더 성공할 수 있도록 내가 어떤 것을 도울 수 있는가?
- 당신과 신뢰를 구축하기 위해 내가 무엇을 해야 하는가?
- 마술 지팡이가 있고, 우리가 소통하는 방식에서 한 가지를 변화시킬 수 있다면 무엇을 하겠는가?
- 팀 회의에서 어떤 점을 개선하고 싶은가?
- 팀원들의 참여도가 떨어지는 이유는 무엇이라고 생각하는가?
- 우리가 시장에 진입하는 과정에서 어떠한 기회를 놓쳤다고 생각하는가?
- 내가 고객에게 보여주는 프레젠테이션에서 어떤 부분을 개선할 수 있는가?
- 내가 지금 하는 일 중에 당신에게 도움이 되지 않는 일은 무엇인가?

이 질문들에는 세 가지 공통점이 있다.

- 첫째, 모두 개방형 질문이라 "예" 또는 "아니오"라는 간단한 대답을 할 수가 없다. 다만 분명히 할 점이 있다. 모든 사람의 마음을 여는 단 하나의 특효약 같은 것은 없다. 불편하게 느껴지는 질문에는 대답하지 않고 대화에서 빠져나갈 가능성도 있다. 하지만 적어도 이렇게 개방형 질문을 하면 답을 듣는 확률을 높일 수 있다.

- 둘째, 모두 구체적이다. 피드백을 원하는 상황에서 최악의 질문이자 가장 흔히 하는 질문은 "저기, 저한테 피드백 좀 줄 수 있나요?"이다. 그러면 피드백 범위가 너무 넓어 구체적으로 답하기 어려워진다. 회의에서는 질문하기에 가장 좋지만 그럴 경우 너무 많은 시간이 소요되는데, 그 회의가 좋다고 생각하는 사람은 바로 회의 주최자뿐이라는 사실을 아는가? 당신이 팀원들과 팀 운영 방식에 진심으로 고민하는 사람이라면, 다양한 프로세스와 관계에서 어떤 부분을 개선해야 할지 나름의 생각이 있을 것이다. 모든 것이 더 나아지길 바란다면 다른 사람들이 개선하고 싶어 하는 점과 개선에 도움을 줄 수 있는 부분이 쉽게 파악되기 마련이다. 바로 그 점에 대해 질문해야 한다.

- 마지막으로, 모든 질문은 현 상황에 대한 도전 의식을 불러일으킨다. 어떤 질문도 긍정적인 대답이 나올 수 없게 되어 있다. 지금 상황이 나아지기 위해서는 어떻게 해야 하는지 통찰을 구하는 질문들이다. 문제가 되는 것이 당신의 방식이든 팀에서 벌어지는 일이든 그건 크게 중요하지 않다. 결국 관리자로서 당신에게는 팀이 하는 모든 일에 책임이 있기 때문이다.

2. **불편함을 수용한다.** 경청에 초점을 맞춰야 한다는 의미다. 나는 30, 40대임에도 여전히 A 평가를 받으려 애쓰는 불안정한 과잉성취자

가 가득한 기업 여러 곳에서 일했다. 영화 〈탑건(Top Gun)〉에서 구스(Goose)가 매버릭(Maverick)에게 한 말이 떠오른다. "비행할 때마다 넌 마치 유령과 함께 날고 있는 것 같아. 그래서 긴장된다고." 불안정한 과잉성취자들은 정말로 안 좋은 습관을 하나 갖고 있다. 그들은 자신이 질문을 던져 놓고 곧장 자신이 대답을 늘어놓는다. 사람들에게 자신이 얼마나 많이 아는지 보여줘야 한다는 강박에 사로잡힌 것 같다. 문제는 그들이 이런 식으로 나오면 대답을 하고 싶은 마음이 드는 사람이 아무도 없다는 것이다. 우리의 귀는 두 개, 입은 한 개다. 귀와 입 중 무엇을 더 많이 써야 하는지 깨닫길 바란다.

3. **대답을 하겠다는 마음이 아니라 이해하겠다는 마음으로 경청한다.**
말은 쉽지만 이렇게 행동하기는 어렵다. 간단하지만 쉽지 않다. 여기서 핵심 기술은 적극적인 경청이고, 적극적인 경청의 핵심 기술은 자신이 들은 내용을 그대로 말해 보는 것이다. 즉, 능동적 경청의 핵심 기술은 자신이 들었다고 생각하는 내용을 다시 한 번 반복해 말하는 것이다. 예를 들어 보이라고 상대에게 요구할 때는 조심해야 한다. 어려운 대화에서는 예를 제시해야 한다고 우리 모두 배웠고, 특히 성과관리와 관련해 상황이 예민하거나 책임 소재를 가리는 자리라면 예가 더욱 중요하기는 하다. 하지만 좋은 의미의 성장 지향적인 측면에서 예를 요구한다 해도, 부하 직원은 당신이 반대 심문을 하거나 이의를 제기하는 것처럼 느낄 수 있다. 자신도 모르게 "증거를 대 봐요"라고 말하게 될지 모르지만, 적극적으로 경청하고 호기심을 보이는 말투와 몸짓을 보인다면 같은 효과를 얻을 수 있다. 또한 직원이 얘기할 때 기록하고 흥미를 보이며 "더 말씀해 보세요"라고 말한다면 그가 제시한 의견이 무척 마음에 든다는 신호가 된다.

4. **솔직함에 보상한다.** 나는 그동안 진행했던 수많은 워크숍에서 다음과 같은 질문을 던졌다. "누군가 위험을 감수하고 당신에게 피드백을 준 후 자신의 속마음이 다 드러났다고 생각합니다. 그 사람에게 당신이 줄 수 있는 가장 멋진 선물은 무엇입니까?" 대부분의 청중은 "감사 인사요!"라고 외친다. 이 답변의 문제를 지적하기 전에, 직장에서 '감사'가 충분히 활용되지 않고 있다는 더 큰 문제부터 이야기하고자 한다. 보스턴 셀틱스(Boston Celtics)의 전 단장이자 현재 유타 재즈의 농구 운영 부문 CEO인 대니 에인지(Danny Ainge)가 좌담회를 가졌다. 그 자리에서 그는 훌륭한 이야기를 많이 했지만, 그중 가장 중요한 이야기는 '감사'가 리더가 갖추어야 할 덕목이라는 것이었다. 그런 생각을 한 번도 해본 적이 없는 나는 꽤 오랫동안 궁리한 끝에 그의 견해에 동의했다. 감사는 매우 중요하지만, 우리는 종종 그 사실을 잊어버린다. 대부분의 사람들은 자신에게 없는 것에 매몰되어 있고, 더 나쁘게는 다른 사람이 얻은 것에만 초점을 맞춘다. 농구스타 스테판 커리(Stephen Curry)는 이런 말을 한 적이 있다. "아버지가 항상 한 말은 절대 다른 사람의 돈을 세지 말라는 것이었다."

감사할 줄 아는 마음은 미덕이지만, 위험을 감수하고 자신의 의견을 밝힌 사람에게 최고의 보상이 될 만한 것은 아니다. 솔직히 말해, 진심 없는 감사는 변변찮은 보상조차 되지 못한다. 당신이 받은 피드백이 정말 따끔해 약간 기분이 상했거나 형편없는 내용이었다고 가정해 보자. 이때 상대에게 표하는 감사는 그 보상이 될 수 있겠지만, 진정성이 없다면 하지 않아야 한다. 피드백을 준 사람에게 줄 수 있는 최고의 보상은 이후에 어떤 식으로든 답을 주는 것이다. 그렇다고 해서 반드시 당신에게 전달된 제안을 무조건 따라야 한다는 이야기가 아니다. 잘되든 못되든 팀에 책임을 지는 관리자는 팀 운영에 재량이 있지만, 피드백을 받은 것에 대해서만큼은 후속 조치를 취해야 한다. 제안을 받아들이지 않기로 했다면 그 이유가 무엇인지 설명하고, 당신과 팀이 계속 나아질 수 있도록 사람들을 격려해야 한다. 그렇지만 팀원들의 의견에는 당신이 활용할 만한 내용이 포함되어 있는 경우가 대부분이다. 오픈 테이블(OpenTable)의 전 CEO인 크리스타 퀄스(Christa Quarles)는 스스로가 '5퍼센트의 법칙(the 5 Percent Rule)'이라고 이름 붙인 원칙을 주장한다. 그것은 누군가 당신에게 개선 피드백을 주었다면 그 안에서 당신이 활용할 수 있는 무언가를 적어도 5퍼센트 찾아내는 것이다. 굉장히 좋은 생각이다. 그녀는 개선 피드백을 사람들이 수용하기 어려워하는 것을 알고 있었기 때문에 그 기준을 매우 낮게 잡은 것이다. 5퍼센트를 찾는다. 딱 5퍼센트면 된다. 물론 피드백에는 당신이 수용하고 개선할 수 있는 것들이 언제나 5퍼센트가 훨씬 넘을 테지만 우선 5퍼센트부터 시작하면 된다. 5퍼센트가 너무 많게 느껴진다면 ① 당신은 가망이 없는 것이고, ② 직접 4퍼센트의 법칙을 개발해야 할 것이다.

어렵게 생각할 필요는 없다. 중요한 것은 당신이 더욱 개선하기 위해 팀원들의 의견을 활용할 마음이 진정으로 있느냐다. 나아지고 싶다면 충분히 그럴 수 있을 것이다.

트위터에 몸담았을 당시 내가 경험한 이야기를 들려주겠다. 2013년

샌프란시스코의 어느 비 오는 날 오후, 나는 혼자 회의실에 앉아 있었다. 아직 아무도 도착하지 않아 혼자만의 시간을 즐기며 회의를 준비하던 참이었다. 당시 CEO였던 딕 코스톨로가 마침 회의실 옆을 지나가다가 나를 보고는 안으로 들어왔다.

"축하합니다. 광고주들이 평균적으로 돈을 많이 썼던데, 트위터 광고에서 더욱 많은 가치를 얻고 있다는 거 아니겠어요!"

딕은 이 '돌아다니는 시간'을 항상 우선시했는데, 여러 가지 이유가 있겠지만 주된 이유는 회사 상황에 관한 정보가 자신에게 보고하는 부하 직원들을 거치며 왜곡될 수 있다는 사실을 잘 알았기 때문이다. 그는 직속 부하들이나 소수의 고위 경영진, 함께 골프와 농구를 즐기는 사람들의 이야기만 들으면 위험하다는 사실을 알고 있었다. 같은 이유로 당신 또한 상부와 소통할 방법을 찾으려고 노력해야 회사 상황을 제대로 파악할 수 있다. 소수의 이야기만 듣는다면 현실의 아주 작은 일부만 이해하게 될 것이다. 좋은 소식만 들으려고 하거나 질문하는 사람과 나쁜 소식을 전하는 사람의 의욕을 꺾는다면 회사에 어떤 일이 벌어지고 있는지 절대로 알 수 없다.

딕이 축하 인사를 건넨 순간, 나는 무척 당혹스러웠다. 그 이야기를 듣자마자 그가 잘못된 정보를 입수했다는 사실을 알았고, 그에게 직접 사실을 말하는 데 따르는 위험도 알고 있었다. 하지만 나는 그가 진실을 바란다는 것도 알고 있었다. 그는 존경스럽게도 눈속임하거나 가장하는 것을 좋아하지 않았다. 내게는 다행스러운 일이었다.

이 일과 관련한 전후 사정은 좀 복잡했다. 나는 트위터의 기업공개한 해 전인 2012년에 입사했다. 내가 트위터에 합류해 처음 맡았던

SMB(중소기업) 광고 사업에는 사람도, 상품도, 고객도 없었다. 내가 고용한 마케팅 직원들은 순식간에 사람의 개입 없이도 수천 명의 새 광고주를 유치할 시스템을 구축했다. 다만 광고주들에게 명확한 투자수익률(ROI)을 보여주기 어렵다는 것이 문제였다. 한편 SMB 광고주들은 복잡한 구석이 전혀 없이 대단히 합리적이었다. 그들은 1달러를 투자하면 2달러의 수익을 거둘 수 있는 원리를 알기 쉽게 설명해 주면 계속 돈을 쓰는 사람들이었다.

당시 우리 제품은 명확한 투자수익률을 산출하고 설명하기 어려워 광고주를 많이 잃어 가고 있었다. 이런 사업은 지속 가능하지도, 건강하지도 않다는 것은 우리 모두가 알았다. 우리는 이 문제를 정말 바로잡고 싶었다. 나는 딕이 회의실에 들어왔을 때 우리가 더 많은 가치를 제공해 광고주들이 더 많은 광고비를 지출한다는 이야기를 모두가 얼마나 간절히 듣기 바라는지 알고 있었다. 그러나 현실은 그와 달랐다. 내 마케팅 마법사들인 앤(Anne)과 조(Joe), 비나이(Vinay)는 최근 새로운 전략을 개발했는데, 그 목표는 더 많은 금액을 지출할 의향이 있는 신규 광고주를 유치하는 것이었다. 광고주들의 평균 지출이 증가한 이유는 바로 이 전략 때문이었다. 결국 더 많은 광고주가 트위터에서 새로운 가치를 찾은 것은 아니었다.

그 상황은 뭔가 공중에 붕 떠 있는 것 같은 느낌이었다. 딕이 사실이길 바라는 좋은 소식은 잘못된 정보였다. 더 심각한 문제는 누군가 그를 속였다는 것이었다. 물론 고의는 아니었을 것이다. 하지만 대시보드 데이터를 해석해 딕에게 전달한 그 누군가는 우리 제품이 더 많은 가치를 제공하고 있다는 맥락으로 CEO의 판단을 유도할 동기가 충분히 있을 법했다.

나는 딕이 나에게서 솔직한 이야기를 듣고 싶어 한다는 것을 알았고, 만약 그럴 경우 동료들 가운데 몇몇이 나 때문에 불편해질 수 있다는 사실도 알았다. 그래서 나는 이렇게 말했다. "딕, 누가 잘못했다는 이야기를 하려는 건 아닙니다." 딕은 자신이 노련한 관리자임을 상기시키며 제품 팀 누군가의 사무실로 찾아가 "러스 말로는 당신이 틀렸다던데!"라고 소리치지 않기로 했다.

"물론 그렇게는 안 하시겠죠. 하지만 저는 동료들과의 관계가 중요하고, 주변 사람들 눈에 제가 고자질한 것처럼 보이고 싶지 않아요."

"그런 일은 없을 겁니다." 그가 내게 다짐했다.

그 약속과 주주들을 최우선으로 생각해야 한다는 점, 고객과 주주들에게 끼칠 가장 큰 피해는 투자수익률 시스템 구축 지연이라는 점을 가슴에 새긴 뒤, CEO에게 사실대로 이야기해 주었다. 나는 우리가 체계적으로 더 나은 투자수익률을 달성하거나 이를 명확히 보여주고 있지는 않다고 말했다. 대신 예산 규모가 큰 광고주들을 유치하고 있었을 뿐이었다. 나는 CEO에게 데이터를 보여주며 광고주의 평균 지출 증가가 광고주 유치 증가로 잘못 해석된 사실을 밝혔다.

이 이야기에서 다룰 것이 많지만, 무엇보다 딕이 무척 중요한 행동을 본보기로 보여주었기에 그 점에 집중하고자 한다. 첫째로, 그는 회사에서 편안한 장소만 돌아다닌 게 아니었다. 회사 곳곳을 빠짐없이 돌았다. 둘째로, 그와 나는 생각이 거의 일치했다. 나는 말을 돌리거나 사실을 숨기지 않았고, 그는 지나치게 포장된 '좋은 소식' 대신 있는 그대로의 현실을 원했다. 그는 자신이 잘못 알고 있었던 사실에 대

탁월한 리더의 성공 법칙

해서도 별로 개의치 않았다. 오히려 자신이 틀렸다는 데 신이 난 것처럼 보였다. 셋째로, 그는 더 나은 정보를 얻고 싶다는 자신의 욕구를 알고 있었지만, 성공에 필요한 여러 교차기능 팀의 협력 관계를 훼손하면서까지 정보를 얻으려 하지 않았다.

결국 나는 아무 포장도 하지 않고 내가 파악한 상황을 그대로 설명할 수 있었고, 딕은 그것에 어떤 문제도 삼지 않았다. 그는 내 의견을 숨기는 것이 솔직하게 말하는 것보다 훨씬 위험하다고 생각했다. 솔직하게 의견을 밝히는 것이야말로 비즈니스 세계에서 찾아보기 어려운 '진실'에 점점 더 가까이 다가가는 방법이라 여겼기 때문이다.

11장

인간적으로 마음을 써라

관리자 효율성을 평가하는 데 사용하는 열두 개의 질문 중 하나는 이 것이었다. '관리자가 당신에게 인간적으로 마음을 써 주는가?' 이 질 문에 대한 긍정적인 답변과 직원 참여 간의 상관관계는 다른 질문들에 비해 낮았지만, 이직 의사와는 상당히 긴밀한 상관관계를 보였다. 이 사실이 의미하는 바는 명확하다. 관리자가 인간적으로 마음을 써 준다고 느낄 때 회사에 남을 확률이 높다. 관리자가 인간적으로 마음을 써 준다는 느낌을 받지 못하면 회사를 떠날 확률이 높다. 잠깐 시 간을 내어 생각해 볼 만한 문제다.

'개인적 관심(Care Personally)'은 킴 스콧이 《실리콘밸리의 팀장들》에 서 제시한, 두 개의 축과 사분면으로 이뤄진 도표에서 한 축을 담당한 다. 하지만 그녀와 내가 이 모델(피드백 모델로 개인적 관심과 직접적 대립을 축 으로 파괴적 공감, 완전한 솔직함, 고의적 거짓, 불쾌한 공격으로 나뉜다-옮긴이)이 어떤 의미이고 어떻게 사용해야 하는가 하는 주제로 컨설팅과 트레이닝을 진행하는 과정에서 한 가지 흥미로운 점을 발견했다. 사람들은 개인적 관심이라는 요소를 자꾸만 잊는 모습을 보였다. 누군가 우리에게 다가와 이런 이야기를 들려준 적이 수차례나 있었다(실감 나게 하려고 과장한 면이 있지만, 그리 심하게 과장하지는 않았다). "이 이야기 들으면 좋아하실 거예요. 제 상사가 정말 나쁜 인간이거든요. 그래서 제가 뚜벅뚜벅 계단을 걸어 올라가 그의 사무실 문에 노크하는 대신 뭘 했는지 아세요? 문을 발로 차서 열고는 (무술 고수처럼 문을 발로 차는 흉내를 냈다) 정말 쓰레기 같은 인간이라 다들 싫어한다고 말해 버렸어요. 와, 완전한 솔직함이 이렇게나 기분 좋은 것이라니." 이 이야기에는 개인적 관심이라고는 조금도 담겨 있지 않다는 사실을 굳이 짚어 주지 않아도 될 것이다.

왜 이런 현상이 벌어지는지 궁금해졌다. 관리자로서 나는 이미 개인적 관심의 힘을 깊이 믿고 있었다. 킴은 언젠가 자신이 직장에서 사람들을 챙기는 것은 예상치 못하게 해병대 보병 출신이자 2퍼센트 네안데르탈인으로서 직장 동료였던 나에게서 배웠다고 밝혔다. 그녀는 따뜻한 말을 해줄 때면 항상 이렇듯 과장되게 표현했다. 그녀는 같은 팀으로 함께하기에 최고인 인재다. 하지만 이 책의 서문에서도 밝혔듯이, 개인적 관심의 힘을 진심으로 믿는 나로서는 사람들이 왜 자꾸 이를 무시하려 하는지 이해할 수가 없었다. 알고 보니 이 질문에 대한 답은 너무도 분명했다. 단순히 '집중력'과 '실행 방법'의 문제였다. 사람들은 보통 어려운 대화를 해야 한다는 사실에 너무 큰 불안을 느낀다. 그들에게는 대화하기 위해 용기를 내는 것도 큰 성과다. 그 순간에는 메시지를 전달하는 것 외에 아무것도 중요하지 않게 된다. 게다가 다른 사람에게 마음을 써 준다는 개인적 관심은 이미 자신의 마음속에 있다고 믿으며, 그것을 눈에 보이게 하거나 구체적으로 드러내기 위해 특별히 노력할 필요가 없다고 생각하는 것 같다.

많은 사람이 '다른 이에게 마음을 써 준다'는 말을 듣고 그 의미를 직관적으로 이해한다고 생각할 수 있다. 하지만 직장에서 다른 사람에게 마음을 써 주는 개인적 관심은 생각보다 쉽지 않고 직관적이지도 않다는 점을 깨달았다. 언젠가 킴과 나는 한 테크 기업의 엔지니어가 던진 질문에 한참 웃은 적이 있다. "그래서 개인적 관심이라는 게 구체적으로 어떻게 하는 건가요?" 정말 웃음이 나왔다!

테크 업계에서 감성 지수가 낮고 매우 내향적인 것으로 여겨지는 엔지니어들이 사실은 거의 모든 테크 기업의 경쟁력을 책임지고 있음에도, 엔지니어 그룹을 가볍게 농담거리로 삼는 경우가 많다. 하지만 사실 이 질문은 대단히 중요한 질문이었고, 나는 몇 달이 지나서야 그 가치를 깨달았다. 사람들은 직장에서 개인적인 관심을 어떻게 표현해야 할지 잘 모르고 있었으며, 대부분은 자기 인식이 부족하거나 이를 표현할 용기가 없었다.

이 점을 알고 난 후 나는 개인적 관심을 명확하게 표현하는 데 초점을 맞춘 워크숍용 훈련을 개발했다. 진행 방법은 이러했다. 참가자들에게 '직장에서 누군가 당신에게 완전한 솔직함(Radical Candor)을 표현했던 당시의 상황을 적어 보라'고 요청하며 8분의 시간을 주었다. 그 요청은 이미 해당 모델에 대해 충분히 설명했기 때문에 적절한 시점에 이루어졌고, 신중하게 계획된 것이었다. 먼저, 내가 가장 중요하게

탁월한 리더의 성공 법칙

여긴 점은 참가자들이 완전한 솔직함을 받아들이는 입장이어야 한다는 것이었다. 나는 대부분의 참가자들이 개선 피드백을 들었을 때의 이야기를 작성할 것이라 예상했고, 그 훈련을 통해 우리가 개선해야 할 점을 가지고 있다는 생각을 심어 주고 싶었다. 또한 참가자들이 어려운 피드백을 다른 사람에게 해준 자신의 경험을 지나치게 미화하거나 장황하게 늘어놓는 것을 피하고 싶었다. 대신 모든 참가자가 자신의 이야기에 등장하는 피드백 상대방과 동등한 입장이 되길 바랐다. 다음으로, 이 사례는 반드시 직장에서 일어난 일이어야 했다. 배우자가 쓰레기를 내다 버리지 않은 문제 등의 원래 모델보다 안전한 차원의 예시에는 관심이 없었다. 나는 사람들이 직장에서 실수를 저질렀던 순간과 누군가 그 실수를 지적했던 상황을 설명하길 원했다. 그리고 이 훈련을 하면서 심리적으로 안전하다는 느낌을 받길 바랐다.

이 훈련의 두 번째 단계는 '돌아서, 짝을 이루고, 공유하기'였다. 참가자들은 각자 바로 옆 사람과 파트너가 된 뒤 각각 4분씩 총 8분 동안 자신의 이야기를 상대에게 들려주었다. 교육 전문가의 설명에 따르면, 이러한 방식은 외향적인 사람이 성급히 자리에서 일어나 마이크로 달려오는 것을 방지하기 위한 일종의 품질 보증 절차라고 할 수 있다. 곧 이어질 훈련의 세 번째 단계에서는 자원자가 앞에 나와 자신의 이야기를 발표하게 되는데, 이 단계에서 나눌 이야기의 수준이 높아지도록 보장하는 역할을 한다. 또한 모든 참가자가 자신의 이야기를 공유하도록 함으로써, 보통 이야기하기를 주저하는 내향적인 사람들이 전체 그룹 앞에서 발표할 가능성을 높이는 효과도 있었다. 내향적인 사람 모두가 앞에 나와 발표하지 않더라도 최소한 자신의 이야기를 누군가와 나눌 수는 있었다.

하지만 외향적인 사람이든 내향적인 사람이든 누가 마이크 앞에 서는지는 상관없이, 이들이 들려주는 이야기는 '직접적 도전(Direct Challenge)'에만 초점이 맞춰져 있었다. 내 예상대로 훈련의 핵심이었던 개인적 관심에 대해서는 아무도 언급하지 않았다.

발표가 끝난 뒤 나는 청중에게 박수를 부탁하고는 발표자에게 "이 야기에 대해 몇 가지 질문이 있으니 들어가지 마세요"라고 말했다. 나는 이 자리를 능동적 경청을 보여주는 기회로 삼았다. "그러니까 제가 들은 이야기로는 직접적 도전의 요소가 X와 Y, 그리고 Z였던 것 같습니다. 제가 제대로 이해했나요?" 이렇게 냉정한 피드백의 핵심 내용을 명확히 정리하면 발표자도 거기에 동의했다. 그러고 나서 나는 이렇게 물었다. "그런데 이야기에서 개인적 관심에 대한 부분은 못 들은 것 같습니다. 그 부분도 들려주실 수 있을까요?" 첫 번째 발표자에게 이런 질문을 하면, 다음 발표를 기다리는 사람들은 자신의 이야기에 개인적 관심이라는 요소를 급히 추가할 것이라 예상할 수 있다. 하지만 놀랍게도 대부분의 참가자들은 그렇게 하지 않았다. 그래서 나는 발표자들이 자신의 이야기에서 개인적 관심의 요소를 추가할 수 있도록 유도했다.

이 훈련으로 여러 가지 목표를 달성할 수 있다. 사람들은 냉정한 피드백이 자신에게 얼마나 도움이 되었는지 설명할 수 있었고, 이를 통해 나는 참가자들에게 이 워크숍을 마친 후 아무런 가치도 제공하지 않는 방관자로 머물지 말고 긍정적인 변화를 위해 행동하는 사람이 되어야 한다는 메시지를 전할 수 있었다. 즉 냉정한 피드백이 그들에

탁월한 리더의 성공 법칙

게 발휘한 가치처럼 주변 사람들에게 그런 가치를 제공하는 사람이 되어야 한다는 것이다. 이 훈련을 통해 나는 피드백 모델에 대해 명확하게 전달할 수 있었고, 특히 개인적 관심이 무엇인지 그 개념을 강조할 수 있었다. "개인적 관심이 없으면, 그것은 완전한 솔직함이 아니다."

나는 이 훈련을 2018년까지 600번 정도 했을 것이다. 그 600명의 사람이 내게 가르쳐 준 가장 중요한 것은 내가 일부러 배우려던 게 아니었다. 그 배움은 아주 자연스럽게, 그리고 정말 우연히 이루어졌다. 그 과정에서 나는 '직장에서의 개인 맞춤형 관심 매뉴얼(Universal Care Personally Playbook at Work)'이라는 것을 배웠다.

내가 참가자들에게 "당신의 이야기에서 '개인적 관심'에 대한 내용은 어디 있습니까?"라고 물으면 그들은 "우리는 오랫동안 관계를 유지하고 있어요" 같은 무난하고 성의가 부족한 대답이 돌아올 때가 많았다. 그럴 때면 나는 불편한 질문을 던진다. "그런데 그 코칭 순간에 상사의 어떤 행동이 당신에게 개인적인 관심을 기울인다고 느끼게 했나요?" 수준 이하의 다른 답변에는 이런 것도 있었다. "제 상사는 항상 주말을 잘 보냈는지 물어보고, 제 아이들이 참가한 축구 대회에 진심으로 관심을 보였어요." 물론 이런 소통은 관리자가 개인적 관심을 기울이는 느낌을 줄 수 있다고 본다. 하지만 축구 경기가 있던 주말이나 자녀에 대해 전혀 관심이 없는 관리자는 어떨까? 그들도 그저 개인적 관심을 기울이는 모습을 보여주기 위해 부하 직원의 주말과 자녀에 대해 관심 있는 척해야 할까? 사생활을 매우 중시해 상사와 그런 이야기를 자세히 나누고 싶어 하지 않는 직원은 어떨까? 겉치레로 물어보는 상사와 사생활을 극도로 중시하는 직원은 상당히 많다. 또 다른 사람들은 상사가 자신의 건강을 걱정해 줬다고 말하기도 한다. 하지만 관리자는 의사가 아니며, 사람들은 대개 자신의 질병을 가지고 상사와 이야기하고 싶어 하지 않는다. 해피 아워(Happy Hours, 주로 저녁 시간에 술집, 레스토랑 등에서 술과 안주를 할인된 가격으로 제공하는 서비스-옮긴이), 도끼 던지기 게임, 볼링 야유회… 이런 활동은 개인적 관심을 보여주는 사례로 들기에는 너무 피상적이다.

물론 참가자들이 든 사례 중 효과가 있는 것도 제법 된다. 나 또한 실제로 활용한다. 오랜 시간 내 직원들에게도 정말 효과가 있는지 적용하고 평가해 보기도 했다. 하지만 어떤 사람에게 효과가 있다고 해서 다른 사람에게도 똑같이 효과가 있는 것은 아니다. 나는 훌륭한 관리자들 중에 아이를 정말 싫어하는 관리자를 많이 알고 있다. 자신의 사생활에 관심을 갖는 상사로 인해 심한 불안을 느끼고 '신경 꺼 달라'는 말을 어떻게 공손하게 전할까 고민하는 직원들도 알고 있다. 문제는 명백하다. 오래전에 함께 일했던 유럽 출신 관리자 빌(Bill)의 사례를 들어 보겠다. 빌은 직원들의 사생활에 대해 묻고 그에 관해 대화를 나누는 것이 자신이 직원들에게 개인적 관심을 보일 수 있는 유일한 방법이 아니라는 점을 이해할 수 없었다. 당시 빌은 내 수업을 듣고 있었다. 나는 수업을 듣는 서른다섯 명의 수강생들에게 "자신의 관리자가 사생활에 대해 묻는 게 괜찮다고 생각하는 사람, 손 들어 보세요"라고 했다. 열다섯 명이 손을 들었다. "그럼 관리자가 그런 질문을 하지 않았으면 좋겠다는 사람?" 그러자 스무 명이 손을 번쩍 들며 신경 꺼 줬으면 좋겠다고 했다. 빌은 이 상황을 목격하고도 믿을 수가 없었다. 이렇듯 각자 취향이 다른 것을 받아들이기란 쉽지 않은 일이다.

피드백을 주는 사람이 자신에게 인간적으로 마음을 써 준다는 것을 어떤 경우에 느꼈는지 더욱 열심히 생각하도록 자극하고, 본질에 다가갈 수 있도록 밀어붙이기를 600번 반복한 끝에 명쾌하면서도 단순한 단어들이 보이기 시작했다. 세 단어가 계속 반복적으로 등장했는데 그중에 '야유회', '건강', '주말' 따위는 없었다. 그렇다면 그 세 단어는 무엇일까?

시간. 도움. 성공.

이 단어들로 워크숍에 참가한 600명의 관점을 대변하는 간단한 문장을 만들어 보면, '그는 시간을 내어 내가 더욱 성공할 수 있도록 도움을 주었다'가 된다. '성공'에는 두 가지 다른 의미가 있다. 코칭을 한 사람은 그들이 업무를 더 잘 해낼 수 있도록 도왔거나 먼 미래의 꿈이나 목표에 성공적으로 다가갈 수 있도록 도왔을 수 있다. 시간. 도움. 성공.

이 과정을 통해 내가 깨달은 사실은 직장인들은 모두 똑같다는 것이다. 이와 관련해 우리가 흔히 타인에게 마음을 써 주는 것으로 생각하는 한 방식이 실제로는 매우 위험할 수 있다는 점을 강조하고 싶다. 대개 사람들은 직장에서 타인의 사생활을 알거나 자신의 사생활을 자세히 드러내고 싶어 하지 않는다. 매우 개인적인 일은 상사에게 알리지 않는다. 비록 선의에서 비롯되었다고 할지라도 상사가 부하 직원의 사생활을 캐묻는다면 그 직원은 거짓말 탐지기 조사를 받는 것처럼 느껴지고, 불안하거나 불쾌해질 수밖에 없다. 예전에 한 직원과 매우 사적인 대화를 나누던 중 그 직원이 트랜스젠더라고 고백한 적이 있었다. 그는 잠시 말을 멈췄다가 이렇게 말했다. "그냥 아셨으면 해서요. 회사에서 제가 트랜스젠더라는 걸 아는 사람은 아무도 없어요. 제가 다른 사람한테 말한 건 오늘 처음이에요…. 대화를 하다 보니 갑자기 불쑥 튀어나왔는데, 와, 지금 제가 회사에서 커밍아웃한 거네요! 이건 정말 아주 사적인 이야기고 사생활이니까 다른 사람한테는 말하지 않겠다고 약속해 주세요." 당연히 나는 그의 말대로 비밀을 지켰다.

내 리더십에는 아직도 내가 관계를 맺는 사람들을 개인적으로 잘 알아 가려는 노력이 포함된다. 그들의 가족이나 주말에 대해 묻는 것을 좋아하고, 업무와 관련이 있든 없든 가장 힘든 순간을 잘 헤쳐 나갈 수 있도록 언제든 도울 준비가 되어 있다. 하지만 이제는 이러한 접근 방식에 어느 정도 위험이 따른다는 것을 알게 되었다. 내게는 좋은 방식일지라도 모든 사람에게 그런 것은 아니다. 사람들을 사적으로 알고자 하는 내 노력을 모두가 좋아할 것이라고 생각하기보다는 그런 방식이 상대방에게 괜찮은지 먼저 물어보는 법을 배웠다.

이 모든 이야기는 결국 우리를 가장 중요한 질문으로 이끈다. 직장에서 모든 사람이 갖고 있는 단 하나의 공통점은 무엇인가?

'모두가 성공하고 싶어 한다'는 것이다. 이것밖에 없다. 어떤 사람은 이 글을 읽으며 성공하기 위해 노력하지 않는 동료들을 떠올릴 수도 있다. 하지만 필시 그들도 성공하고 싶지만 그 방법을 모르거나, 지금보다 더 성공할 수 있다는 것조차 깨닫지 못했으리라 본다. 자신이 할 수 있는 만큼 열심히 노력하지 않는 사람들도 분명히 있다. 그러나 이 책을 읽고 있는 모든 사람이 원하는 것은 성공이라 본다. 워크숍에 참가했던 600명의 사람들도 직장에서 관심을 받는 느낌을 받

탁월한 리더의 성공 법칙

을 때는 누군가 시간을 내어 자신이 성공할 수 있게 도와줄 때라고 말했다.

시간. 도움. 성공.

이 모든 것을 고려해 보면 몇 페이지 전에 등장한 내향적 엔지니어가 던진 단순한 질문이 얼마나 중요한 질문이었는지 알 수 있다. 다른 사람들과 잘 어울리지 못하는 사람이나 할 법한 질문처럼 보였지만, 그 질문은 반드시 대답을 해야 할 매우 중요한 질문이었다.

12장

최고의 코칭은 SBI와 SWI에서 나온다

피드백의 구조화

당신이 개선(비판) 코칭(피드백, 가이드)을 하든, 지속(칭찬) 코칭을 하든, 곧 하게 될 대화에 효과적인 구조를 사용하면 더 정확하고 분명한 메시지를 전달하는 데 도움이 된다. 하지만 대부분의 사람들이 비판을 받으면 보이는 자연스러운 방어적 반응을 약화시킬 방법은 없다. 우리는 단지 위협 반응을 해결하거나 극복하기 위한 메커니즘만 가지고 있다.

우리 모두는 직장에서 정렬된 결과를 달성해야 한다는 것을 명심하길 바란다. 좋은 조직은 당신이 결과를 달성했는지 그 여부뿐만이 아니라 그 결과를 '어떻게' 달성했는가 하는 것에도 관심을 가진다. '어떻게'는 방법(행동)을 의미한다. 따라서 성과를 관리하고 평가한다는 것은 기본적으로 두 가지 요소, 즉 결과와 행동에 관한 것이다. 결과는 측정 가능하다. 판매 할당량 달성, 공장 생산량, 잠재 고객 확보, 고객 갱신, 신규 채용 수 등이 바로 그것이다. 앞에서 언급했듯이 방법은 일반적으로 행동을 의미한다. 좋은 기업은 행동 기대치의 근거가 되는 몇 가지 기준이 마련되어 있다. 가장 기본적으로는 행동 강령과 존중받는 업무 현장 원칙이 있다. 더 흥미로운 접근 방식은 기업의 핵심 가치를 명확히 정의한 다음 직원들이 이러한 가치를 반영한 행동을 보여주기를 기대하는 것이다. 직위별로 광범위한 행동 가이드라인을 마련해 놓은 기업도 있다. 예를 들어 신입 직원에게는 업무를 제시간에 제대로 완수하기를 기대하고, 고위 관리자에게는 전사적인 성과를 창출하거나 조직 전체에 충격을 줄 정도의 강력한 영향력을 기대하는 식이다.

가장 일반적인 '행동 기준'은 '경력 단계 프로필(Career Stage Profiles)'의 일종으로, 이는 역할과 단계에 따라 달라지는 기대치를 규정하는 도구다. 예를 들어 2단계의 고객 서비스 상담원에게 기대되는 바가 무엇인지, 3단계로 승진했을 때 이 기대치가 어떻게 달라지는지 명확히 규정하는 것이다. 참고로 말하자면 나는 경력 단계 프로필을 그리 좋아하지 않는데, 그 이유는 성장을 위한 가이드라인으로 활용되기보다는 승진을 위한 체크리스트로 변질될 수 있기 때문이다. 실제로 이것은 승진 보장을 위한 무기로 활용될 때가 많다. 이것을 현명하게 사용하는 것이 중요하다.

가장 효과적인 코칭 구조 중 하나로 꼽히는 것은 SBI 모델인데, 이는 창의력리더십센터(Center for Creative Leadership)에서 개발한 방식이다.

SBI는 3단계인 상황(Situation)-행동(Behavior)-영향(Impact)을 의미한다.

- **상황**-상황(또는 맥락, 시나리오, 상호작용 유형)을 설명하고, 행동이 언제 어디서 발생했는지 구체적으로 밝힌다.
- **행동**-관찰 가능한 행동을 설명한다. 해당 행동은 핸드북이나 일련의 핵심 가치, 단계별 및 기능별 가이드라인 등의 기준에 근거하는 것이 가장 이상적이다. 추측이나 해석을 피하고 실제로 관찰한 내용에 집중한다.
- **영향**-행동의 영향이라고 생각되는 점을 설명한다. 이 경우 타인에게 전해진 영향에 대해서도 언급할 수 있다.

견실하고 명쾌한 구조이지만, 이것만으로는 부족하다. 성공을 이루기 위해 사람들을 평가하거나 그들이 개선하고 반복해야 하는 것이 행동만 있지 않기 때문이다. 우리가 새롭게 다뤄야 할 것은 '업무'다.

그렇다. 당신이 읽은 내용이 맞다. 반세기 역사의 창의력리더십센터는 연구와 시행착오를 거쳐 SBI 모델을 개발했다. 이 모델은 세계 160개국, 3,000개 조직에서 채택해 50만 명에게 영향을 미쳤지만, 10월 어느 목요일에 내가 SBI 모델에 대응하는 모델을 만들어 냈다. 나는 이 모델에 상황(Situation)-업무(Work)-영향(Impact)을 뜻하는 SWI라는 이름을 붙였다.

- **상황**-상황(또는 맥락, 시나리오, 상호작용 유형)을 설명하고, 행동이 언제 어디서 발생했는지 구체적으로 밝힌다.

탁월한 리더의 성공 법칙

- **업무**-업무 결과가 얼마나 성과로 나타나는지 설명한다. 예를 들면 코딩, 홍보, 고객 지원 서비스, 프레젠테이션, 재무 모델, 지원자 경험 전략 등이 평가 대상이다.
- **영향**-해당 업무가 비즈니스와 다른 사람들에게 미치는 영향을 설명한다. 왜 이 업무가 중요한가? 이 업무가 어떤 성과에 기여했는가? 이 업무가 얼마나 긍정적 또는 부정적 영향을 미칠 것 같은가?

먼저 확실히 해 두고 싶은 점은 SBI와 SWI 단독으로는 충분하지 않다는 것이다. 하나는 업무에 대한 피드백을 제공한다는 개념이 부재하고, 다른 하나는 행동 피드백이 삭제되었다. SBI와 SWI가 합쳐질 때 대부분의 코칭 시나리오를 감당할 피드백 구조를 완성할 수 있다.

SBI를 사용한 예를 설명해 보겠다. 재스민(Jasmine)이 팀 회의 시간에 자신의 유머 감각을 활용했다고 가정해 보자. 시나리오 1에서는 재스민의 행동이 회의에 지장을 초래했다면 개선을 중심으로 한 코칭이 이루어질 것이다. 시나리오 2에서는 재스민의 행동이 긴장된 분위기를 완화했다면 칭찬을 중심으로 한 코칭이 이루어질 것이다. 여기서 중요한 점은 유머 감각 자체가 좋거나 나쁘다고 단정할 수 없다는 것이다. 상황, 맥락, 행동이 어떤가 하는 것이 모두 중요한 변수로 작용한다.

피드백의 구조와 관련해 내가 자주 받는 질문 중 하나는 '어떻게 시작해야 하는가?'다. 앞으로 어떤 대화를 나눌 것인지 설명하느라 정작 본격적인 대화 시간이 부족해지는 경우가 종종 있다. 그래서 나는 대화의 서두를 짧게 하는 것을 선호한다.

언젠가 강사로 초청받았을 때 운 좋게도 맬러리 웨그먼(Mallory Weggemann)의 강연을 들을 수 있었다. 그녀가 들려준 이야기를 통해 왜 서두에 너무 많은 공을 들이지 말아야 하는지 매우 잘 알 수 있다. 그녀의 이야기는 매우 강력한 메시지를 담고 있어 지금 진행 중인 재스민 사례를 잠시 멈추고 여러분에게 소개하고자 한다.

맬러리는 수영 선수였지만 2008년 대상포진 후유증으로 인한 허리 통증을 치료하기 위해 주사를 맞은 뒤 두 다리가 마비되었다. 그로부터 고작 4개월이 지났을 때 그녀는 패럴림픽 수영 선수로 훈련을 시작했다. 그녀는 빠르게 종목 최고의 자리에 올랐는데, 2009년과 2010년에 '올해의 세계 장애인 수영 선수'로 선정되었다. 2012년 패럴림픽 이전 2010년에 마지막으로 열렸던 'IPC(국제패럴림픽위원회) 세계 수영 선수권 대회'에서는 출전한 모든 종목에서 금메달을 목에 걸었다. 패럴림픽 금메달이 손에 잡힐 듯 눈앞에 보였다. 그녀는 2012년 대회에서도 모든 종목을 휩쓸어 인간의 회복력과 업적을 보여주는 역사를 새롭게 쓸 가능성이 매우 높았다.

패럴림픽과 관련해 한 가지 중요한 이야기가 있다. 우리 인생에서 많은 것이 그렇듯이 장애 또한 그 정도에 따라 여러 등급으로 판정이 내려진다. 예를 들어 마비에도 여러 등급이 있다. 부분 마비인 사람이 전신 마비인 사람과 경쟁하는 것은 불공정할 것이다. 맬러리는 2009년과 2010년에 'S7' 등급으로 세계 신기록을 모두 갈아치우며 금메달을 땄다. 하지만 그녀는 2012년 패럴림픽 참가를 앞두고 충격적인 소식을 들었다. 그녀의 등급이 'S8'로 재분류된 것이었다. "S8로 분류된 선수들에게 어떤 공통점이 있는지 아세요?" 맬러리가 물었다.

내가 강연을 들을 당시 그녀는 이미 탁월한 이야기꾼이 되어 있었다. 그녀는 침묵을 활용해 긴장감을 높이는 법을 잘 알고 있었다. 한동안 말이 없던 그녀는 무대 위 휠체어에 앉아 위엄 있고 당당한 모습으로 청중을 휘어잡고 있었다. 모든 사람이 의자에서 몸을 앞으로 반쯤 뺀 채 그녀의 입에서 다음 말이 떨어지길 기다리고 있었다.

"다리를 쓸 수 있다는 겁니다."

그 순간 청중 모두가 횃불과 쇠스랑을 들고 패럴림픽 본부로 몰려간다 해도 나는 전혀 놀라지 않았을 것이다. 누가 봐도 맬러리는 다리를 쓸 수 없었다.

등급이 바뀌었다는 소식을 들은 그녀는 허탈과 실의에 빠져 코치에게 경기에 출전하지 않겠다고 했다. 하지만 코치는 그녀를 설득했다. 그는 이의를 제기하는 절차가 아직 남아 있으니 다시 S7 판정을 받을 수 있도록 함께 노력하자고 했다. 며칠간의 힘든 과정을 거친 끝에 코치는 최종 결정을 확인했다. 그는 패럴림픽 관계자들과의 마지막 미팅을 마치고 돌아와 맬러리를 만났고, 그녀에게 조용한 곳으로 가서 대화를 나누자고 제안했다.

그녀는 그 순간을 이렇게 설명했다. "기쁜 소식을 들고 온 사람은 딱 보면 티가 나잖아요. 아시죠? 가벼운 몸짓이랑 들뜬 목소리요. 괜히 이상한 농담하면서 웃고, 그런 거요." 그러더니 그녀가 통찰한 내용을 전했다. "뭐, 그날은, 그 순간에는 그런 게 전혀 없었고, 코치가 입을 열기 전에 이의 신청이 받아들여지지 않은 걸 알았어요."

그녀의 통찰은 곧장 내 안에 큰 반향을 불러일으켰다. 당신이 안 좋은 소식을 전하려고 하거나 곤란한 이야기를 꺼내려고 할 때 상대는 그것을 느낄 수 있다. 이미 온갖 신호를 다 보내고 있어 괜히 말을 꺼내기 미루는 것은 아무런 의미가 없다. 상대의 위협 대응 시스템은 벌써부터 작동하기 시작했으며, 대화의 서두가 어떤 내용일지라도 위협 대응을 되돌릴 수 없다. 곧장 대화를 시작해야 하고, 가급적 빨리 본론을 꺼내야 한다. 이를 염두에 두고 나는 침묵과 SB/WI 사이의 간극을 메울 한 문장의 간단한 처방을 제안하고자 한다.

"당신에게 문제가 될 수도 있는 행동이 좀 보이는 것 같아서요. 지금 이 대화를 계속해도 괜찮을까요?"

이 질문을 통해 당신은 앞으로 어려운 대화가 펼쳐질 것이라고 상대에게 효과적으로 알리는 동시에 대화를 진행해도 될지 허락을 구할 수 있다. 또한 본론을 곧장 시작할 수 있는 화법이기도 하다. 코칭에 관한 대화를 하지 않고 바로 코칭을 제공할 수 있다. 이 질문에 상대는 정말 마음의 준비가 되었든 안 되었든 거의 항상 "예"라고 대답한다. 그런데 만약 "아니오"라고 하면 어떨까? 그런 경우에는 그 답변을 존중해야 한다. 나는 이런 식으로 이야기할 것 같다. "네, 괜찮습니다. 알겠어요. 이 문제에 관해 다시 이야기하고 싶은데, 언제가 좋을까요? 내일 오전 괜찮겠습니까?" 그러고는 이 일을 잘 기록해 두어야 한다. 어려운 대화는 피하려고 할 때가 많다. 괴로운 피드백에 '회피와 도피' 접근법을 쓰는 경우가 흔하지만, 이는 자신이 더욱 나아지는 전략도, 주변 사람들이 더욱 나아지도록 돕는 전략도 아니다.

팀 회의 때 유머 감각을 발휘한 재스민의 이야기로 돌아가 보자. 시나리오 1에서는 유머 감각이 회의에 지장을 초래했기에 개선을 목표로 한 코칭이 답이었다.

"재스민! 당신에게 좋은 개선의 기회가 될 수도 있는 문제를 한 가지 발견했는데요, 지금 이 대화를 나눌 수 있는 상황인가요?"

"네. 이야기하세요."

"좋습니다. 오늘 팀 회의 때[상황] 농담을 계속하던데요. 제가 세어 봤는데 일곱 번쯤이요[행동]. 회의에 지장을 주는 느낌이었어요. 좀 더 구체적으로 말하자면, 회의 안건을 모두 마치지 못했고요. 그 안건을 결정하기 위해 회의를 한 번 더 하게 됐어요[영향]. 재스민의 생각은 어때요?"

마지막 질문이 중요하다. 진심이 담기지 않은 "팀 회의 때 분위기가 어떻다고 느꼈어요?" 같은 질문으로 시작하며 재스민이 자가 진단을 할 것이라는 가망 없는 기대를 품는 것보다 당신의 의견을 전달해야 한다. 하지만 당신의 관점은 진실이 아니라 당신만의 진실이라는 점을 이해하고 있는 만큼, 재스민에게 이 문제를 어떻게 느끼는지 묻는 것이 중요하다. 《탈무드》에 이런 말이 있다. "우리는 있는 그대로 보지 않는다. 우리가 원하는 대로 본다." 이런 이유로 상대방의 관점에서 상황을 이해하려고 노력하는 것이 중요하다. 하지만 나는 관리자의 의견을 먼저 제시하는 이 같은 대화 순서를 선호한다. 그것이 더 진정성 있게 느껴지기 때문이다.

대화를 요청한 사람은 나였으므로 역시 내가 먼저 대화를 시작하는 편이 적절하게 느껴진다. 대화를 먼저 제안하고 전달할 의견도 있지만 대화를 이끌지 않는 방식은 어딘지 부정직하고 가식처럼 느껴진다. 당신의 의견으로 시작해 대화를 나누며 상대의 입장을 파악하라. 그것이야말로 또 다른 중요한 진실을 얻는 방법이다. 내 진실은 진실이 아니다. 당신의 진실도 진실이 아니다. 내가 이 세상 사람들에게 바라는 것이 하나 있다면, 그것은 바로 이 단순한 생각을 받아들이는 것이다.

오랫동안 나는 수많은 문제를 두고 수많은 조사를 했다. 몇 년 전, 편애(偏愛)에 대한 불만을 접수한 일이 기억에 생생하게 남아 있다. 신고자는 나를 찾아와 그가 속한 조직이 어떠한 합리적인 기준으로 가장 좋은 기회를 조직원들에게 주는 것이 아니라, 기회를 주는 결정권자와 같은 교회를 다니는지에 따라 기회를 받는 사람이 정해져 있다고 토로했다. 신고자에게는 데이터와 증인들도 있었다. 그래서 나는 우리에게 편애로 인한 문제가 있다는 사실을 신고자만큼이나 확신한 상태로 회의실을 나섰다. 나는 여러 목격자에게 몇 가지 질문을 하면 그것으로 정리가 될 거라고 생각했다.

그런데 반대의 상황이 펼쳐졌다. 회사의 유일한 죄라면 기회 분배 방식을 두고 제대로 소통하지 않은 것이었다. 리더들이 함께 예배를 드리고 시간을 보내며 어울린다는 신고자의 확신에도 불구하고, 파악해 보니 그건 사실이 아니었다. 무엇보다 기회는 타당한 논리를 바탕으로, 그리고 중립적인 제3 조직에 의해 분배되고 있었다. 나는 소통 문제를 해결하고 이 문제를 마무리 짓기 위해 중립적인 제3 조직에게 기회를 분배하는 기준을 조금 개선해 줄 것을 요청했다. 또한 신고자의 리더십 팀과 중립적인 조직에 기회를 분배하는 과정에서 '이유'와 '방법'을 좀 더 명확하게 전달하라고 요청했다. 신고로 인해 나와 다른 사람들은 기회가 분배되는 과정을 조사하고 개선할 수 있었던 것은 맞지만, 당시 조사 결과를 가장 간단하게 말하자면 어떤 식으

탁월한 리더의 성공 법칙

로든 간에 편애가 이루어졌다는 객관적인 증거는 단 하나도 없었다.

그 일로 나는 꽤나 충격을 받았다. 신고자가 옳다고 믿고 회의실을 나섰으나 일이 마무리되고 보니 그가 틀렸던 게 확실해졌다. 하지만 그의 의견도 이해할 수는 있었고, 그가 갖고 있는 정보를 바탕으로 보면 그 의견이 합리적이기까지 했다. 그 일 이후로 나는 '당신의 진실이 참된 진실은 아니다'라는 의미를 전달하기 위해 이런 말을 만들기도 했다. "내가 처음 듣는 이야기가 진실이라면, 그것은 내가 처음 겪는 일이 될 것이다." 확실히 해 두자면, 나는 신고자가 내게 거짓말을 했다거나 나를 속이려 했다고는 조금도 생각하지 않는다. 그는 자신이 본 대로 믿었고, 이후 몇 차례 자신이 본 것을 이어 하나의 서사를 완성했다. 이는 존재하지 않는 패턴을 보는 경향인 아포페니아(Apophenia)와 논리적 오류 사이 어딘가에 위치한 역학으로 '내러티브 오류'라고 한다. 일련의 사실들을 상상의 인과관계 사슬로 엮어 해석하는 것을 뜻한다.

넓게 보자면 우리는 물질계에 대해 가장 기본적인 것조차 완전히 이해하지 못하고 있다. 이를테면 중력이 물리력인지 아니면 시공간의 휘어짐인지를 두고 의견 차이를 보이고 있다. 그뿐만 아니라 전자, 양성자, 중성자는 미립자로 이루어져 있다고 확신한다(중성자는 원자의 구성 요소이고, 원자는 원소의 구성 요소이고, 원소는 화합물의 구성 요소이며, 화합물은 물질의 구성 요소다). 하지만 우리가 존재한다고 믿는 미립자의 절반 정도는 그 존재조차 확신하지 못한다는 이론이 제기되었다. 핵심을 보다 명확히 전달하자면 우주의 99.9999퍼센트가 이른바 암흑물질로 이루어져 있다고 추정하고 있지만(과학자들이 그렇게 주장한다), 이것 역시 확실하지 않다. 우리가 지금 기본적으로 우주의 모든 것에 대해 논의하고 있지만, 결국 우리는 이 우주가 무엇으로 이루어져 있는지조차 알지 못한다는 이야기다. 그렇다면 누군가의 업무나 행동이 옳고 그른지 안다거나 회사에서 발생한 어떤 사건에 대해 누가 진실을 알고 있다고 주장하는 것은 내게는 불가능에 가까운 이야기처럼 들린다.

어떠한 주제나 아이디어, 행동 문제, 업무 결과물 또는 다른 사안들이 구체(球體), 즉 실제의 둥근 구체로 당신과 나 사이에 놓여 있다고 생각해 보자. 이 사고 모델에서 당신과 나는 그 구체의 본질에 대해 의견이 일치하지 않는다. 한편 구체라는 형태는 이 비유에서 특히 유용하다. 왜냐하면 구체는 직관적으로도 무한한 관점에서 바라볼 수 있기 때문이다. 나는 항상 그 관점을 구체의 표면에 수직하거나, 구체의 외곽을 따라 그려지는 원의 접선에 수직한 시선으로 상상한다.

모든 좋은 대화가 그렇듯 이 대화 또한 공통된 목표에서 시작된다. 당신과 나는 둘 다 구체의 진정한 본질을 이해하고자 한다. 이는 아마도 내가 내 관점을 공유하는 것으로 시작될 것이다. 내가 보는 것은 이렇다. 나는 구체의 절반 정도를 매우 명확하게 묘사할 수 있다. 색깔은 왼쪽에서 오른쪽으로 갈수록 파란색에서 초록색으로 변한다. 구체는 반사하는 성질을 지녀 거울처럼 사용함으로써 나는 내 뒤에 있는 것들을 볼 수 있다. 좌측 상단 사분면에는 긁힌 자국이 보이고, 우측 하단에는 아마도 작은 자갈 위를 굴렸을 때 생긴 것으로 보이는 흠집이 있다. 조명은 구체의 오른쪽을 잘 비추지만 수직 중심선을 지나면서부터 그림자가 드리워지기 시작한다. 구체의 진정한 본질을 이해하고자 하는 우리의 공동 목표가 있기에 내가 내 관점을 설명한

탁월한 리더의 성공 법칙

지금, 내게 가장 중요한 일은 당신의 관점을 이해하는 것이다.

나는 이렇게 묻는다. "뭐가 보이나요?" 그런 다음 당신이 구체의 당신 쪽 면을 설명하는 말을 주의 깊게 듣고, 만약 당신이 무언가를 빠뜨린 것 같다고 느껴지면 그것을 확인하기 위해 질문할 것이다. 이 과정에서 나는 진심으로 호기심을 갖고 당신이 보고 있는 면이 어떤 모습인지 진정으로 이해하려고 노력할 것이다. 어쩌면 당신의 설명이 나에게 영감을 주어 내 관점을 보완하거나 확장하려고 할지도 모른다. 물론 우리는 구체의 가장 오른쪽, 왼쪽, 위쪽, 아래쪽을 명확히 볼 수 없다는 사실을 잘 알고 있다. 따라서 단지 우리 둘만으로는 구체의 완전하고도 진정한 본질을 이해할 수 없을지도 모른다.

하지만 구체가 아니라 어떤 문제이고, 우리가 직장에 있다면 이야기는 전혀 다르게 전개될 것이다. 누군가는 자신이 본 구체의 면에 대한 완전한 정보를 가지고 대화할 것이고, 자신이 본 것을 상대에게 이해시키는 것을 목적으로 삼을 것이다. 자신이 본 면이 우리가 이해하는 데 필요한 정보를 충분히 제공한다고 설득하기 위해 수단과 방법을 가리지 않을 것이다. 그 사람은 당신이 보고 있는 면에 대해서는 단지 추측만 할 뿐이고, 당신의 설명을 듣는 데에는 별다른 관심을 가지지 않을 것이다. 내가 생각하기에 두 사람이 토론할 때 가장 악영향을 미치는 요소는 상대를 이기겠다는 욕망이다.

"내가 그 사람을 설득해 볼게"라는 말은 이러한 욕망을 순화한 것처럼 들릴 수 있다. 그러나 회사라는 공간 안에 적은 하나도 없다. 훌륭한 팀은 구체의 진정한 본질을 이해하려는 공동의 목표를 가지고 토론에 임한다. 자신이 보는 면이 구체의 본질을 대변한다고 주장하며 상대를 설득하려는 목적으로 토론하지 않는다. 직장에서는 서로를 이기려고 노력해서는 안 된다. 대신 우리의 경쟁자들을 이기려고 노력해야 한다. 우리는 늘 토론의 문화를 원한다고 말하지만, 내가 보기에는 우리가 진정으로 원하는 것은 변증법의 문화다.

이 모든 이야기는 하나의 단순한 아이디어로 귀결된다. 누군가에게 피드백을 제공할 때 당신이 할 수 있는 최선은, 당신에게 보이는 것을 말하는 것이다. 진실이나 옳고 그름을 제공할 수는 없다. 하지만 당신이 보는 것은 제한적일지라도 매우 가치가 있다. 피드백을 받을 사람에게 당신의 관점을 전할 때, 그것이 당신의 관점에 불과하다는 점을 명확히 밝혀야 한다. 당신 입장에서 매우 선명하게 보이는 바를 공유하는 기회로 삼아야 한다. 이상적으로는 SBI(상황, 행동, 영향) 또는 SWI(상황, 업무, 영향) 프레임워크를 활용한 뒤 공을 상대방에게 넘겨 상대방도 무엇을 보고 있는지 이해하려고 노력해야 한다. 그렇게 하면 비로소 대화가 시작되고, 서로를 이해하기 시작하는 것이다. 피드백은 대부분 쌍방이 협력하는 협상의 성격을 띤다. 피드백은 대화여야 하며, 각자 자신의 말을 동시에 쏟아내는 독백이 되어서는 안 된다.

이제 지속 코칭으로 방향을 바꾸어 우리의 친구 재스민을 살펴보도록 하자. 이번 시나리오에서는 그녀의 유머가 유익하게 사용되었다.

"재스민! 오늘 재스민이 정말 멋진 모습을 보여줘서 잠깐 이야기 좀 하고 싶은데, 시간 괜찮아요?"

"그랬어요? 그럼요!"

"팀 회의 때 직원 참여 설문조사 결과 이야기할 때 분위기가 좀 무거워진 것 당연히 느꼈을 텐데[상황], 재스민이 농담한 타이밍이 정말 좋았어요. 정말로 긴장감이 확 가시더라고요[행동]. 덕분에 다들 다시 문제 해결에 집중할 수 있었어요[영향]. 회의 때 큰 힘이 돼 줘서 고맙다는 인사를 하고 싶었어요."

앞서 개선 스타일 피드백에 사용했던 것과 똑같은 형식으로 지속 스타일 피드백의 예를 들었다. 칭찬의 경우에도 우리가 본 것으로만 한정해 신중하게 접근해야 한다. 우리는 그 이상의 진실을 드러내려는 것이 아니다. 무엇보다 중요한 것은, 우리는 재스민의 유머 감각을 성격적 특성으로 여기지 않았다는 점이다.

이제 원래의 피드백으로 돌아가 재스민의 특정 행동이 아닌, 재스민의 유머 감각 자체에 코칭의 초점을 맞췄다고 가정해 보자. 예를 들어 "재스민, 유머 감각 때문에 난리네요"라고 말한다면 여러 가지 문제가 발생할 것이다. 기존 피드백도 무지개, 나비, 유니콘, 햇살처럼 온통 긍정적이었던 것은 아니지만, 이 새로운 피드백은 단정적인 화법만으로도 인신공격처럼 느껴질 수 있다. 물론 재스민은 살아오면서 자신의 유머 감각이 유익하게 작용했던 경험이 셀 수 없이 많을 것이기에, 이 피드백을 믿을 만하다고 여기지 않을 가능성이 크다. 무엇보다 이러한 오만한 피드백은 칭찬 시나리오에 대한 가능성을 차단해 버린다. 이 두 시나리오가 몇 주에 걸쳐 순차적으로 실행되었다고 상상해 보자. 당신은 처음에 재스민의 유머가 회의에 방해가 된다고 생각했고, 그런 맥락에서 그녀의 행동을 관찰한 뒤 신중한 판단 없이 "재스민, 유머 감각이 문제네요"라고 말했다. 그리고 2주 뒤에 그녀의 유머 감각이 그날 회의 분위기를 살렸다고 말한다. 완전히 서로 다른 두 메시지가 재스민에게 전달된다면 그녀가 얼마나 혼란스러울지 쉽게 상상할 수 있다.

피드백의 구조와 기본 원칙을 잘 지키는 훈련을 한다면 이러한 예측 가능한 문제들뿐만 아니라 다른 문제들도 피할 수 있을 것이다.

그 순간에 코칭을 전한다

전문 운동 코치들은 선수의 기량을 높이기 위해 어떻게 도움을 주어야 할지 고민하고, 같은 고민을 하는 다른 사람들과 협력하며, 선수들에게 실시간으로 피드백을 제공하는 데 깨어 있는 시간의 거의 전부를 쓴다. 맷(Matt) 코치와 체조 선수 스타크스(Starks)를 만나 보자.

스타크스가 도마 연습을 하고 있다고 가정해 보자. 스타크스는 약 25미터 길이의 길게 펼쳐진 파란색 도마 조주로(runway) 위에 올라섰다. 조주로 옆쪽으로 보통 줄자가 붙어 있어 선수마다 신중하게 거리를 정한 뒤 달리기 시작해 점차 속도를 높이다가 정확한 걸음 수로 구름판(springboard)을 밟아야 한다. 스타크스는 엄청난 힘으로 구름판을 밟고 도마 위로 도약해 가사마쓰(Kasamatsu) 기술을 선보였다. 이 기술은 적어도 내게 공중에서 몸 비틀기와 회전하기의 불가사의한 조합처럼 보였다. 그는 파란색 매트 위에 착지한 뒤, 맷 코치에게 다가가 한 마디 말도 하지 않고 코치의 이야기만 들었다.

코치 맷은 아마 "회전축이 너무 기울었어" 또는 "도마 위에서 충분히 힘을 받지 못했어" 같은 말을 할 것이다. 스타크스는 고개를 끄덕이고는 다시 해보기 위해 출발선으로 돌아갔다.

이는 정말 SWI의 사례 그 자체다. 상황과 영향이 모두 이해되었는데, 여기서 상황(Situation)은 패턴이라 볼 수 있는 특정 도마 동작을 반복하는 것이고, 영향(Impact)은 완벽한 가사마쓰 기술에서 멀어질 때마다 감점되는 것이다.

이 사례는 또 다른 목적도 가지고 있는데, 제때 전해지는 피드백의 중요성을 보여준다. 이 일련의 연습이 3월 어느 월요일 저녁 6시에 시작되었다고 생각해 보자. 맷 코치가 특정 도마 동작 반복 직후에 스타크스에게 보완점을 제시하는 대신, 6개월 후 스타크스의 정기 연습 때까지 기다렸다고 말이다. 터무니없지 않은가? 당연하다. "좋아, 스타크스. 6개월 전에 도마 기술 반복했던 거 기억 나?"

그럼 이제 맷 코치가 선수들이 쉬는 주말을 앞두고 금요일 밤에 '훈련 마무리(Performance Wrap-up)'를 진행한다고 가정해 보자. 좀 나은가? 그렇긴 하지만, 사실 그렇게 좋지는 않다. 좋다. 그럼 금요일 저녁 훈련 마무리는 잊고, 맷 코치가 모든 선수에게 훈련이 끝나는 저녁 9시쯤에 코칭 포인트를 전한다고 생각해 보자. 이제는 괜찮은가? 물론 아니다. 지금 우리는 코칭을 가급적 빨리 해야 한다는 말을 하고 있다. 이것이 중요한 이유 중 하나는 내가 방금 언급한 불필요한 서두를 줄이는 데 도움이 되기 때문이다. 스타크스의 사례에서는 맷 코치가 상황을 설명할 필요조차 없었다. 두 사람 모두 상황을 완벽히 이해하고 있어 곧장 문제 해결로 진입할 수 있었다. 킴 스콧이 《실리콘밸리의 팀장들》에서 언급했듯이 즉각적인 피드백은 "문제를 더 빨리 해결하는 데 도움을 준다". 체조 사례에서 스타크스의 연습은 약 5분 후 다시 시작되기 때문에 피드백이 즉시 이루어지는 것은 매우 중요하다. 대부분의 다른 상황에서는 업무나 행동의 기회가 더 느리게 전개되지만, 그럼에도 어떤 일이 일어난 후 가능한 한 빨리 코칭을 제공하는 것이 좋다.

퀄트릭스에서 근무를 시작했을 당시 회사 동료들은 내가 킴과 함께 '완전한 솔직함' 프로젝트를 진행했다는 사실을 알고 있었다. 킴은 퀄트릭스의 이사였고, 제러드 스미스의 배려로 새로 입사한 사람들은 그녀의 책을 한 권씩 선물로 받았다. 내 이름은 그 책에 대여섯 번 나왔는데, 킴과 나는 꽤 인기를 끌었던 팟캐스트를 함께 진행한 적도 있었다.

퀄트릭스에 입사한 첫날, 복도를 걸어가던 나에게 알렉시스 로페즈(Alexis Lopez)가 다가와 이렇게 말했다. "안녕하세요? 알렉시스예요. 제가 팀에 합류하게 될 거예요." 그때까지만 해도 나는 앞으로 어떤 일이 벌어질지 전혀 몰랐다. 나는 나 자신이 멋지고 관대하며, 새로 알게 된 소중한 팀 동료에게 집중하기 위해 다른 일은 제쳐 둘 정도의 사람이라고 여겼다. 하지만 그로부터 얼마 뒤 알렉시스와 내부 팟캐스트를 녹음하며 이야기를 나누다가 진짜 내 모습을 깨닫게 되었다. 그녀는 그날 내가 말을 거의 하지 않았고, 약간 무심하게 자신을 대했다는 사실을 상기시켜 주었다. 당황스러웠다. 나는 무엇이든 처음을 낯설어하고 싫어하는 사람이지만, 내가 그 정도로 엉망인 줄은 몰랐다.

어쨌든 약 6개월 후, 내가 피드백 문화를 멋지게 선보였을 때 알렉시스가 말했다. "좀 위선자 같으신데요." 내게 직설적으로 말해도 된다는 그녀의 신뢰를 엿볼 수 있었기에 그 상황이 마음에 들었다. 그래

탁월한 리더의 성공 법칙

서 나는 웃으며 그녀가 어떤 말을 할지 기대했다.

"그래요? 왜 그렇죠?"

"〈완전한 솔직함〉 팟캐스트, 책, 영상에서 피드백이 이렇다저렇다 이야기가 많은데, 같이 일한 지 6개월이 된 제게는 한 번도 피드백을 준 적이 없어요." 알렉시스는 자신이 어떻게 해야 더 잘할 수 있는지 코칭을 받고 싶어 하고 피드백을 진심으로 좋아하는 흔치 않은 사람들 중 하나였다. 언젠가 그 이유를 묻자 그녀는 이렇게 대답했다. "제가 어떻게 하면 더 잘할 수 있을지 누군가 알려 준다는데, 안 들을 이유가 없잖아요?" 훌륭했다.

나는 대답하는 대신 웃으며 그녀가 그렇게 생각한다는 데 안도했다. 그 이유는 지금껏 나는 그녀를 비판한 것 외에는 아무것도 안 했다고 말할 수 있을 정도였고, SWI 시나리오가 연속적으로 펼쳐졌던 날들이었다. 알렉시스는 퀄트릭스 인사 분야의 아담이자 이브 같은 존재였다. 퀄트릭스 인사 분야의 거의 모든 체계를 그녀가 혼자 또는 공동으로 구축했기 때문이다. 그녀는 보상분석, 성과관리, 승진, 직원 참여 설문조사, 다양성과 포용성, 인재분석기술(People Analytics) 등 모든 자동차의 태엽을 감고 바닥에 내려놓은 뒤 차들이 전속력으로 달리게 두었다. 다른 이들도 차를 들어 보고 다시 태엽을 감고 만지작거리기는 했지만, 전부 다 결국에는 알렉시스를 찾았다. 그녀는 임원진과 긴밀하게 협력하고, 업무를 처리할 때 다양한 직위의 사람들에게 도움을 받을 수 있는 프로세스를 지능적으로 설계했지만, 그 많은 일을 감당하기에는 혼자 너무 고립되어 있었다. 그녀의 프로세스는 효율적이었지만 내 눈에는 결함이 보였는데, 특히 회사 규모가 커지면 문제가 될 만한 지점이 보여 그에 대비하기 위해 내가 힘을 보태게 된 것이었다.

6개월간 나는 그녀에게 많은 질문을 했고 우리는 함께 모든 것을 바꿨다. 우리는 그녀가 구축한 성과관리, 보상, 승진 등 인사 체계의 핵심을 대대적으로 고치기 위해 몇 달간 함께 일할 여덟 명의 팀을 꾸렸다. 그 시기에 내가 가장 우려했던 점은 그녀의 생각이었다. 혹시 내가 알렉시스를 전문성이 떨어지는 사람으로 보지나 않을까 염려되었다. 하지만 그녀는 자신이 구축한 것들을 개선한다는 공동의 목표를 비판의 의미로 보고 있지 않았다. 개선 코칭의 목표가 사람들이 무엇을 더욱 잘할 수 있는지 깨닫도록 돕는 일이라면, 내가 그녀와 함께 처음 몇 달간 한 일은 바로 그 개선 코칭이나 마찬가지였다. 다행스럽게도 알렉시스는 업무를 본인 또는 본인의 가치와 동일시하지 않았다. 그녀에게 일은 그저 일일 뿐이었고, 일에서 잘하고 못하고는 그녀의 정체성에 아무런 영향을 미치지 못했다. 대단히 성숙한 관점이었다. 업무가 자존감에 영향을 미치도록 방치하는 사람이 너무도 많지만, 그녀는 그렇지 않았다. 알렉시스는 자신이 더 나아지는 데만 관심이 있었다. 그래서 자신이 구축한 인사 체계를 개선하는 것을 비판으로 받아들이지 않았다. 그녀에게는 오히려 시험 답안을 알려 주는 것이나 마찬가지였다. 나는 그녀의 업무 개선을 돕는 일에 집중했고, 이것이 더욱 나아지고 싶다는 그녀의 열망과 결합해 그녀도, 나도, 작업물도 더 나아졌다. 그리고 우리 둘 다 성장하는 과정을 즐겼다.

탁월한 리더의 성공 법칙

피드백은 대화여야 하며,
각자 자신의 말을 동시에 쏟아내는
독백이 되어서는 안 된다.

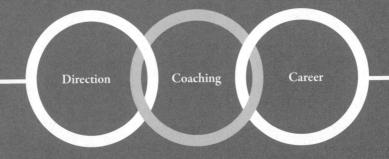

4부

커리어

- 당신의 성장과 발전에 관리자가 얼마나 힘이 되어 주는가?
- 관리자가 당신에게 인간적으로 마음을 써 주는가?

내가 이제부터 소개할 커리어 대화(Career Conversations) 모델은 직원-상사 관계의 게임체인저다. 오래전 나는 작가이자 테크 기업 임원인 셰릴 샌드버그(Sheryl Sandberg)에게서 다음과 같은 짧은 조언을 들었다. "커리어를 생각할 때는 장기 비전과 18개월의 계획이 있어야 합니다." 다음 장에서 자세히 다루겠지만, 내가 개발한 커리어 대화 모델은 당신이 관리하는 사람들에게도 이 두 가지를 명확히 하는 데 도움을 줄 것이다. 당신 직원들의 커리어 전반에 큰 도움을 주는 이 모델은 직원 경험 측정에서도 효과를 확인할 수 있을 것이다.

몇 년 전, 나는 동료인 안토니오(Antonio)가 이 모델을 자신의 회사에

탁월한 리더의 성공 법칙

적용하는 데 도움을 주었다. 2021년 3월 그에게서 메일 한 통을 받았다. "안녕하세요, 러스? 저를 기억 못할지도 모르지만, 커리어 대화 건으로 우리가 30분 정도 통화한 적이 있어요. 그때 제게 베풀어 준 호의와 커리어 대화 모델 덕분에 팀과 깊은 유대감을 쌓을 수 있어 아직도 무척 감사한 마음입니다." 2021년 4월, 10년 전에 업무 측면에서 가까웠던 관리자 애덤(Adam)에게서도 소식이 들려왔다. "이봐, 러스. 잘 지내고 있지? 알려 주고 싶은 게 있어. 내 직속 부하들과 커리어 대화 프레임워크를 10년쯤 썼는데, 지금 우리 회사에서 L&D(Learning & Development, 학습 및 개발) 팀과 협력해 모든 관리자 약 1,000명에게 그 프레임워크를 교육하기로 했어. 기술을 가르치고 관리자들을 도울 수 있는 건 물론이고, 조직 문화에 굉장히 긍정적인 영향을 미칠 것 같아. 그럼, 잘 지내!"

이런 일화는 굉장히 많지만, 이 모델을 전적으로 당신의 팀에 적용할 때 벌어질 진짜 마법 같은 일을 입증하는 데이터를 이제 보여주고자 한다. 직원 경험에 관련한 일 다수가 그렇듯 단순히 '하면 좋은 일'의 수준을 뛰어넘어 성과와도 강력한 상관관계가 있다.

퀄트릭스의 직원 경험 비즈니스 파트너(Experience Business Partner)의 미국 지역 책임자인 헤더 카펜터(Heather Carpenter)가 한 관리자와 함께 일할 때였다. 이 관리자는 자신의 조직에 커리어 대화 프로세스를 적용하고 싶었지만 시간 투자 문제로 반발에 부딪혔다. 그러자 그녀는 이렇게 마음먹었다. '데이터부터 확보하자.' 해당 모델을 분석한 피플 애널리틱스 팀은 모델을 직원들에게 적용하면 대단한 변화를 불러올 수 있다는 점을 발견했다. 내가 한 말이 아니라 그들이 한 말이다.

이들이 설문 응답자에게 가장 먼저 한 질문은 "관리자와 커리어 실행 계획(Career Action Plan, CAP)을 개발했는가?"였다. 곧 알게 되겠지만, CAP를 개발한다는 의미는 커리어 대화 프로세스를 모두 완수한다는 것이었다. 저 질문에 "예"라고 답한 직원들의 관리자들은 "아니오"라고 답한 직원들의 관리자들에 비해 관리자 효율성 점수가 평균 19퍼센트 포인트가 높았다. 또 다른 질문인 "당신의 성장과 발전에 관리자가 얼마나 힘이 되어 주는가?"에서 직원들과 CAP를 완수한 관리자들은 그렇지 못한 관리자들에 비해 점수가 23퍼센트 포인트가 높았다.

우리는 관리자와 커리어 대화를 진행했던 사람들에게 해당 모델이 커리어에 도움이 되었는지 물었다. 이 중 커리어 대화가 실제로 도움이 되었다고 응답한 비율이 74퍼센트였고, 이들의 관리자 효율성 점수는 평균 관리자 효율성 점수에 비해 36퍼센트 포인트 높았다. 응답한 74퍼센트에게 "당신의 성장과 발전에 관리자가 얼마나 힘이 되어 주는가?"를 묻자, 커리어 대화가 도움이 되지 않았다고 답한 응답자들에 비해 관리자를 48퍼센트 포인트 더 높게 평가했다.

가장 흥미로운 점은 CAP 프로세스를 완료한 관리자들은 그렇지 않은 관리자들에 비해 관리자 효율성 질문의 모든 항목에서 높은 점수를 받았다. 이는 여러 가지로 설명될 수 있다. 첫째, 커리어 개발에 많은 시간을 투자하려는 관리자들은 방향 설정과 코칭에도 더 많은 시간을 들일 가능성이 있다. 둘째, 직원들과 CAP를 완료한 경험이 워낙 긍정적이어서 해당 관리자들이 '후광 효과'를 누리고, 직원들에게 무조건적인 신뢰를 받은 것일 수도 있다. 셋째, CAP를 통해 각 직

탁월한 리더의 성공 법칙

원의 커리어 목표를 깊이 이해한 관리자들이 직원들과의 소통을 개인에 맞춰 덜 형식적이고 효율적이고 인간적으로 했기 때문일 수 있다. 결론은 명확하다. 커리어 대화에 적극적으로 투자하는 관리자를 둔 직원들은 더 높은 참여도를 보였고, 관리자와의 관계에 긍정적이었다.

관리자가 직원들과의 관계를 개선할 수 있는 방법은 많다. 하지만 직원들에게 인간적으로 마음을 쓰는 것보다 더 좋은 방법은 없을 것이다. 그 방법은 직원들의 장기적인 커리어 목표에 깊이 관여하는 것이다. 관리자가 직원들의 장기적 목표에 도움이 될 때 직원들은 성장하고 발전하는 한편 직원 참여와 직원 유지율, 성과 모두 높일 수 있다.

성장과 발전, 그리고 이와 밀접한 관련이 있는 학습과 개발이 이루어지지 않는 것이 뛰어난 인재가 회사를 떠나는 주요 이유 중 하나로 꼽힌다. 많은 사람이 이 문제에 대한 해결책을 트레이닝(Training, 직원 교육·훈련·연수)으로 여긴다. 배움(Learning)과 관련해 문제가 있다고? 아니, 트레이닝이 답이다! 다만 나는 성장과 개발 문제를 해결하기 위해 제공되는 트레이닝이 대개 매우 잘못된 방향으로 진행되고 있다고 믿게 되었다.

형식적이고 중앙 집중적인 L&D 투자는 대체로 낭비라고 말하는 이들도 있다. 베러업(BetterUp, 정신건강 스타트업-옮긴이)의 가브리엘 로젠 켈러만(Gabriel Rosen Kellerman) 박사는 "직장에서 개인의 변화로 향하는 여정(The Path to Individual Transformation in the Workplace)"이라는 제목의 기사에서 "연구에 따르면 직원들은 교육받은 내용의 최대 75퍼센트를 잊어버리고 이전 방식으로 돌아간다. 결국 대부분의 투자가 낭비되고, 진전이 거의 이루어지지 않는다"고 했다. 토치 리더십 연구소(Torch Leadership Labs)는 이와 비슷한 생각을 지닌 신흥 기업으로 개인화된 학습을 목표로 하는데, 2021년 2월에 2,500만 달러의 투자를 받았다. 또한 2021년 베러업은 중앙 집중적 L&D가 아무런 효과가 없다는 이론을 바탕으로 기업 가치 평가에서 17억 3,000만 달러를 인정받았다. 켈러만 박사의 입장은 학습은 상황에 맞게 이루어져야 한다는 것이다. 즉, 직원들의 성장과 발전을 가장 잘 이끌 수 있는 적임자는 바로 그들의 관리자라는 뜻이다. 관리자가 열쇠를 쥐고 있다!

내가 경험한 것도 이와 같다. 중앙 집중적인 L&D 방식으로 제작한 교육 과정의 논리는 겉으로 타당해 보이지만, 실제로는 너무 일반적이어서 직원들이 자신의 고유한 상황과 관련성이 없다고 느끼는 경우가 많았다. 참고로 2005년부터 2012년까지 몸담았던 구글에는 무한대에 가까운 교육 자료가 있었으며 실로 교육 관련 인쇄물에 돈을 '쏟아붓고' 있었다. 구글은 L&D에 막대하게 투자했는데, 그 이유는 직원 퇴사 면담과 구글가이스트(Googlegeist, 연례 직원 설문조사-옮긴이)에서 '학습, 성장, 발전'에 문제가 있다는 결과가 나왔기 때문이었다. 하지만 그러한 막대한 투자에도 불구하고 커리어 관련 질문과 성장 및 발전 관련 질문에 대한 점수는 분기마다 계속 떨어졌다.

당시 내가 이끌던 700명 규모의 조직 또한 다를 바가 없었다. 하지만 나는 비효율적인 기존 방식을 반복하기보다 '커리어 대화'라는 새로운 모델을 개발해 80명의 조직 내 관리자들에게 전달했다. 관리자들에게 커리어 대화 실행을 강력히 요구한 결과 커리어, 성장, 발전관련 질문들에 대한 점수 곡선의 기울기가 달라졌다! 우리 조직은 구글 내의 부정적인 추세를 뒤집은 유일한 조직이었다. L&D 관점에서 보면 우리의 새로운 모델이 기존 것과 결정적으로 다른 점은 학습, 성장, 그리고 이와 관련한 '핫한' 개념들을 개인의 장기적 커리어 비전에 적용시켰다는 것이다.

L&D와 관련한 커리어 실행 계획을 뒷받침하는 몇 가지 핵심 아이디어는 다음과 같다.

1. 대부분의 '발전과 성장'은 트레이닝이 아니라 매일 도전적인 업무를 통해 이루어진다.

2. 직원들은 관리자·조직이 직원 발전을 최우선으로 생각하는 것처럼 보인다면 일시적인 역할 정체를 받아들일 수 있다. 여기서 발전은 주로 직원의 장기적 커리어 비전에 따라 이루어져야 한다.

3. 현재 업무를 수행하는 방법 등 특정 직무와 관련한 트레이닝은 매우 중요한 분야이며, 이는 해당 업무를 수행하는 부서에서 책임져야 한다. 예를 들어 영업 지원은 영업부에서, 엔지니어링 지원은 엔지니어링 부서에서 이루어져야 하며, 이 중 그 무엇도 중앙 트레이닝 부서에서 관장해서는 안 된다. 이러한 트레이닝은 입사 기간이 짧은 신입 직원들에게는 대단히 중요한 의미를 갖지만, 실무 경험이 많은 근속 사원이나 생산성 곡선의 정점에 도달한 직원들에게는 '학습 및 개발' 점수나 태도에 거의 영향을 미치지 않는다.

4. 비기능적이고 직무 수행과 직접적으로 관련되지 않은 트레이닝이 때로는 유용할 수 있지만, 반드시 개인의 경로, 특히 장기적 비전을 향한 경로라는 맥락에서 이루어져야 한다. 그렇지 않으면 효과가 미

미해지고 투자가 낭비될 가능성이 크다.

커리어 대화는 말 그대로 장기적 목표에 초점을 맞춘 개인의 커리어에 대한 논의다. 제대로 진행된다면 일상에서 그리고 꿈꾸는 커리어 경로에서 자신이 어떤 사람인지, 무엇이 동기를 부여하는지 자세히 이해할 수 있게 되고, 이를 통해 개인 삶의 역사와 미래지향적인 담대한 꿈이 하나로 연결된다. 결코 쉽게 이룰 수 있는 일이 아니다. 미셸 오바마(Michelle Obama)는 저서 《비커밍(Becoming)》에서 이를 멋진 글로 설명했다. "내 인생의 숙제를 직감했다. 내 출신과 내가 꿈꾸는 미래를 내 정체성과 조화시켜 나가야 한다는 현실이었다." 자신이 어디로 가고 싶은지 깨닫는다면 목적지까지의 여정을 계획할 수 있다. 지금부터 말이다.

그 시작을 도와줄 비유를 들어 보겠다. 꿈의 직장 또는 커리어 비전은 수 킬로미터 떨어진 곳에 있는 등대와 같다. 처음에는 깜빡이는 불빛만으로 등대가 있는 것을 알아차린다. 좀 더 가까이 가서 보면 실린더처럼 길쭉한 형태가 보인다. 하얀색인 것 같다. 지붕은 빨간색일까? 옆쪽에 창문이 나 있을까? 저 위 등대 꼭대기에 있는 것은 새일까, 아니면 새의 다리를 한 등대지기일까? 우리는 그것이 등대라는 것은 확신하지만, 지금으로서 그 이상은 알 수 없다.

등대에 초점을 맞추는 방법은 많다. 쌍안경이나 망원경을 사용할 수 있고, 그저 그 방향으로 몇 걸음만 나아가도 된다. 중요한 점은 먼 곳에 있는 등대를 어떤 식으로든 자세하게 설명해 내기 위해서는 결국 우리 나름의 노력을 해야 한다는 것이다.

탁월한 리더의 성공 법칙

그다음으로 중요한 점은 등 뒤에 있는 지나온 길을 이해해야만 한다는 것이다. 지금 이 순간, 이곳에 우리는 어떻게 이르렀는가? 우리는 지금 이곳에 서서 등대를 바라보고 있다. 우리가 어떤 언덕들을 넘어왔는지, 어떤 돌들에 발이 걸렸는지, 어떤 계곡을 건넜는지 알아야 한다. 여정 중에 나타나는 갈림길을 파악해야 하고, 왜 우리가 B 길이 아닌 A 길을 택했는지 이해해야 한다. 우리가 이해해야 할 것이 너무 많다. 무엇이 훌륭했고 무엇이 끔찍했는지 이해해야 한다. 지난 여정에서 배움을 얻을 때 우리는 지금 이곳에서 저곳까지, 저 멀리 우리의 소중한 등대가 자리한 곳까지 더 안전하고 영리하게 길을 찾아 나아갈 수 있을 뿐 아니라, 더욱 빠르고 보람찬 길을 택해 나아갈 수 있을 것이다.

등대에 초점을 맞추고 난 후에야 우리가 왔던 길과 앞으로 나아갈 길을 연결할 수 있다. 군대에서 하듯 우리는 한 걸음씩 다 같이 전진하는 것이다. 어쩌면 마체테(Machete, 흔히 정글도 또는 벌목도로 불리는 큰 칼-옮긴이)를 꺼내 길을 내야 할지도 모른다. 덤불과 숲이 나올 수도 있다. 얼어붙은 길이 펼쳐질 수도 있다. 유턴해야 할지도 모른다. 대단히 위험한 여정이 될 수도 있지만 우리가 직접 길을 내어 왔다는 것, 거대한 디딤돌을 이제 막 우리 앞에 내려놓았다는 사실이 중요하다. 당장 오늘 등대에 도달하기는커녕 상황을 보아하니 내일이나 다음 주도 어렵겠지만, 괜찮다. 다만 지금 이 순간 나아가는 한 걸음이 옳은 방향으로 향하고 있다는 합리적인 확신이 필요하다. 등대를 향한 180도의 시야 안에서는 거의 어느 곳이든 디딤돌을 놓아도 되지만, 우리 뒤쪽으로 난 180도 방향에 돌을 놓고 싶지는 않을 것이다. 어쩌면 시선을 조금만 뒤로 돌린다면 등대로 향한 루지 트랙 같은 매끄러운 길이 보일 수도 있다. 때로는 앞으로 나아가기 위해 뒷걸음질한다는 계산된 결정이 옳을 때도 있다. 내가 경험한 일이다. 가장 중요한 사실은 우리가 조금 뒷걸음질하기로 결정했다 해도 여전히 등대를 훤히 볼 수 있고, 우리가 이 시점에서 어떠한 결정을 내리든 등대에 도달하겠다는 목표는 그대로 있다. 멀리 있는 등대에 집중하라. 지금껏 온 길을 이해하라. 눈앞의 등대와 지난 여정을 연결 지어 생각해야 한다.

직원들의 장기적 비전과 커리어를 지원하는 것과 관련해 사람들은 흔히 이런 질문을 던진다. "관리자가 왜 이렇게 해야 하나?" "관리자가 왜 팀원들과 이런 대화를 나눠야 하지?" "사람들이 결국 이곳을 떠날 줄 알면서도 왜 이토록 많은 투자를 하는 걸까?"

먼저 당신의 건너편에 앉아 있는 직원이 '진짜 인간'이라는 점, 그리고 당신의 역할은 팀원들의 성공을 돕는 것이라는 점을 제외하더라도, 관리자가 커리어 대화를 팀원들과 함께해야 하는 가장 중요한 이유는 바로 팀원들이 도움을 대단히 간절히 필요로 하고 있기 때문이다. 나는 수백 번의 커리어 대화를 해 오면서 직원 스스로 자기 발목을 잡는 경향을 수도 없이 목격했다. 잘못된 사고방식, 우선해야 할 일 뒤로 미루기, 부모의 꿈을 이루려고 사는 사람들… 모든 것이 심각한 상황이었고, 그런 사람들에게는 도움이 필요하다. 누구나 도움이 필요하다. 그리고 많은 사람이 도움을 줄 수 있다. 친구, 가족, 동료도 마찬가지다. 하지만 내가 관리자라면 직원들이 '스스로 돕는 것'을 기대하기보다 먼저 도우러 나설 것이다.

탁월한 리더의 성공 법칙

두 번째 이유는 당신의 팀이나 조직에 있는 사람들은 커리어의 다음 단계를 심각하게 고민하고 있기 때문이다. 최고의 인재들이 당신과 조직을 떠나려고 한다면 성장과 발전이 부족하다고 느낀 탓일 것이다. 그들은 당신의 기업과 팀 안팎으로 가능한 모든 선택지를 적극 고려하고 있다. 2015년 링크드인(LinkedIn)의 재능 솔루션(Talent Solutions) 연구를 통해 이직의 가장 큰 동기는 커리어 기회라는 사실이 드러났다. 보통은 한눈에 바로 보이지 않을지는 몰라도, 현재의 역할에서 더 많은 커리어 기회를 찾을 수 있다. 직원들이 기회를 보지 못한 것은 관리자가 시간을 들여 그 기회를 명확하게 보여주지 않았던 탓이고, 관리자가 그럴 수밖에 없었던 이유는 자신의 직원들을 깊이 알지 못했기 때문이다. 관리자들은 올바른 방식으로 투자하지 않고 있다. '커리어 대화'마저도 장기적 관점에서는 전혀 중요하지 않은 다음 승진이나 연봉 인상 같은 단기적 관점으로 접근한다. 이런 태도는 직원들의 성장과 발전, 더 나아가 중요한 무언가를 향한 성장에 아무 도움이 되지 않는다.

그러니 당신에게는 선택권이 있다. 커리어 대화에 참여하지 않았다가 언젠가 직원이 사직서를 내미는 모습에 깜짝 놀라며 자신의 선택을 뒤늦게 후회할 수도 있고, 아니면 처음부터 이 대화에 참여하며 신뢰할 수 있는 조언자로서 소중한 직원의 의사 결정에 기여할 수도 있다. 직원이 퇴사하는 것이 옳은 결정일 수도 있지만, 커리어 대화를 통해 당신은 적어도 직원의 퇴사에 대비할 시간을 조금이나마 벌 수 있다. 어쩌면 그 직원은 '남의 떡이 더 커 보이는' 증후군을 앓고 있을 수도 있다. 나는 트위터에서 뛰어난 마케팅 책임자였던 앤 메르콜리아노(Anne Mercogliano)와 함께 일했다. 어느 날 앤이 나를 찾아와 퇴사하겠다고 말했다. 그녀의 커리어 대화에 내가 참여했기 때문에 나는 그녀의 커리어 목표가 무엇인지 잘 알고 있었다. 나는 퇴사라는 그녀의 선택이 옳지 않다고 판단했다. 우리는 이 문제에 대해 오랫동안 대화를 나눴다. 결국 그녀는 내 생각에 동의했다. "트위터는 언제든 떠날 수 있어요." 내가 그녀에게 해준 조언은 전 더블클릭의 CEO이자 트위터의 이사였고, 퍼스트딥스(1stDibs)의 CEO인 데이비드 로젠블랫(David Rosenblatt)이 구글 퇴사를 고민하는 내게 해준 그대로였다. 앤이 장기적으로 어디로 가고 싶은지, 무엇을 가장 가치 있게 여기는지 알기 때문에 나는 그녀가 커리어에서 커다란 실수를 하지 않도록 도울 수 있었다. 앤이 트위터에 남았던 이유는 내가 그녀에게 무슨 일이 있더라도 무조건 회사에 남아야 한다고 말했기 때문이 아니다. 그녀가 지금껏 걸어온 길과 저 멀리 보이는 그녀의 등대를 고려했을 때 퇴사가 최선의 선택이 아니라는 데 우리 둘 다 동의했기 때문이다. 결과적으로 우리는 거의 같은 시기에 트위터를 떠났고, 당시 그녀 앞에는 훨씬 더 멋진 길이 펼쳐져 있었다. 그녀는 자신이 잘 해낼 수 있는 종류의 도전이 가득한, 훨씬 유망한 회사를 선택했다. 앤의 여정은 자신이 좋아하는 일, 자신의 강점을 극대화하는 일로 가득했다. 이제 그녀는 그레첸 루빈 미디어(Gretchen Rubin Media)의 CEO로, 그레첸의 중요한 일들을 많은 사람에게 알리는 일을 돕고 있다.

하지만 누군가에겐 지금이 팀을 떠날 적기일 수 있다. 그 사람의 장기적인 커리어 목표를 고려했을 때 다음 단계로 나아가는 것이 합리적인 선택이 될 수 있다. 직원들은 자신의 의사를 솔직하게 말할 수 있어야 한다. 만약 당신이 그 사람의 커리어 과정에 참여하고 있다면 당신 팀에 손해가 되더라도 다음 단계로서 현재 회사 내에서의 인사 이동을 떠올려 볼 수 있다. 전사적인 차원으로 인재를 유지하는 것이다. 하지만 누군가 이직할 때가 되었다면, 그리고 당신이 직원과 충분히 신뢰를 쌓았고 그 커리어 과정에도 투자했다면, 운영 공백을 줄이기 위해 빠르게 충원할 수 있다. "이 직원이 더 큰 성공의 기회를 잡아야 할 때가 되었다고 생각합니다"라고 말하며 기업이 인재를 유지하기 위해 쏟는 노력과 시간을 줄여 줄 수 있다. 재정적 유인책은 쓰지 않아도 된다. 이런 보상은 단기적인 소모로 끝나기 때문에 직원의 퇴사를 6개월 정도밖에 지연시키지 못한다. 스팅(Sting)의 아름다운 가사처럼, "누군가를 사랑한다면 자유롭게 해줘야" 한다.

간략히 요약하자면 당신의 선택은 다음과 같다.

1. 직원의 커리어에 참여하고, 도움을 주고, 퇴사에 대비한다.
2. 직원의 커리어에 도움을 주지 않고 퇴사에 기습당한다.

놀랍게도 일부 사람들은 아직도 2번을 선택한다.

"결국 무엇보다 중요한 리더의 역할은 사람들이 성장하도록 돕는 것 아닌가?" 이 질문에 당신이 "그렇다"라고 대답하길 바란다. 일상적인 업무 관리만으로는 직원들에게 영감을 주기에 충분치 않다. 관리란 결코 업무에만 국한되는 게 아니다. 관리는 또한 마음과 정신에 관련되어 있다. 실제로 내가 이 모듈을 개발했을 때 그 이름을 '마음으로 리딩하기(Leading with Heart)'라고 붙였다. 팀원들이 꿈을 향해 성장하도록 돕는 것은 놀라운 차별화와 파급력을 발휘하는 접근법이다. 당신이 인간적으로 팀원들에게 마음을 써 주는 모습을 보일 때 그들은 당신과 더 일하고 싶어지고, 당신이 뒤를 든든히 지켜 준다고 믿게 된다. 당신의 사람들이 성장할 수 있도록 돕는 것은 관리자로서 수행해야 할 대단히 중요한 임무다.

지금 당신이 나와 같은 생각이라고 가정해 보자. "러스, 저도 동감합니다. 제 일은 사람들이 성장할 수 있도록 돕는 것이고, 매일 그렇게 하고 있어요"라고 말할 것이다. 마음과 정신이 올바른 리더들조차 '사람들이 성장하도록 돕는다'는 개념을 잘못 이해할 때가 많다. 그 이유는 리더들이 가장 중요한 질문을 하지 않아서다. 사람들이 성장하도록 돕는 것이 리더인 당신의 역할이라는 점에 모두가 동의한다. 하지만 당신은 끊임없이 자신에게 물어야 한다. "그들이 '무엇(What)'으로 성장하도록 도울까?"

이 질문에 대한 답이 명확하지 않다면, 그것은 '성장을 돕는다'는 기준이 자의적이기 때문이 아닐까? 당신은 직원들이 되고 싶은 무언가로 성장하도록 도와야지, 당신에게 필요한 사람이나 당신이 바라는 사람으로 성장하도록 도와서는 안 된다.

짐작하겠지만, 내게 커리어에 대한 조언을 구하는 사람이 많다. 나 또한 커리어에 대한 조언을 해주는 것을 좋아한다. 그것은 내 열정이다. 하지만 이 모델을 여러 번 경험한 나는 그들이 커리어 정점에서 이루고자 하는 일이나 비전을 나 자신이 명확히 알기 전에는 양심상 어떤 조언도 할 수 없다는 결론에 도달했다.

커리어 대화는 결국 성장에 관한 것이다. 그리고 성장은 무엇보다

탁월한 리더의 성공 법칙

꿈을 향한 것이어야 한다. 그 여정은 ① 등대로 향하는 길이고 ② (대체로) 앞으로 나아가는 길이다. 당신은 커리어 대화를 통해 팀원들을 진정으로 도울 수 있고, 팀에 투자하는 리더가 될 수 있으며, 일을 더욱 보람차고 즐거운 마음으로 하게 만드는 관리자가 될 수 있다.

물론 당신은 잘하고 있겠지만, 많은 사람이 커리어 대화를 잘못 진행하는 사례로는 크게 네 가지를 꼽을 수 있다.

13장

문제가 많은 현재의 커리어 대화

문제 1: 파이트 클럽 커리어 대화

책과 영화로 나온 〈파이트 클럽(Fight Club)〉을 보면 타일러 더든은 파이트 클럽의 첫 번째 규칙이 파이트 클럽에 대해 이야기하지 않는 것이라고 가르친다. 재미있는 점은 두 번째 규칙도 첫 번째 규칙과 같고, 전체 규칙은 겨우 네 개뿐이다. 다시 말해 파이트 클럽 규칙의 50퍼센트는 파이트 클럽에 대해 이야기하지 않는 것이다. 기밀 유지가 중요해 보이는 조직이므로 이 경우에는 파이트 클럽에 대한 그 어떤 언급도 금지하는 규칙이 효과적이지만 영향력 있는 커리어 대화, 즉 직무와 진로에 대한 이야기를 나누고 싶다면 이래서는 안 된다.

내가 생각하는 커리어 대화의 가장 큰 문제는, 커리어 대화가 없다는 것이다. 이는 파이트 클럽에는 잘된 일이지만 직원의 성장과 발전에는 전혀 그렇지 않다. 커리어 대화가 제대로 이루어지지 않는 것은 항상 누군가의 의도로 일어나는 문제가 아니다. 따라서 나는 그것을 비판하는 게 아니라 단지 사실을 이야기하고 있을 뿐이다.

종종 리더는 자신이 커리어 대화를 해야 한다는 것조차 모른다. 이 대화는 직원들이 무엇에 열정을 가지는지, 그들의 현재 역할을 넘어선 삶에 대해 더 깊이 이해하는 데 목적이 있다. 또 어떤 경우에는 리더가 분기별 목표를 달성해야 한다는 압박에 시달려 그 목표보다 먼 시점의 대화는 관심 밖의 일이 될 수 있다. 내가 몸담았던 거의 모든 회사에서는 관리자들이 어제와 오늘의 일을 처리하고, 운이 좋으면 내일의 일을 준비하느라 불이라도 난 것처럼 뛰어다녔다. 그들은 분기 결산, 제품 출시, 회계 마감, 행사 준비 등에 너무 바쁜 나머지 오늘 하루 업무보다 더 큰 가치를 지닌 대화를 나누는 일을 시간 낭비처럼 여긴다. 커리어 대화는 당연하게 우선순위에서 밀려난다. 하지만 우선순위는 3>2>4라는 것을 명심하길 바란다. 우선순위로 정한 업무가 3개 이상이면 우선순위가 없는 것과 같다. 그런 식으로 시간이 흐른 뒤에는 실제 결과가 드러난다. 몇 분기가 지나는 사이 중요한 인재들이 팀을 떠난다. 그중 일부는 별로 좋지 않은 기회라도 잡으러 다른 회사의 문을 두드릴 것이다.

리더가 깊고 의미 있는 커리어 대화를 나누려고 해도 막상 어떻게 해야 할지 모르는 경우가 많다. 물론 이 주제를 다룬 책도 있지만, 이런 종류의 교육은 직원의 성장과 발전에 깊은 관심을 갖는 일부 훌륭한 기업에서조차 거의 이루어지지 않고 있다. 노골적으로 금지하는 회사도 분명히 있을 것이라 본다. 바로 앞에서 언급한 교육에 초점을 맞춰 보자면, L&D(학습 및 개발) 전문가들이 '우리 방식이 아니면 안 된다'는 태도를 보이며 자신들만의 효과적인 방식이나 우선순위를 선호하는 경우도 있다.

더 심각한 문제는 리더가 수박 겉핥기에 불과한 대화를 하고 있음에도 깊고 의미 있으며 영향력 있는 커리어 대화를 하고 있다고 착각하는 경우가 많다는 것이다. 어떤 리더는 성과 평가를 진행하면서 그것이 커리어 대화라고 생각한다. 성과 평가는 지난 성과를 되돌아보며 최근 성과를 평가하는 데 초점이 맞춰져 있다. 직원의 커리어에 대한 대화는 미래에 초점이 맞춰져야 한다.

성과 평가는 진정한 커리어 대화를 대체하기에 부실할 뿐만 아니라, 성과 평가라는 그 자체의 목적도 충족하지 못할 가능성이 있다는 것이 문제다. 오랫동안 공식적인 성과 검토 프로세스의 선구자로 인정받아 온 제너럴 일렉트릭(GE)조차 이제 이러한 접근 방식을 재평가하는 데 앞장서고 있다. 성과 평가가 개인별 성과 검토에도 적합하지 않은데, 다른 목적에 유용할 리 없지 않겠는가?

성과 평가는 역설적이게도 최신성 편향(Recency bias)과 초두 효과(Primacy effect)라는 두 가지 문제가 동시에 발생해 그 효과가 반감된다. 최신성 편향은 성과 평가 주기가 6개월 또는 12개월로 설정되어 있어도 피드백이 최근 6주 동안에 집중되는 현상을 말한다. 이는 이해할 만한 일이지만, 그 기간 전에 큰 성과를 거뒀다고 생각하는 직원에게는 불공정하게 느껴질 수 있다. 초두 효과는 관리자가 피드백을 나중에 제공하려고 '저장해 두는' 경향을 설명하는 데 사용된다. 가령 11개월 전에 있었던 일에 대한 피드백이 직원에게 딱히 도움이 된다

탁월한 리더의 성공 법칙

고 느껴지지 않지만, 관리자로서 무언가 작성해야 하기 때문에 이런 내용이 포함되는 경우가 있다. 특히 부정적인 피드백이 오래된 일에 대한 것이라면 직원 입장에서는 매우 불공정하게 느껴질 수 있다. 많은 기업이 제너럴 일렉트릭의 뒤를 따라 더욱 빈번하고 지속적인 피드백을 주기 위해 연례 또는 반기별 검토 프로세스를 폐기하고 있다. (참고로 여러 이유로 이 책에서는 다루지 않고 있지만, 나는 반기별 성과 검토 주기를 강력히 지지하는 사람이다. 내가 이 자리에서 성과 검토에 대한 이야기를 길게 하는 이유는 오로지 커리어 대화와 성과 평가가 동일하지 않다는 점을 강조하기 위해서이고, 나는 이 두 가지가 서로 아무런 관련이 없다고 생각한다.)

그래서 나는 커리어 대화에 관한 새로운 첫 번째 규칙을 제안하고자 한다. 그것은 바로 '커리어 대화를 하라'는 것이다. 이것이 가능하려면 관리자를 대상으로 커리어 대화의 중요성과 적절한 프로세스에 대해 교육이 이루어져야 한다.

문제 2: 단기적인 집중과 승진을 향한 집착

커리어 대화가 이루어진다 해도 너무 단기적인 관점에서 행해질 때가 많다. 유명한 경제학자인 존 메이너드 케인스(John Maynard Keynes)는 "장기적으로 보면 우리는 모두 죽는다"고 하면서, 정부는 단기적으로 개입해 문제를 해결해야 한다고 주장했다. 사람들이 장기적인 커리어 비전을 두고 케인스의 논리를 적용하는 것 같다.

하지만 커리어 계획에서는 장기적인 관점을 가장 중요하게 여겨야 한다. 1990년 시트콤 〈사인펠드(Seinfeld)〉에서 제리와 그의 절친한 친구이자 사랑스러운 루저, 조지 코스탄자가 나눈 대화를 보면 커리어 계획의 정수를 엿볼 수 있다.

제리: 네 모든 본능이 틀렸다면, 본능에 반하는 것은 무조건 옳겠지.

조지: 맞아. 그래서 앞으로는 내 본능에 반하는 대로 할 거야. 지금껏 여기 가만히 앉아 아무것도 안 하다가 하루 종일 후회했으니까. 이제는 그 반대로 뭔가를 할 거야!

우리는 단기적인 목표, 특히 다음에 있을 승진에 집중하도록 교육받았지만, 이제 이와 반대로 장기적인 목표에 집중해야 한다. 장기적인 커리어 목표를 세우는 것이 단기적인 목표와 중기적인 목표를 세우는 데도 더 나은 결정을 내리도록 도와주기 때문이다. 나는 임의적으로 시간제한을 두는, "당신의 10년 계획은 무엇입니까?" 같은 질문을 좋아하지 않는다. 나는 우리가 평생이라는 지겨운 시간을 두고 장기적인 커리어 포부를 생각해야 한다고 본다. '10년 계획'은 임의적이고 단기적인 사고를 조장하며, 장기적인 비전에 비해 접근성이 그저 조금 더 나을 뿐이다.

사람들이 커리어에 대해 이야기할 때 현재 직무, 관심을 끌거나 성장의 기회를 제공할 수 있는 새로운 프로젝트, 심지어 다음 직무에 초점을 맞추는 경우가 많다. 이들은 상대적으로 접근하기 쉬운 주제이고 대화할 가치도 충분하다. 하지만 이러한 대화가 장기적인 커리어 목표라는 맥락에서 벗어나거나 (흔히 벌어지는 것처럼) 장기적 커리어 목표를 대신해 진행되지 않도록 주의해야 한다. 관리자로서 당신은 단기적인 목표를 다루는 것도 중요하지만, 커리어 대화에서는 항상 장기적 커리어 비전에 초점을 맞추어 논의해야 한다.

스티븐 코비는 이런 경고를 했다. "몇몇 비효율적인 습관은 임시변통적인 단기적 사고에서 비롯된다." 내가 경험한 과도한 단기적 사고의 한 사례는 승진이 곧 커리어 개발이라고 여기는 사고방식이다. 이것이 얼마나 잘못된 생각인지 설명하자면 지면이 모자랄 판이지만, 승진에 집착하는 회사나 개인에게서 이런 경향을 흔히 볼 수 있다. 커리어라는 긴 여정에서 승진은 실제보다 훨씬 더 무겁게 받아들여진다. 사람들은 승진을 대장간의 모루쯤으로 여기지만 내게는 카나리아의 깃털에 지나지 않는다.

이 책 앞부분에서 내가 트위터에서 SMB 광고 사업 책임자로 근무한 이야기를 했다. 내가 관리했던 고투마켓(시장 진입) 팀 중 하나는 영업 부서로, 이 팀은 광고주들이 트위터 광고를 최대한 효과적으로 활용하면서 더 많은 비용을 우리에게 지불하도록 했다. 훌륭한 팀과 팀원들이었다.

사실 이 팀의 경우 업무가 기초적인 영업이다 보니 업무 경력이 거의 없는 직원들로 구성되어 있었다. 그중 좀 더 경력이 있는 직원도 있었지만 대부분은 트위터가 첫 번째 또는 두 번째 직장인, 잠재력 있고 밝고 활기차고 열심히 일하는 신입이었다. 나이가 어린 직원들이다 보니 영업 활동이 빠르고 공격적일 것이라 기대되었다. 아주 얼토당토않은 기대는 아니었다. 사족으로 덧붙이자면, 내가 불편하게 느끼는 점은 "그 망할 밀레니얼 세대"와 "직장 생활 6개월 만에 부사장되길 바란다"는 그들의 지나친 기대에 베이비붐 세대가 험담하는 풍조였다. 하지만 나는 이렇게 말했다. "이들은 당신들의 직원이고, 삶과 일에 대해 생각하는 방식이 다릅니다. 선택은 당신들의 몫입니다. 이들에게 불평할 수도 있고, 아니면 이들과 협력할 방법을 찾을 수도 있죠. 저는 이들과 손잡고 방법을 찾는 걸 추천합니다. 이들이 곧 모든 걸 주도하게 될 테니까요." 한 인구 집단의 규모로 판별되는 역동적인 경향성을 개인에게 적용해서는 안 된다. 이것이 고정관념이고, 한 세대를 향해 고정관념을 들이미는 것은 소수 집단을 고정관념으로 판단하는 것과 똑같다. 내가 함께 일했던 밀레니얼 세대는 보상에 대한 기대치가 높았다. 나는 그것을 별로 문제 삼지 않았다. 잠시 이야기가 주제에서 벗어났는데, 어쨌거나 밀레니얼에 대한 불평은 좀 그만하길 바란다. (베이비붐 세대, 이해했나?)

어떤 조직에서나 그렇듯 승진은 자신이 그럴만한 자격이 있다고 생각하는 딱 그 시기에 승진하기가 어렵다는 데 문제가 있다. 우리의 젊은 영업 팀에게 나는 아마도 '일하는 아빠', 좀 더 정확하게는 '일하는 할아버지'였을 것이다. 나는 그들을 직접 관리하지 않았고, 심지어 그들의 직속 상사조차 직접 관리하지 않았다. 당시 걷고 말하는 연령대의 자녀를 둔 사람은 사실상 나밖에 없었기 때문에, 본인이 이번 승진에 누락이 된다는 소식을 들으면 그들은 내 사무실에 와서 나와 대화를 나누거나 일대일 미팅을 가졌다. 보통은 대화에 앞서 그 직원들의 직속 관리자가 나를 준비시켜 주었다. 나는 직원들과 승진 결정과 승진, 성과 보정 프로세스 등에 대해 편히 이야기를 나누었다. 이러한 대화가 서로에게 유용하고 유익했지만, 가장 흥미로운 것은 '사전 대

탁월한 리더의 성공 법칙

화 설정'이었다. 이를테면 어떤 주제든 대화에 앞서 내가 받은 사전 준비 자료(캘린더 초대, 상황 파악을 위한 이메일, 사전 조율을 위한 복도에서의 짧은 대화)에는 거의 항상 "제 커리어에 대해 상의를 드리고 싶어요" 같은 내용이 들어 있었다.

"아뇨. 당신은 승진에 관해 상의하고 싶은 거죠."

"잠깐만요…. 그게 승진과 뭐가 다른가요?"

승진은 최고의 경우라면 (정말 최상이라면) 개인의 점진적 성장을 의미하고, 새로운 도전과 책임이 따르고 새로운 사고를 요하는 범위가 늘어난다는 뜻이다. 좋은 일이다! 새로운 도전을 좋아하지 않는 사람이 어디 있을까? 성장! 학습! 발전! 모두 다 좋다. 여기에 더해 승진은 업무를 지속적으로 잘 해냈다고 공식적으로 인정을 받는 것이다. 회사가 "감사하다"고 말하는 공식적인 수단이 많지 않은데, 그중 승진은 가장 의미 있는 수단 중 하나다. 또한 승진은 가족과 친구들에게 자랑도 할 수 있다. 내가 구글에서 경험한 두 차례 승진은 굉장히 의미 있었다. 나는 승진의 의미를 아주 조금이라도 폄하할 생각이 없다. 2007년 이사로 승진했을 때 아내가 리무진을 빌려 아버지, 여동생, 아들, 친구 몇 명을 태워 회사로 나를 데리러 왔고, 이후 내가 좋아하는 스시 레스토랑으로 갔다. 해병대에서는 항상 진급에 큰 의미를 두었는데, 사실 군에서 진급은 복무 기간을 의미하는 것이지 따로 특별한 가치가 있는 것은 아니었다.

하지만 승진할 때의 그 기분은 다른 수많은 감정과 마찬가지로 대개 일시적이다. 약 일주일간 들뜬 기분에 휩싸이고 나서는 다시 평소처럼 일상으로 돌아가 미래가 어떻게 될지, 무엇을 해야 하는지, 어떻게 목표에 도달해야 할지 여전히 고민한다.

최악의 경우 승진은 아무것도 의미하지 않는다. 명목상 직책만 바뀔 뿐 다른 것은 거의 변하지 않는다. 때로는 승진이 이미 어떤 일을 해 왔다는 사실을 공식적으로 인정하는 것일 때도 있다. 내가 일했던 대부분의 회사에서는 승진하기 위해서는 다음 단계의 업무를 6개월 이상 잘 수행하고 있어야 한다고들 했다.

일반적으로 승진은 급여 인상, 직책 변경, 링크드인이나 이력서의 업데이트 등을 제공하지만 그 외의 공식적인 인정의 의미는 결여되어 있다. 물론 여러 가지 이유로 위에 언급한 요소들이 중요하다는 것은 이해한다. 하지만 진정한 커리어 성장은 장기적 커리어 목표라는 맥락에서 의도적인 역량 확대와 기술 개발을 통해 이루어지는 것이고, 이 과정에서 승진은 딱히 필요하지는 않다.

커리어 대화를 통해 미래를 더욱 잘 파악하고 확실하게 대처할 수 있도록 해야 한다. 승진 그 자체는 미래에 대한 깊고 의미 있는 공동의 이해를 기반으로 하지 않는다.

문제 3: 체크 인 박스 사고방식

한 가지 이야기를 들려주겠다. 어쩌면 들어 봤을 수도 있다. 제목은 "우스꽝스러운 IDP"이다. IDP는 개인개발계획(Individual Development Plan)이다. 직원들을 아끼고, 직원들의 커리어를 응원하며, 직원들이 커리어에 대한 생각을 개선할 수 있도록 무척 애를 쓰는 나에게 IDP

탁월한 리더의 성공 법칙

는 타노스나 렉스 루터 같은 존재다. 또는 닥터 옥토퍼스와 베놈의 자식이라 할 수 있다(타노스, 렉스 루터, 닥터 옥토퍼스, 베놈 등은 미국 코믹스에 등장하는 빌런이다-옮긴이). 만약 당신이 나처럼 슈퍼히어로를 좋아하지 않는다면 이렇게 말하겠다. "IDP는 나의 최대 숙적이다."

당신은 이렇게 말할 것이다. "하지만 러스, 여기에 '개발'이란 단어가 들어가 있잖아요!"

"맞아요. 하지만 캣거트(catgut, 문자 그대로 풀이하면 '고양이 내장'으로 현악기의 현을 만드는 데 쓰는 '장선'을 뜻한다-옮긴이)는 양의 창자로 만들고, 헤드치즈(head cheese, 머릿고기 비슷한 가공식품-옮긴이)는 식육가공품이고, 뿔두꺼비(Horned toad)는 도마뱀이고, 벨벳개미(velvet ant)는 말벌이죠."

"음…."

"이름이 무슨 의미가 있나요?(What's in a name?, 셰익스피어의《로미오와 줄리엣》에 나오는 유명한 대사이기도 하다-옮긴이)"

자, 이제 재미있는 이야기 시간이다.

옛날 옛적에 XYZ주식회사의 CWO(문서관리최고책임자)가 직원 참여 설문조사를 살펴보기 위해 부사장들을 모았다. 직원 참여 설문조사에서 흔하게 등장하는 질문은 이것이다. '다음 문장에 얼마나 동의하는가? 나는 XYZ 회사를 떠나는 것을 진지하게 고려하고 있다.' 그런데 슬라이드에 등장한 퇴사를 심각하게 고려한다는 현 직원들의 비율이 대단히 우려스러운 수준이었다. XYZ에는 훌륭한 분석가들이 커리어 데이터를 수집하고 있었고, 직원들이 회사를 떠나고 싶은 이유는 '개발'과 '커리어' 때문이라는 것이 분명했다.

부사장들의 시선이 이리저리 회의실 안을 헤매다가 마침내 영화

시사회에서 100개의 스포트라이트가 한데 모이듯 HR(인사팀) 리더에게 집중되었다. 그는 성장과 개발에 열정을 갖고 있던 터라, "우리 모두 IDP를 해야 할 것 같습니다"라고 외쳤다.

사람들의 머릿속에 'IDP'가 울려 퍼지자 회의실에서는 귀가 먹먹해질 정도의 정적이 내려앉았다. 한 부사장의 이마에는 주름이 펴졌다. 다른 부사장의 눈썹은 희망으로 꿈틀거렸다. 또 다른 부사장은 눈을 크게 떴다. 몇몇은 의자에서 자세를 바로 했다.

"좋은 생각입니다! IDP! 디렉터들을 모아 이 기쁜 소식을 나눕시다!" 부사장들이 한목소리로 외쳤다.

HR 리더를 제외한 다른 모든 사람은 손에 손을 잡고 폴짝거리며 노란색 벽돌의 복도로 곧장 사라졌다. 하지만 여전히 자리에 앉아 팔짱을 낀 채 만족스러운 표정을 짓고 있던 HR 리더는 조용히 고개를 끄덕였다. "IDP였군, 됐어! 문제가 해결됐어."

부사장들은 회사 곳곳에 흩어져 있는 디렉터들을 소집했다. 라다 부사장이 말했다. "조직의 모든 사람이 IDP를 수행해야 합니다."

"네, 부사장님. 언제까지입니까?" 디렉터 줄리아나가 물었다.

"다음 주 금요일이요." 라다 부사장이 답했다.

디렉터 줄리아나는 곧바로 직원 회의를 열어 안건을 전달했다. "조직의 모든 직원이 IDP를 완수해야 합니다." 그녀가 공표했다.

관리자들이 몇 가지 질문을 했지만, 대체로 동의하는 분위기였다. 오마르 매니저는 "언제까지 이 작업을 완료해야 합니까?" 하며 물었다.

"다음 주 수요일이요." 혹시나 싶은 마음에 디렉터 줄리아나가 일정을 조금 당겨 말했다.

"알겠습니다." 오마르 매니저가 답했다. 오마르 매니저는 서둘러 팀으로 돌아갔다.

"팀원들 모두 모여 주세요!" 그가 흥분한 목소리로 외쳤다. 팀원들은 천천히 헤드폰을 벗고, 신발을 신고, NBA 라이브 스트리밍을 일시 정지한 후 오마르 매니저 주위로 모였다. 오마르 매니저가 말했다. "우리, IDP를 완수해야 해."

"괜찮은 생각이네요, 오마르 매니저님." 팀원인 로드리고가 진심은 아니었지만 분위기를 맞춰 주었다. "언제까지요?"

"월요일이요." 오마르 매니저는 혹시 모를 상황을 대비해 이렇게 말했다. 그러자 '누가 먼저 끝낼 것인가'라는 무언의 경쟁이 벌어졌고, 다들 각자의 조직을 먼저 결승선에 통과시키려고 노력했다.

"알겠습니다." 로드리고가 동의했다. 나머지 팀원들은 로드리고의 주도하에 주말 동안 IDP를 끝내기로 약속했다. 금요일 밤에 외출한 로드리고는 스물다섯 살의 패기로 처음으로 커다란 맥주 통의 맥주를 단숨에 들이켰다. 그는 토요일 아침에 피곤한 눈을 비비며 IDP 작업을 시작해 일요일 저녁에 마쳤다. 로드리고는 매우 꼼꼼한 성격이었기 때문에 시트의 모든 칸을 성실하게 채웠다. 어느 하나 빠진 곳은 없는지 세심하게 확인했다. 너무도 철저한 그는 오히려 지나칠 정도인 과잉성취자였다. 로드리고가 작성한 IDP의 '커리어 목표'에는 '팀장이 되고 싶다', 개발 분야에는 '여기에 너무 얽매이면 안 된다' 등 지극히 평범한 답변이 적혀 있었다. 월요일이 되었다. 로드리고는 사람들에게 이렇게 말했다. "우리 팀 전원이 IDP를 완성했습니다." 그렇게 취합된 IDP는 상부로 올라갔다.

오마르 매니저는 디렉터 줄리아나에게 엄지를 치켜세웠다. 줄리아나는 라다 부사장에게 엄지를 세워 보였고, 라다 부사장은 돌아서서 CWO에게 엄지를 또 보여주었다. 전원이 예정보다 일찍 IDP 작성을 완수했다. "우와!" HR 리더는 만족스러워했다. "드디어 인사 책임자에서 최고 인사 책임자가 되겠네." XYZ 회사는 IDP 100퍼센트를 달성했다. 성공이었다.

다만 상급자 중 그 누구도 IDP에 어떤 내용이 담겨 있는지 전혀 몰랐다. 더 큰 문제는 아무도 그 IDP를 읽는 사람이 없었고, 누구도 다시는 IDP를 들여다보지 않았다는 것이다. 맡은 임무에 최선을 다하려 애를 썼던 로드리고조차 말이다. 성공이 아니라 실패였다.

6개월 후, 직원들이 고급스러운 회의실에 모두 모여 다시 직원 참여 점수를 검토했다. '이직 의향'이 높아졌고, 직원 경험을 분석한 결과 학습 및 개발이 직원들의 이직 의사의 원인으로 꼽혔다. 직원과 관리자들 모두 대체로 박스에 체크 표시를 하고 몇 가지 양식을 채우는 데 그쳤기에 아무것도 변하지 않았다. 이 이야기는 눈물이 날 정도로 슬프다.

지금 읽은 이 이야기는 가상이지만, 이와 비슷한 경험을 한 적이 있다. 4부 초반에 구글이 퇴사하는 직원들이 회사의 단점으로 꼽는 모든 문제를 고치기 위해 교육 프로그램에 엄청난 돈을 쏟아부었다는 이야기를 했다. 이 가상의 이야기와 구글 사례의 공통점은 필요한 결과를 얻지 못할 일에 많은 시간과 돈을 낭비할 수 있다는 것이다. 가시성은 높지만 성과는 낮은 활동은 대체로 기업을 좀먹는 질병이다. 이러한 악순환을 끊어 내야 한다.

문제 4: 커리어 프로거

우리는 많은 일을 계획한다. 연말 야구 파티, 선생님을 위한 학년 말 선물, 가족 모임, 식단 짜기, 인생에 한 번뿐인 성대한 결혼, 주말 여행과 휴가를 계획한다. 이런 계획은 즐겁다. 하지만 이 모든 계획에도 불구하고 우리가 깨어 있는 대부분의 시간을 들이는 일인 '커리어'에는 놀라울 정도로 체계와 계획이 없다.

때로 우리가 정확한 방법을 몰라 계획을 세우지 못할 때도 있다. "커서 뭐가 되고 싶은지 모르겠어"라는 좋은 핑계를 대기도 한다. 나는 이 말이 변명이 될 수 없다고 생각한다. 누구나 꿈은 있기 마련이기 때문이다.

우리가 커리어에 집중한다 해도 진정한 의도와 논리, 근거와 분석적 사고도 없이 할 때가 많은데, 그 이유는 세상이 우리가 분석적 사고를 하는 데 도움이 되는, 절반이라도 제대로 된 분석적 프레임워크를 제공한 적이 없기 때문이다! 이로 인해 프로거(Frogger, 1980년대 게임으로 총 다섯 마리의 개구리가 거북, 통나무, 악어 등이 떠다니는 강물과 차가 가득한 도로를 건너 집을 찾아가야 한다-옮긴이) 접근법을 취할 때가 있다. 프로거(개구리)는 비어 있는 곳이 보일 때마다 그리로 급히 폴짝 뛰고, 차를 피하고, 달려오는 트럭을 피한다. 그러는 사이 타이머가 작동해 불안감과 긴박감이 조성되기도 한다. 잠깐 여유가 생기면 좀 더 전략적으로 앞을 내다보지만, 이내 현재의 상황으로 다시 돌아와 다음 점핑을 준비한다. 그러고는 다시 비어 있는 곳으로 뛰어간다. 어딘가에 악어들이 있지만, 그건 악어와 가까워졌을 때 생각하면 된다. 현 상황만 평가한다.

내가 지금 어디에 있고, 다음 빈 곳은 어디인가? 다시 평가한다. 내가 지금 어디 있고, 다음 빈 곳은 어디가 될까? 이를 반복한다. 나는 지금 어디 있고, 다음 빈 곳은 어디가 될까?

이른바 계획이라는 것들은 대체로 개인의 과거를 돌아보거나 미래를 예측하는 데 그 뿌리를 두고 있지 않다. 프로거에서는 길 건너편으로 가야 하고, 이내 닭들도 길을 건너 그곳으로 모인다. 이것이 우리의 모습인가? 개구리닭? 건너간 길은 좀 전에 있던 길과 똑같이 생겼고, 또 다음 단계에서 건너야 할 길도 지금 있는 곳과 똑같이 생겼다.

이 모든 이야기를 고려하면 관리자와 직원이 자신의 커리어를 위해 지금 당장 해야 할 일에 대한 적절한 결론에 도달할 수 있다.

훗날 대령이 된 스티브 러슨(Steve Luhrsen) 병장은 1990년대 해병대 ROTC 부대의 사격팀 주장이었다. 그는 사람들과 어울리며 얻은 지혜와 총명함을 모두 겸비한, 대단히 현명한 사람이었다. 한번은 친구인 마이크 모란(Mike Moran)과 내가 맥주 파티에 가던 중 사우스캐롤라이나주 콜롬비아의 시내에서 총을 든 강도를 맞닥뜨린 적이 있었다. 그 이야기를 파티 자리에서 하자 파티 주최자들이 친절하게도 우리에게는 공짜 술을 제공했다.

며칠 후, 러슨 병장을 포함한 몇 명에게 그 이야기를 들려주었다. 사건 당시 무장 강도는 취해 있었는데, 그 이야기를 듣던 고참 여러 명이 우리를 조롱하기 시작했다. 고참은 술에 취해 서 있지도 못하고 말도 못하는 사람 흉내를 내면서 막대기를 총처럼 겨누고는 우리 지갑을 빼앗아 갔다. 아무런 잘못을 저지르지 않은 우리는 너무도 당황스러웠다. 고참이 막대기로 가슴께를 자꾸 찔러 대는 통에 나는 기분

탁월한 리더의 성공 법칙

이 무척 안 좋아졌다. "25구경 레이븐 권총이었어요." 마이크는 BB탄 만 한 총알의 총기라 위협이 그리 크지 않았던 상황을 순순히 인정했다. 치아로 날아오는 총알도 잡아 씹어 삼키며 '훌륭한 철분 공급원'이라고 말하고도 남을 러슨 병장은 이렇게 말했다. "그래. 작은 25구경 레이븐이면 너희를 죽이고도 남는다고." 그가 말하고 싶은 요점은 바로 그것이었다. 우리의 지갑, 특히 마이크의 벨크로 지갑은 목숨을 걸 만한 가치가 없다는 것이었다.

러슨 병장의 지혜는 굉장히 훌륭한 책 한 권은 충분히 만들어 낼 수 있을 정도였다. 특히나 CAP(커리어 실행 계획) 과정과 관련해 그는 빛나는 조언을 해주었다. 한번은 굉장히 복잡한 훈련을 하고 있을 때 러슨 병장이 다가와 "래러웨이, 계획이 뭐야?"라고 물었다.

당황한 나는 되물었다. "무슨 말씀이십니까?"

"네 계획이 뭐냐고?" 그는 '계획'이란 단어를 강조하면 마법처럼 내가 이해할 수 있을 것이라는 듯이 말했다.

"딱히 없습니다." 나는 대답하면서도 잘못된 대답인 줄 알았다.

"별로군. 모든 일에서 말이야, 래러웨이, 계획이 있어야 해. 나를 봐. 나는 항상 계획이 있거든. 내 계획은 거의 항상 망하지만, 그래도 최소한 계획은 있다고."

그의 말은 계획이란 고정적이지 않다는 뜻이었다. 우리가 계획을 세울 때, 비석을 주문하고 그 비석에 계획을 새겨 미래의 묘지에 세우는 사람은 아무도 없다. 러슨 병장은 계획이란 틀어질 수도 있는 도약판에 불과하다는 것을 강조했다. 능동적으로 사느냐, 수동적으로 사느냐는 계획에 달려 있다. 헤비급 세계 챔피언을 지낸 권투 선수 마이크 타이슨(Mike Tyson)의 유명한 말도 있다. "누구나 계획이 있다. 한 대 맞기 전까지는." 물론 당신의 계획이 결과적으로는 엉망이 될 수도 있다. 그래도 괜찮다. 계획을 바꾸면 된다. 하지만 러슨 병장이 재치 있게 알려 주었듯이 계획이 없어서는 안 된다. 계획이 없을 때면 특별한 목적도 없이 차들을 피해 이 공간에서 저 공간으로 옮겨 다니는 프로거처럼 정처 없이 떠돌게 된다.

우리는 더 잘할 수 있다: 미 해병대 그리고 지휘관의 의도

해병대의 지혜를 조금 더 소개하고자 한다. 미 육군, 그리고 특히 미 해병대가 강한 이유 중 하나는 현장과 가장 가까이 있는 최하급자에게까지 의사 결정 권한을 위임하는 체계가 잡혀 있기 때문이다. 보통 스무 살 남짓의 상병인 화력조 리더는 해병대원 세 명을 책임지는데, 이 리더는 생과 사를 가르는 작전 결정을 본인과 본인의 대원들을 향해 총을 쏘는 적군들보다 빠르게 내리는 법을 훈련받는다. 제2차 세계대전 당시 독일 기갑사단 사령관이었던 에르빈 롬멜(Erwin Rommel)이 미군 하사관에게 패했는데, 이는 아돌프 히틀러(Adolf Hitler)가 결혼식에 참석하느라 롬멜의 결정을 승인하지 못했기 때문이라는 유명한 일화가 있다.

전장은 대단히 혼란스럽기 때문에 민첩함이 정말 중요하다. 해병대에서는 이러한 혼란한 상황을 두고 '전장의 안개(The Fog of War)'라고 한다. 이 안개는 폭발로 인한 연기, 차량 배기가스, 흙먼지, 모래 폭

탁월한 리더의 성공 법칙

풍 등으로 전장에서 발생하는 안개 현상을 뜻할 뿐만 아니라 고장 난 무기, 탄약 분실, 오작동하는 무전기, 발목 부상, 그리고 뇌를 뒤흔드는 소음 속에서 복잡한 명령을 외쳐야 하는 상황 등을 비유적으로 가리키는 말이기도 하다. 전장의 안개는 한마디로 모호함과 혼돈 그 자체다. 스무 살 상병도 생사가 걸린 혼란하고 위태로운 환경에서 무엇을 해야 하는지 파악할 수 있도록 해병대가 수행하는 모든 작전은 상황(Situation), 임무(Mission), 실행(Execution), 관리·보급(Administration & Logistics), 지휘·통신(Command & Signal), 즉 SMEAC 5개로 나뉜 작전 명령에 따라 펼쳐진다. 각각의 명령은 팀이 해야 할 일과 주변 팀이 해야 할 일을 명확하게 나타낸다. 문제는 19세기 프로이센군의 장군이자 군사 전략가인 헬무트 폰 몰트케(Helmuth von Moltke)의 말처럼 "어떤 작전 계획도 적과의 첫 접촉에서 무너진다"는 것이다.

여러분은 이와 비슷한 말을 분명 들어 본 적이 있을 것이다. 러슨 병장과 마이크 타이슨이 계획에 대해 뭐라고 말했는지는 알고 있다. 어떤 이들은 여기에 머피의 법칙을 언급한다. "잘못될 가능성이 있는 일은 잘못될 것이다"라고 말이다. 애자일 소프트웨어 개발 기업들은 세상이 자신들의 계획을 방해할 때마다 계획을 수정한다. 심지어 스코틀랜드의 음유시인 로버트 번스(Robert Burns)조차 "생쥐와 인간이 아무리 계획을 잘 짜도 일은 제멋대로 어그러지네"라고 말했다. 가장 신중하게 세운 계획조차 현실의 혹독함을 견디지 못하고 흔들린다는 생각은 전쟁, 스포츠, 심지어 제품 배송 등 다양한 분야에서 널리 인정되고 받아들여지고 있다. 그렇다면 모든 계획이 잘못될 경우 전장의 해병들은 무엇을 해야 하는지 어떻게 알 수 있을까? 바로 지휘관의 의도다. SMEAC 작전 명령의 필수 요소인 지휘관의 의도는 전장의 최종 상황 또는 모든 명령이 이루어졌을 때 지휘관이 보고자 하는 미래의 상황을 담은 간결한 진술이다. 인간성을 시험당하는 혼란 속에서 막중한 책임을 져야 하는 젊은 해병대원들은 계획이 무용지물이 되어도 최종 상황이 어떤 그림인지 알고 있기에 그 즉시 결단을 내려 승리하는 행동을 취할 수가 있다.

내가 SMEAC 작전 명령 밖에서 지휘관의 의도를 활용하는 것을 처음으로 생각해 낸 사람은 아니다. 2010년 〈하버드 비즈니스 리뷰〉에 "지휘관의 의도로 불확실성을 관리한다(Manage Uncertainty with Commander's Intent)"라는 제목의 글이 실렸다. 커리어에는 불확실성이 매우 많이 존재한다. 물론 불확실성은 예전보다 지금 더 많이 존재하지만, 그렇다고 해서 이를 핑계로 아무것도 안 할 수는 없다. 지휘관의 의도로 불확실성을 관리해야 한다.

우리가 나아가야 할 방향, 즉 미래에 대한 명확한 비전이 있으면 현재 적절한 행동을 취할 수 있다.

장기 비전과 18개월 계획

"커리어를 생각할 때는 장기 비전과 18개월의 계획이 있어야 합니다." 앞서 잠깐 소개한 이 말을 기억하는가? 십몇 년 전, 구글에서 함께 근무하던 셰릴 샌드버그가 해준 말이다.

그녀는 커리어 측면에서 사람들이 흔히 저지르는 몇 가지 실수를

탁월한 리더의 성공 법칙

언급하며 저 말을 했다. 몇 가지 실수란 계획을 세우지 않거나(문제 4: 커리어 프로거 참고) 모든 계획을 세우려고 하는 것이다. 시인 로버트 번스의 말처럼 고심해 세운 계획이 "제멋대로 어그러진" 사례가 얼마나 많은지 우리는 잘 알고 있다. 셰릴에게서도 그런 일이 일어났다. 그녀는 커리어의 모든 단계 하나하나를 세밀하게 계획했다. 그러나 결국 그녀는 이렇게 인정했다. "젊은 시절에 세운 '그' 계획을 그대로 따랐다면, 나는 구글에서의 '이' 기회를 절대로 잡지 못했을 거예요."

당신이 선호하는 이야기가 해병대이든, 〈하버드 비즈니스 리뷰〉이든, 대단한 성과를 거둔 실리콘밸리의 중역이든 핵심은 모두 같다. 장기 비전을 명확히 이해하면 지금 당장 적절한 조치를 취할 수 있다는 것이다.

프로세스의 개요

커리어 대화는 3단계로 진행되며, 이 과정에서 당신과 직원이 계획에 합의하게 된다. 이러한 대화는 3주 정도의 시간 안에 이루어져야 한다(하지만 더 길어지는 경우가 흔하며, 그렇게 되어도 문제 될 것은 없다). 프로세스의 각 부분을 자세히 설명할 예정이지만, 여기서는 간략한 개요만 소개한다.

- **인생 이야기-과거에서 시작한다.** 첫 번째 대화에서는 직원의 동기와 가치관, 직원을 움직이는 원동력을 이해하려고 노력해야 한다. 운동,

취미, 전공, 일 등의 선택이라는 주요 전환점과 변화의 계기에 초점을 맞추는 것이다. 그들이 왜 그런 선택을 했는가? 전환을 통해 그들이 일에서 무엇을 좋아하고 싫어하는지 파악할 수 있는가? 그것들은 한 인간을 지금의 순간에 이르게 한 '배경'이다.

- **꿈-미래의 꿈에 대한 대화를 나눈다.** 두 번째 대화에서는 상대가 커리어의 정점에서 서고 싶어 하는 곳이 어딘지 알아낼 수 있는 질문을 해야 한다. 젊은 직원들 중에는 나중에 자신이 무엇을 하고 싶은지 정확히 알 수 없다며 회의적인 반응을 보이는 사람도 있다. 또 다른 사람들은 커리어 초기에 하나의 비전에 집중하기에는 너무 이르다며 걱정하기도 한다. 그러나 이러한 걱정을 변명이나 핑계로 삼지 않도록 하라. 이 단계에서는 모든 것이 수정 가능한데, 이러한 우려를 극복하는 방법에 대해서도 다룰 예정이다.

- **커리어 실행 계획-현재를 계획한다.** 과거와 미래에 대한 확고한 이해를 바탕으로, 이제 우리는 명확하고 신중한 실행 계획을 세울 수 있다. 관리자나 직원이 실행 계획을 '주도'하는 경우가 많지만, 때로는 다른 사람들도 이 과정에 참여할 수 있다. 누가 언제까지 무엇을 할 것인지 구체적으로 정하지 않는다면 계획은 실현되기 어렵다. 우리가 걸어온 길이 보이고 저 멀리 등대가 보인다면, 이제 초목에 마체테를 휘둘러 과거와 미래를 잇는 새로운 길을 만들어야 한다.

과거와 미래를 이해한 후에는 지금 당장 무엇을 해야 하는지 알 수 있다.

14장

대화 1:
인생 이야기와 사람을 움직이는 힘

가치 불일치, 문화 불일치

2012년 구글을 퇴사한 나는 40명 규모의 스타트업인 프리머니 (FreeMonee)에 입사했다. 회사 이름을 보고 웃어도 된다. 다들 그랬다. 프리머니는 이제 존재하지 않지만, 좋은 아이디어를 바탕으로 설립된 기업이었다는 사실은 영원할 것이다. 기업의 아이디어는 다음과 같았다. 쿠폰의 주요 목적은 추가적인 고객 방문을 유도하는 것이며, 이상적으로는 고객이 원래 의도했던 것보다 더 많이 소비하게 만드는 것이다. 하지만 미국의 쿠폰 사용률은 0.1퍼센트 이하로 매우 낮다. 디지털 쿠폰은 0.5퍼센트에서 2퍼센트까지의 사용률을 보이지만, 고객의 방문을 이끌어 내는 기프트 카드에 비교한다면 상당히 낮은 수치다.

기프트 카드의 사용률은 80퍼센트에서 98퍼센트에 이른다. 나처럼 당신도 기프트 카드를 쓰지 않는 20퍼센트가 도대체 어떤 사람들인지 궁금할 것이다. 공짜 돈을 버리는 것이나 다름없다! 어, 잠깐. 잠깐만. 이게 무슨 말인가요?

Free… money…? (공짜… 돈…?)

Free money (프리 머니)

Freemoney (프리머니)

FreeMoney (프리머니)

FreeMonee! (프리머니!)

이제야 말이 된다. 아직도 회사명이 억지스럽다고 생각할 수 있지만, 사업이 어떤 식으로 진행되었는지 이제부터 이야기를 들려주겠다. 처음에 회사는 신용카드 파트너를 모집하는 것부터 시작했는데, 가장 먼저 해야 할 일이 신용카드 사용량을 대규모로 분석하는 것이었기 때문이다. 가령, 특정 카드 소지자들이 타깃(Target)이라는 매장을 1년에 평균 18회 방문한다는 것을 알아내는 식이다. 이 고객들이 1년에 매장을 한두 번 더 방문하도록 유도하는 것이 타깃 측에는 매우 중요하다. 특히나 어설픈 쿠폰보다는 기프트 카드가 추가 방문을 유도할 가능성이 훨씬 높기 때문에 고객에게 기프트 카드를 제공하는 것이 한 방법이 될 수 있다.

그다음으로는 상품을 판매해야 하는 대상인 마케팅 파트너가 있었다. 지금 사례에서 마케팅 파트너는 타깃이다. 타깃에게 자체 분석을

탁월한 리더의 성공 법칙

통해 충성 고객에게 15달러를 제공하면 그 충성 고객이 매장을 더 많이 방문할 뿐 아니라, 타깃에 15달러 이상의 수익을 보장하는 지출을 할 것이라고 말할 수 있다. 또한 이러한 분석을 통해 적절한 시기, 적절한 소비자에게 적절한 금액을 제안할 수도 있다. 이것이 당시 우리의 아이디어였지만 기술력은 좋지 못했다.

하지만 여기에 마법이 숨어 있다. 타깃 기프트 카드는 실물 기프트 카드가 아니다. 신용카드 명세서에 표시되는 형태였다. 따라서 이 사례에서라면 15달러의 타깃 기프트 카드가 제공되었다는 알림이 고객에게 간다. 이후 타깃에서 15달러를 지출하면 해당 금액이 신용카드 명세서에서 자동으로 차감되는 방식이었다. 상당히 복잡한 모델이라 결국 회사의 취약점으로 작용했지만, 사업 모델의 핵심을 생각하면 뿌듯해지는 기분이다. 또한 CEO는 상당한 규모의 엑시트(Exit, 매각·상장·인수합병·기업청산 등을 통한 투자금과 투자 이익의 회수-옮긴이)를 성공적으로 이끈 경험이 풍부한 사람이었다. 그의 공식 프로필에는 '일곱 번의 성공적인 엑시트로 수십억 달러의 가치를 창출했다'는 내용이 실렸다. 사실이었다. 그는 주주들을 멋진 엑시트로 이끄는 데 대단히 능한 사람이었다. 당시 내 가장 중요한 커리어 비전이 CEO였기에 배울 점이 많은 사람이라고 생각했다.

이 회사에 입사하기 전, 나는 구글에서 7년을 근무했다. 구글에서 행복한 시간을 보냈고, 회사에서는 내가 계속 머물기를 바라는 마음에 투자도 많이 해주었다. 하지만 그곳에서 내가 걸어온 길을 돌아보니 정점을 찍은 것 같은 기분이었다. 회사는 너무도 좋은 곳이었고 그곳에서 일한다는 것이 자랑스러웠지만, 일이 너무 쉬워진다는 생각도 들기 시작했다.

실로 구글에선 멋진 일을 했다. '인더스트리 디렉터(Industry Director)'
라는 높은 직책으로 마이크로소프트, 오라클(Oracle), 시트릭스(Citrix),
IBM, 시만텍(Symantec), 어도비(Adobe) 등 수백 곳을 관리하고 7억 달러
이상의 매출을 기록하는 팀을 이끌었다. 내가 그 팀을 맡기 전에는 팀
이 목표를 달성하지 못하고 전년 대비 마이너스 성장을 기록하는 등
실패를 거듭하고 있었다.

지금껏 한 번도 목표 할당량이라는 것이 주어지지 않았던 내게 구
글 영업 리더십 팀이 그 일을 제안해 처음에는 이상하다고 생각했다.
하지만 내가 그 일을 결국 수락한 것은 영업 조직의 규모가 커질수록
영업에서 중요한 것은 판매 기술이 아니라 '과학적 접근'이라는 사실
을 깨달았기 때문이다. 고위 직급에서는 고객 미팅에서의 현란한 말
솜씨보다 팀을 운영하며 경험하는 난관과 문제를 해결할 줄 아는 기
술이 더욱 유용하다. 영업 리더십 팀은 세일즈 출신이 아닌 사람들이
이 역할을 잘 해내는 것을 보고 패턴 매칭을 통해 내가 해당 직무를
해낼 수 있다고 결론을 내린 것이었다. 내 상사가 된 존 맥아티어(John
McAteer)가 내게 기회를 주었고, 당시의 결정에 나보다 더 놀란 사람은
없었다.

그로부터 겨우 9개월 만에 우리는 할당량을 초과 달성하고 전년 대
비 두 자릿수 성장률을 기록했다. 내 손으로 내 등을 두드려 주려고
팔에 힘을 주는 순간, 너무 쉽다는 생각이 들었다. 그러다 깨달았다.

구글은 계속해서 돌아가는 기계였다. 물론 내가 구글에 기름칠을
할 수는 있겠지만, 회사에 중요한 존재라는 느낌을 받기는 어려울 것

같았다. 고위 경영진은 내가 일을 잘 운영하고 직원들을 잘 돌볼 것이라 믿고 있었다. 하지만 영원히 돌아가는 수익 기계에게 나는 전혀 중요하지 않은 존재였다. 나는 좌우와 위를 살펴봤다. 내 다음 직책이 될 '섹터 리더(Sector Leader)'는 진짜 직책 같지 않았다. 그 위의 진짜 직책인 미주 지역 영업책임자가 나 같은 인더스트리 디렉터 스무 명의 보고를 일일이 받을 수 없기에 행정적으로 만들어진 직책이었다. 그때까지 구글에서 내가 맡았던 모든 직책은 감당할 수 있는 것보다 더 큰 도전 과제를 안겼다. 나는 도전으로 더욱 성장하는 사람이었다. 내 커리어 전체가 좋은 사람들과 함께 어려운 문제를 해결하는 것으로 채워져 있었다. 하지만 이제 나는 합리적인 기한 내에 내 한계를 시험하는 과제를 조직이 줄 수 없는 위치에 이른 것이다.

그래서 나는 고개를 꼿꼿이 하고 아주 잘못된 선택을 했다. 첫 번째 실수는 헤드헌터의 전화를 받은 것이었다. 헤드헌터에게 제안을 받으면 기분은 좋지만, 다음 단계를 계획하는 때라면 수동적인 접근법에 휘말리게 된다. 선제적으로 자신의 다음 역할이 무엇이 되어야 하는지 밝히고 적극 추구하는 편이 낫다.

가장 당황스러운 일은 내가 프리머니의 문화를 이해하는 데 실패했다는 것이었다. 더구나 나는 회사 문화라면 전문가였으니 말이다. 한 가지 예를 들자면, CEO에게서 내 옷차림이 마음에 들지 않는다는 지적을 받은 적이 있다. 이곳은 영업 성공의 비결이 드라이클리닝을 한 셔츠와 양모 바지, 반짝이는 구두라고 생각하는 전직 오라클 직원들로 가득 찬 회사였다. "이곳에는 청바지 영업 문화는 없을 겁니다." CEO는 그렇게 말했다. 반면 내 전 직장은 상당히 성공적인 기업이었고, 핵심 가치 중 하나로 웹사이트에 이런 글귀를 게시했던 곳이었다.
"정장을 입지 않아도 진지할 수 있습니다."

더 심각한 문제는 리더십 팀이 (거의 대부분) 실수로 우리의 파트너들을 잘못된 길로 이끌고 있었다는 것이다. 어느 날, 사무실 앞을 지나다가 리더 두 명이 지속 불가능한 현금 지출에 대해 이야기를 나누는 소리를 들었다. 나도 대화에 참여했다. "좋은 소식은 저희가 좀 전에 3,000만 달러를 투자받았다는 건데, 그럼 괜찮은 거죠?" 내가 물었다. 리더 한 명은 이렇게 말했다. "글쎄요. 우리는 많은 보조금을 지급하고 있어요. 파트너를 대신해 시장에 많은 혜택을 제공하는데, 그 돈이 상당히 들거든요."

"그렇군요. 그건 쉽게 해결할 수 있는 문제네요. 보조금을 정리하면 되겠는데요."

"그럴 수 없습니다."

"왜 안 되나요?"

"금융기관 파트너는 일정 수준의 활동을 기대하기 때문에 우리가 보조금을 중단하면 그들의 심기를 거스를 겁니다."

"우리가 이대로는 살아남을 수 없다고 말해야죠."

"그들은 우리가 보조금을 지급한다는 걸 몰라요. 그게 파트너들이 제공하는 실제 판매와 혜택이라고 생각해요."

"네?"

"은행은… 우리가 혜택을 주는 가맹점(마케팅 파트너)과 모두 계약을 맺었다고 생각한다고요."

"어쩌다 그렇게 된 거죠?"

탁월한 리더의 성공 법칙

"그렇게 해야만 했어요. 가맹점이 없다는 걸 은행이 알면 이 사업은 시작도 못했을 테니까요."

무척이나 걱정되는 사안이었다. 팀의 고위직으로서 이 문제를 개선하는 것이 내 의무라고 생각했다. 나는 CEO에게 가장 우회적인 단어를 고르고 골라, 지금 우리가 실제보다 숫자를 좀 더 부풀리고 있는 거냐고 물었다. 그는 이렇게 답했다. "이것이 네트워크 비즈니스를 운영하는 방식입니다."

틀린 말도 아니었다. 역사적으로 성공한 기업들은 나름의 방식으로 과장을 했다. 《ESPN: 검열하지 않은 역사(The Uncensored History)》에서 마이클 프리먼(Michael Freeman)은 1970년대 후반 빌 라스무센(Bill Rasmussen)이 ESPN을 매입할 때 어떤 식으로 주목을 끌었는지 밝혔다. 쉽게 말해 빌과 그의 팀은 전미대학체육협회(NCAA)에 위성 공급업체를 확보했다고 했고, 위성 공급업체인 RCA아메리컴(RCA Americom)에는 시스템 시간을 임대할 수 있는 자금이 있다고 했다는 것이다. 둘 다 과장이고 허풍이었지만 다행히도 이 모든 일이 11시간 안에 끝나 ESPN이 탄생했다. 안타깝게도 역사는 진실이 왜곡된 결과이고, 추락하고 불타 버린 수천 개의 회사는 전부 지워져 버린다. 결국 나는 6개월 후 트위터로 이직했다.

트위터에서의 첫 인터뷰는 CEO인 딕 코스톨로와 진행됐다. 당시 나는 프리머니를 떠날 준비를 하고 있었기에 기분이 새로웠고, 좋은 이유에서는 아니었지만 프리머니에서의 일을 딕에게 알리기로 결심했다. "그래서 무엇을 배웠나요?" 그가 물었다. 내 대답은 아주 간단했다. "함께하는 이들의 가치관이 일치한다는 확신이 들지 않으면 함께 일해서는 안 된다는 것을 배웠습니다." 이렇게 대답했다. 지금도 나는 미션과 가치 기준에 따라 회사를 선택한다. 어려운 도전 과제, 좋은 사람들. 이것이면 충분하다. 교훈이란 늘 이렇듯 고통스럽게 얻어야만 하는 것은 아니다. 부하 직원들과 '인생 이야기 대화(Life Story Conversation)'를 나누며 일에서 진정한 가치를 찾을 수 있게 도와준다면, 그들은 이런 고통을 경험하지 않고 앞으로 나아갈 수 있다.

가치를 파악하는 것은 어렵다

스티븐 코비는 이렇게 말했다. "개인 리더십이란 비전과 가치를 앞에 두고 그에 부합하도록 삶을 조정하는 과정이다." 하지만 자신의 삶과 커리어를 가치에 맞추려면 먼저 자신의 가치관이 무엇인지 알아야 한다. 단순히 가치 목록을 작성하는 것으로 끝낼 수도 있지만, 모든 사람에게 이런 방식이 효과 있는 것은 아니다.

이야기를 더 진행하기 전에 몇 가지 용어로 발생할 수 있는 문제를 방지하고자 한다. 이 훈련은 가치에 관한 것이지만, 반드시 윤리적 가치, 가족적인 가치, 종교적인 가치를 의미하는 것은 아니다. 윤리는 분명 중요한 개념이지만, 여기서 우리가 하고자 하는 것은 당신이 직장에서 무엇을 중요하게 생각하는지 명확하게 파악하는 것이다. 영감과 동기부여, 흥미와 참여를 유지하게 하는 요소는 무엇인가? 내가 이 이야기를 하는 이유는 가치라는 단어에 발목이 잡혀 앞으로 나아가지 못하는 사람이 상당히 많기 때문이다. 너무 깊이 생각할 것 없

탁월한 리더의 성공 법칙

다. 여기서 가치란 당신이 직장에서 중요하게 여기는 것을 말한다. 간단하다.

이제 본론으로 들어가겠다. 흥미롭게도 많은 사람이 자신이 하는 일에서 무엇을 중요하게 생각하는지 확신하지 못한다. 결과적으로, 의미 있는 가치를 찾는 데 따르는 어려움은 "모든 환자는 거짓말을 한다"는 것이다. 이 말은 진단학자인 그레고리 하우스(Gregory House)의 신념이다. 그와 그의 팀은 희귀하고 미스터리한 질병에 걸린 환자를 진단할 때 환자의 의학 기록을 무시하곤 했다. 그 이유는 '모든 환자는 거짓말을 하기' 때문이었다. 누군가 소중히 여기는 것, 누군가의 동기, 누군가를 움직이게 만드는 힘의 이면이 무엇인지 파고들 때마다 나는 이 말을 곱씹는다. 모든 환자는 거짓말을 한다.

물론 항상 일부러 거짓말하는 것은 아니다. 내가 관찰한 바, 가장 심각한 문제는 대부분의 사람들이 자신의 가치관을 제대로 인식하지 못한다는 것이다. 인식은 길고 때때로 혼란스러운 연속체로 존재한다. 가치에 대해 막연하게 인식하는 이들도 있고, 자신의 커리어와 업무에서 진정으로 중요하게 여기는 대상이 무엇인지 전혀 인식하지 못하는 이들도 있다. 또한 많은 사람이 다음과 관련해 혼란을 느끼기도 한다.

A. 자신의 가치관

B. 자신이 가져야 한다고 생각하는 가치관

C. 가족과 친구들이 자신에게 기대하는 가치관

이러한 혼란으로 인해 자신의 실제 가치관과 진술한 가치관 사이에 차이가 발생할 수 있다. 모든 환자는 거짓말을 한다.

이를 좀 더 이해하기 쉽게 설명하기 위해 내 경험상 공존하는 경우가 거의 없는 두 가치를 이야기해 보겠다. 학창 시절을 떠올리며 배움과 좋은 성적을 받는 것의 차이를 생각해 보길 바란다. 당신은 어느 쪽에 더 가치를 두었는가? 배움은 지식이나 기술을 습득하는 과정에서 즐거움을 느끼는 것이다. 배움에는 경계가 없지만 점수가 매겨지는 수업에는 경계가 있고, 이 경계란 학습 계획서에 의해 만들어진 것이다. 또한 배움은 여정이고, 무언가를 배웠다는 것 자체가 만족스러운 결과로 작용한다. 성적의 경우 결과, 즉 수업에서 거둔 성공의 정도를 나타낸 수치가 중요하다. 열심히 노력하든 하지 않든 정해진 기준에 따라 성과를 내면 보상을 기대하게 된다. 그 과정에서 배움이 이뤄진다면 더할 나위 없이 좋다! 그러나 여기서 가치는 배움에 있는 것이 아니라 A 등급을 받는 데 있다.

당신이 이미 둘 중 하나에 치우쳐 있다고 가정해 보자. 그게 어느 쪽일까? 이 책을 계속 읽기 전에 몇 분만 시간을 들여 생각해 보길 바란다. 이 질문을 받으면 사람들은 보통 두 가지 반응을 보일 것이다. 첫째, 많은 사람이 배움을 선택할 것이다. 왜냐하면 그것이 훨씬 더 고귀하게 느껴지기 때문이다. 배움을 선택한 사람은 이런 생각을 할 수 있다. '지식의 추구. 마크 트웨인(Mark Twain)이 이와 관련해 무슨 중요한 말을 남기지 않았나? 아니면 아리스토텔레스였나? 나는 〈월스트리트저널〉과 〈이코노미스트〉를 읽어. 그냥 배우는 게 좋아. 어쨌건 나한테는 무조건 지식 추구가 중요하다고… 최소한 칵테일파티에서

는 말야. 그런 자리에서 리더십과 경영의 의미 있는 차이에 대해 토론하는 것도 좋아해.'

두 번째 반응은 학교 다닐 때 부모가 무엇을 강조했는지 떠올리는 것이다. 나는 수백 명의 동료와 이 과정을 함께 거쳐 왔는데, (이제 나는 이 동료들을 내 환자라고 부르겠다) 가장 확실한 접근법은 환자를 초등학교 시절로 돌려보내 그들의 부모가 교육에 대해 가졌던 태도를 탐구하는 것이라는 결론에 도달했다. 우리는 가정에서 배움보다 성적을 더 중시하는 인센티브 구조를 발견하는 경우가 자주 있다. 예를 들어, 모든 과목에서 A를 받으면 50달러를 주는 보상 시스템 같은 것이다. 흥미롭게도 나와 이런 대화를 나눈 사람들 중 약 75퍼센트는 결국 자신이 배움보다는 성적에 치우쳐 있다고 인정했다. 이것이 나쁘다는 의미는 아니다. 단지 그들이 결과나 성과에 더 초점을 맞추는 성향이 있다는 것을 설명해 줄 뿐이다. 그리고 이러한 성향은 영업이나 마케팅처럼 성과를 특히 중요시하는 비즈니스 분야에서 많이 볼 수 있다.

우리가 부모나 학교로부터 인풋(노력)과 아웃풋(성과)의 관계를 이해하도록 교육받아 왔다는 사실은 그리 놀라운 일이 아니다. 열심히 공부해서 A를 받으라는 것, ACT(미국 대학입학시험)에서 최선을 다하고 특별활동 이력도 잘 만들어야 스탠포드대학교에 갈 수 있다는 것, 그리고 실리콘밸리나 월스트리트로 가서 막대한 돈을 벌어야 한다는 것. 이런 이야기는 수십, 수백 가지로 변주해도 결론은 똑같다. 많은 사람의 삶이 이런 방식으로 설계되어 있다.

이런 현실은 대부분의 사람들에게 너무도 당연하게 여겨진다. 하지만 동시에 많은 사람이 질문에 대한 답이 '배움'이기를 바라는 마음에 거짓말을 하기도 한다. 나는 이 문제를 오랜 시간 고민했고, 결국 이러한 경향성을 제어하기 위해 커리어 관리 방법론에 '가치에 도달하기'라는 파트를 설계해 포함시키기까지 했다.

"사람들이 왜 거짓말을 할까?"라는 질문에 대한 첫 번째 답은 그 거짓말이 종종 의도치 않게 이루어진다는 점이다. 대부분의 사람들은 전문적인 맥락에서 자신의 가치관을 깊이 고민하거나 명확히 표현해 본 적이 없다. 어떤 사람은 "내가 가장 중요하게 생각하는 직업적 가치는 자율성입니다"라고 말할 수 있다. 하지만 그다음 가치가 무엇이냐고 물으면 답을 하지 못한다. "그런데 가치란 게 뭔가요?"라고 반문할지도 모른다. 사람들은 보통 삶의 가치는 잘 표현한다. 예를 들어, "나는 내 배우자나 아이들과 함께 보내는 시간을 소중히 여깁니다"라는 식으로 말이다. 그러나 이것은 여기서 우리가 찾고자 하는 가치와 다르다.

두 번째 답은 첫 번째 답보다 더 단순하다. 사람은 역시 사람이기 때문이다. 사람은 두려움을 느끼고, 타인이 인정해 주기 바라며, 본능적으로 자신을 보호하려고 한다. 사람은 자신이 어떻게 행동하고 싶은지, 동료들이 어떻게 행동하기를 바라는지에 대해 각자의 꿈, 열망, 목표를 가지고 있다. 그리고 자신이 남들에게 어떻게 비춰질까 하는 것에 신경 쓴다. 상사 또는 상사의 상사와 대화를 나눌 때는 어쩔 수 없이 권력의 차이를 실감하게 된다. 당신이 직원들을 아무리 형제자매나 친구처럼 여긴다 해도 당신은 여전히 그들에게 중요한 보상, 승진, 업무 배치, 프로젝트, 해고 등에 영향을 미치는 사람이다. 그런 이

탁월한 리더의 성공 법칙

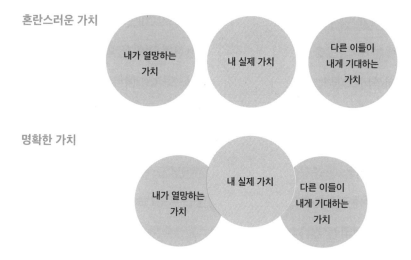

유로 직원들은 당신 앞에서 선뜻 속마음을 드러내지 않을 수 있다. 약간의 경계심을 유지한 채 자신에 대한 가장 좋은 이미지를 전달할 수 있는 말을 하려는 경향이 있다.

위의 도표는 사람들이 진술하는 가치, 즉 질문을 받았을 때 개인이 답으로 내놓는 가치를 설명하는 모델이다. 더 많은 가치가 존재할 수 있지만, 그것은 그리 중요하지 않다.

가치가 겹쳐 있는 것은 가치가 명확하다는 의미다. 당신이 획득한 가치와 열망하는 가치가 실제 가치와 일치하면 자신이 원하는 것을 명확하게 파악하기가 훨씬 쉽다. 하지만 늘 그런 것은 아니다. 사람들의 진정한 가치를 발견하는 가장 좋은 방법은 인생 이야기 대화를 나누는 것이다. 다음 섹션은 관리자가 직원과의 대화를 진행하는데 도움을 주기 위해 작성되었는데, 친구와 함께 이런 대화를 서로 번갈아 가며 해볼 수 있다. 사실 내가 회사에서 가르치는 방법도 바로 이것이다. 참가자들은 서로 짝을 이루어 한 시간 동안 한 사람(A)

이 '관리자' 역할을 맡고, 다른 사람(B)은 '직원'이 된다. 두 번째 시간에는 그 역할을 바꿔서 진행한다. 그러려면 적어도 이 책 두 권, 친구한 명, 스타벅스 같은 공간이 필요하다. 커리어 대화가 준비되었다면 도전해 보길 바란다. 아니면 당신의 관리자에게 이 책을 건네며 연습을 요청해도 좋다. 하지만 어떤 경우든 책을 추가로 구매해 주면 좋겠다.

인생 이야기

가장 기본적인 형태의 인생 이야기 대화는 상대방에게 자신의 삶에 대해 이야기해 달라고 요청하는 것이다. 이 과정에서 상대방이 했던 선택과 결정, 중요한 전환점에 주의를 기울이며 패턴과 공통된 주제를 파악한다. 궁극적으로는 대화를 통해 5~10개의 '핵심 가치'를 추출하고, 그 가치와 이를 뒷받침하는 근거를 직원에게 명확히 설명함으로써 두 사람 모두 그 가치에 대해 풍부하고 깊이 있게 이해해야 한다. 이 활동은 직원과 관리자 모두에게 단기적으로는 중요한 결정에 도움을 줄 뿐 아니라, 장기적으로는 직원의 커리어 비전을 구체화하고 이를 실현하기 위한 핵심 단계를 설정하는 데 유익하다.

　나는 지금껏 수백 명의 사람들과 커리어 대화를 했는데, 인생 이야기 대화는 그 프로세스의 마지막일 때가 많았다. 처음 나는 사람들이 장기적인 비전과 단기적인 계획을 세우는 데 도움을 주고자 했지만, 대화를 진행할수록 몇 가지 문제점이 드러나기 시작했다.

탁월한 리더의 성공 법칙

무엇보다 직원들이 말하는 장기적 비전이 내가 알고 있는 그들의 모습과 맞지 않아 이해하기 어려울 때가 종종 있었다. 누군가는 자기 인생의 꿈이 대기업의 중요한 부문을 운영하는 것이라고 말했지만, 나는 그 사람이 대기업의 느린 속도와 조직 내에서 영향력을 발휘하지 못하는 데서 오는 좌절감을 크게 느끼는 사람이라는 것을 알고 있었다. 그럴 때면 나도 모르게 이마를 찌푸리며, 내가 직원들의 커리어 계획에서 진정한 사고 파트너가 되기 위해 필요한 무언가를 갖추지 못했다는 것을 깨닫곤 했다. 마치 복잡한 직소 퍼즐에서 중요한 조각 몇 개를 잃어버린 것 같은 느낌이었다. 더 큰 문제는 잃어버린 퍼즐 조각이 모서리 조각이었고, 어쩌면 네 개의 모서리 조각 모두가 사라진 것 같다는 점이었다.

그래서 상대가 중요하게 여기는 가치와 스스로 말하는 장기 커리어 비전 사이에 불일치를 감지할 때면, 이를 바로잡기 위해 나는 이렇게 말하곤 했다. "여기서 잠시 한 발 물러나 볼까요? 지금 제게는 이 이야기가 잘 연결되지 않는 것 같아요."

모두 거짓말을 하는 건 아니다

나는 처음에 "당신이 커리어에서 정말로 중요하게 생각하는 것은 무엇인가요?" 같은 질문을 하곤 했다. 사실 나쁜 질문은 아니었다. 만약 이 정도 질문밖에 할 수 없다면 어느 정도 유익한 정보를 얻을 수는 있다. 하지만 나는 곧 이 질문에만 의존하면 상대방이 중요하게 여기는 것에 대해 단조롭고 세부적인 맥락이 전혀 없는, 심지어 완전히 잘못된 관점을 얻게 될 가능성이 높다는 것을 깨달았다.

그레고리 하우스의 말을 떠올려 보자. "모든 환자는 거짓말을 한다." 대부분의 사람들은 자신에게 정말 중요한 것이 무엇인지 명확히 알지 못한다. 어떤 것들이 서로 연관되어 있는지 모를 수도 있다. 예를 들어 "저는 윤리적 관행을 중요하게 여깁니다"라고 말한다고 하자. 훌륭한 말이지만 닉슨 전 대통령(워터게이트 사건으로 미국 역사상 전무후무하게 현직 대통령이 임기를 채우지 못한 채 사퇴했다-옮긴이)을 제외한 거의 모든 사람이 같은 생각일 것이다. 이는 커리어를 고려할 때 특별히 유익한 통찰을 제공하지 않는다. 기껏해야 "엔론(Enron, 한때 미국 7대 기업이었으나 부실한 재정을 회계부정으로 은폐하다 파산한 천연가스 기업-옮긴이)은 피하자" 정도의 교훈을 줄 뿐이다. 또한 자기 자신을 충분히 잘 알지 못하는 경우도 많다. 실제로 마주 앉은 수많은 사람이 내 질문에 "그런 생각은 한 번도 해본 적 없어요"라고 말했다.

스텔라(Stella)의 사례를 들려주겠다. 그녀는 순응적인 환자로 의사들이 가장 좋아하는 유형이었다. 그녀는 커리어 과정에 적극적으로 참여해 완전히 몰입했다. 과정 초반에 그녀는 고등학교에 들어간 지 얼마 안 되었을 때 내린 결정에 대해 이야기했다. 그녀는 이렇게 말했다. "저는 치어리더 활동을 하다가 고등학교 1학년 때 그만두고 수영 팀에 들어갔어요. 그게 치어리더보다 훨씬 더 좋았어요."

그녀는 고등학교 시절 이야기를 계속 이어가고 있었지만, 나는 그녀가 어떤 계기로 전환을 감행했는지 중요한 통찰을 하나 놓쳤다는 생각이 들었다. 그녀에게 답을 끌어내려고 질문했다. "잠깐 멈춰 볼까요? 질문이 하나 있는데요." 내가 끼어들었다. "치어리더 활동보다 수영이 훨씬 좋다고 했는데, 맞죠?"

"맞아요."

"왜죠?"

곧 놀랄 만한 일이 일어났다. 스텔라는 질문에 답하기 전에 눈을 돌려 시각 피질을 차단하고 전두엽 활동을 끌어올렸다. 그리고 말했다. "음, 잘 모르겠어요. 그런 생각은 한 번도 해본 적 없어요."

잠시 그녀의 말을 곱씹어 보자. '잘 모르겠어요. 그런 생각은 한 번도 해본 적 없어요.' 그 뒤 이어진 말들이 정말 아름다웠다. "어, 좋아요. 음… 전 치어리딩을 좋아했어요. 정말 좋아했죠. 엄청 즐거웠고요. 친구들도 대단했어요, 정말 열심히 했고. 솔직히 치어리딩은 체조를 그만두고 나서 자연스럽게 할 수 있는 좋은 활동이었던 거죠. 그러니까 나름 만족감을 줬던 것 같아요. 그런데 수영이 훨씬 더 좋았던 이유는…. 음, 우리 진짜 열심히 했거든요. 거의 매일 새벽 5시에 나가 돌고 또 돌고, 계속 수영했어요. 하지만 저한테 가장 중요했던 건, 제 모든 노력이 눈에 보이는 결과로 나타났다는 거예요. 더 자주 시상대에 오르기도 했고요. 시상대에 못 올라가도 기록은 거의 항상 단축됐고, 개인 최고 기록도 세웠거든요."

바로 이것이 그녀의 삶을 관통하는 하나의 통찰이자 고등학교라는 이른 시기에 발견한 가치였다. 그녀가 전혀 의식하지 못했다는 것이 더욱 진정성 있게 느껴졌다.

내가 스텔라에게 "무엇이 당신에게 동기가 됩니까?"라고 물었다면, 그녀는 '노력이 눈에 보이는 결과로 나타나는 것'이라고 대답하지 않았을 것 같다. 설령 스텔라가 '열심히 노력하니 가시적인 성과로 이어지는 것이 좋았다'는 말을 했더라도 우리 둘 다 그 말을 온전히 신뢰하지 못했을 것 같다. 이런 말은 사람들이 이력서에 항상 쓰는, 그럴 듯해 보이지만 진부하기 짝이 없는 문구일 뿐 실제 의미는 없다. 이와 대조적으로 스텔라와 나는 그녀의 삶에서 그녀가 진심으로 가시적인 결과를 소중히 여긴다는 사실을 풍부하고도 자세하게 진심으로 이해하게 되었다. 정말 귀중한 발견이었다.

여기서 보여주고 싶은 또 다른 사례가 있다. 에린(Erin)과 나는 멋진 인생 이야기 대화를 나눴다. 대화를 나누는 중 나는 "X에 대해 더 자세히 말해 줄래요?" "Y의 어떤 점이 좋았나요?" "왜 전환했나요?" 묻고 또 물었다. 나는 그녀의 삶과 커리어에 넓은 시각을 갖게 되었고, 그녀가 소중히 여기는 것들에 대해 깊은 통찰을 갖게 되었다. 그녀를 움직이게 하는 동기가 무엇인지 알았다고 생각했다. 그래서 나는 대화를 마무리할 때 사용하는 질문을 했다.

"또 다른 것은 없나요?"

내가 자주 쓰는 개방형 질문이다. 회의, 일대일 대화 등에서 하루 100번은 사용하는 것 같다. 에린이 잠시 멈칫했다. 그녀가 무언가 생각하고 있다는 것이 몸짓에서 보였다. 그녀는 무언가 잊은 것이 있었고, 그것이 중요한 내용인지 고민하고 있었다. 잠시 후 그녀는 입을 뗐다. "제가 IDG(International Data Group)에 있을 때가 떠올라요. 인터넷이 막 태동한 때였고, 저는 인터넷 비즈니스에서, 새로운 디지털 세상에서 어떻게 수익을 창출할 수 있을지 고민하는 한 작은 조직의 구성원이었어요. 플레이북도 없었고, 어떻게 체계를 세워야 할지 정해진 시스템도 없었고, 방법도 없었고요. 그뿐만 아니라 IDG 내에서도 우리 팀이 선구자였어요. 그러니까 저희가 정말 중요한 사람들이었

탁월한 리더의 성공 법칙

거든요. 그게 큰 의미였지만, 돌이켜 생각해 볼 때 그 시간을 제 커리어에서 가장 행복한 시간으로 꼽을 수 있는 이유는 무에서 유를 창조했다는 것 때문이에요. 중요한 이야기였나요?"

'내 커리어에서 가장 행복했던 순간은 무에서 유를 창조했을 때였습니다!' 우와! 에린은 심지어 이 이야기를 하지 않으려고 했다. 그녀는 외과 의사가 다시 이어 붙이는 것을 깜빡 잊은 신장 하나를 들고 "중요한 거야?"라고 묻듯이 내게 물었다. 나는 그 순간 에린의 미래에는 기업가적인 무언가가, 무에서 유를 창조하는 무언가가 있어야 한다고 생각했고, 그녀도 이 사실을 알고 있을지 궁금해졌다.

때때로 우리의 '환자'들은 자신을 진정으로 깊이 움직이게 하는 힘을 알지 못한다. 하지만 환자들은 더욱 사악한 이유로 거짓말을 하기도 한다. 내 기준에서 최악은 구글과 트위터에서 함께 일했던 고성과자들 사이에서 자주 발견되는 패턴의 소유자들이다. 그들의 공통점은 자신의 가치관이 아니라 부모의 가치관에 맞춰 살려고 하는 패턴을 지녔다는 것이다. 정말 끔찍하다. 친구인 다시(Darcy)는 간호사인데, 이 이야기를 들은 그녀가 이렇게 말했다. "내가 함께 일하는 의사의 75퍼센트는 비참해요. 차라리 기타를 치고 시를 쓰고 싶을 거예요. 왜 자신을 비참하게 하는 일을 하느냐고 물으면 항상 부모님의 기대에 부응하려는 것일 때가 많았어요."

거짓말의 또 다른 경우는 상대방이 듣고 싶어 하는 말을 하는 것이다. 일전에 나는 한 직속 부하에게 그녀의 직원 중 가장 높은 성과를 보이는 유진(Eugene)과 커리어 대화를 나눠도 될지 물었다. 당시 나는 그것이 유진을 더욱 깊이 이해하기 좋은 방법이라고 여겼고, 유진도

이 대화를 벌이 아닌 혜택으로 받아들이길 바랐다. "유진, 러스와 커리어 대화 했다며!"라는 분위기를 원했지, "커리어 대화를 러스와도 해야 한다니, 심심한 위로를 보낸다"가 아니길 바랐다.

유진은 뛰어난 직원이었다. 훌륭한 사람이었고, 좋은 팀원이었으며, 친절한 사람이었다. 하지만 우리 둘 사이에는 관리 계층이 네 단계 정도 있었던 것 같다. 나는 내 지위에서 비롯된 권력을 휘두르거나 관심을 끌고 싶어 하는 사람은 아니었지만, 다른 사람들도 그렇게 생각하리라고 여긴 것은 너무 순진한 착각이었다. 대화에 들어가기 전만 해도 나는 이 고성과 직원을 인간 대 인간으로 알게 될 것이라고 기대했다. 그러나 막상 대화를 시작해 보니 그는 상당히 다른 관점을 갖고 있었다. 그는 이 시간을 운명을 결정지을 기회로 봤다. 따라서 그와 함께하는 시간이 그리 매력적이지 않았다. 그는 링크드인에 적힌 내 프로필을 모두 외운 뒤, 내가 중요하게 여길 만한 것들을 추측해 앵무새처럼 그 말만 되풀이했으며, 내 자존심을 건드리거나 그 어떤 위험으로 작용할 만한 일은 모두 제거하려고 했다. 무엇보다 그는 정직하지 않았다. 당시 구글은 채용에서 엘리트주의적 성향이 강했고, 유진은 비교적 평범한 배경을 지닌 사람이었다. 그곳에는 자신이 하버드의 스탠퍼드 프린스턴 공과대학(유명한 대학과 학과 이름을 마구잡이로 섞어 저자가 만든 단어-옮긴이)에서 분자 간 양자 우주로켓 수술로 학점 4.7을 받지 못했다는 게 드러나면 불리하게 작용할까 봐 걱정하는 사람도 있을 정도였다. 나는 유진이 내게 진실을 모두 말하지 않았다는 것도, 그 이유도 알고 있었다. 나는 그 일을 계기로 타인의 동기를 더욱 깊이 이해할 수 있는 더 나은 방법이 필요하다는 것을 깨

탁월한 리더의 성공 법칙

달았다.

인생 이야기 대화가 그 답이었다. 사람들은 거짓말을 하지만 인생 이야기 전체에 걸쳐 거짓말을 할 수는 없다. 당신이 진심으로 경청하고 있다는 것을 보여주면 그레고리 하우스가 의술로 보여주는 마법 같은 순간을 당신도 경험하게 될 것이다.

대화를 진행하는 방법

삶의 시기별로 말하기

"유치원 때부터 시작해 당신의 인생을 말해 주세요."

인정하건대, 당신이 동료에게 처음 이 말을 할 때는 좀 이상하게 느껴질 수 있다. 그럼에도 나는 대화를 시작하는 문장으로 추천하는 바다. 그렇게 오래전 이야기부터 듣고 싶다고 분명하게 밝히지 않으면 상대방이 훨씬 후의 이야기를 지나치게 길게 할 수 있다. 따라서 정확하게 짚어 주는 게 좋다. "네, 우리는 아주 '오래된' 이야기부터 할 겁니다."

대화를 좀 더 자세히 들여다보기 위해서는 시기를 중심으로 굵직굵직하게 체계를 잡아 나가는 것이 좋다.

1. 초등학교/중학교

2. 고등학교/전문학교

3. 대학교

4. 커리어 초기

5. 대학원/이전 역할

6. 현재 역할

　한 시간 정도의 대화를 목표로 한다면 각 항목마다 10분 정도를 할애하면 좋다. 이는 엄격하게 지켜야 하는 규칙이 아니라 생산적인 진행을 위한 가이드라인으로, 각 항목을 어느 정도로 깊이 다룰지 대략적인 감을 잡고자 하는 것이다.

　이 대화는 함께 일하는 사람들에 대해 놀라운 점을 배울 수 있는 아주 재미있고 유대감 넘치는 방법이자, 당신이 상대에게 마음을 쓰고 있음을 보여줄 수 있는 좋은 기회다. 하지만 잊어서 안 되는 점은 이 대화는 커리어 대화 접근법의 맥락에서 진행되어야 하고, 특정한 목적이 있으며, 그 목적을 달성하기 위해 한 시간을 넘길 필요는 없다는 것이다. 45분도 충분하다. 주의해야 할 점은 처음 몇 번 하다 보면 75분, 90분으로 대화 시간이 계속 늘어날 수도 있다는 것이다. 크게 문제 될 것은 없다. 다만 60분 이내로 진행하는 것이 좋다. 상대방 삶의 굵직한 시기로 기준을 세워 대략적인 지도를 머릿속에 그린다면 대화 중간중간 어디쯤 와 있는지 확인할 수 있고, 진행 상황을 평가할 수 있으며, 궁극적으로 생산적이고 즐거우며 효율적인 대화를 완성할 수 있다.

대화 진행에 유용한 질문들

나는 지난 몇 년간 대화를 촉진할 수 있는 유용한 질문을 몇 가지 발견했다. 이 질문들을 보면 어떤 방식으로 대화를 진행해야 할지 대략적인 감을 잡을 수 있을 것이다. 한 가지 주의할 점은 이 질문은 체크

탁월한 리더의 성공 법칙

리스트가 아니라는 것이다. 심문이 아니라 대화가 목적이다. 어딘가 흐름이 막혀 있는 곳을 풀어 주기 위한 용도다.

경력 이전

- 주변 사람들은 교육에 어떠한 관점을 갖고 있었나요?

- 가족에 대해 공유하고 싶은 내용이 있나요? 형제자매가 있습니까? 어떤 지역 사회에서 성장했나요?

- 친구들에 대해 들려주세요.

- 학교에서 어떤 활동에 참여했나요? 그런 활동을 통해 무엇을 얻었나요? 어떤 점이 마음에 들었나요?

- 고등학교 생활에 대해 말씀해 주세요.

- 고등학교 때 아르바이트를 한 적이 있나요?

- 그 대학을 선택한 이유는 무엇인가요? 그 전공을 왜 택했나요?

- 왜 인턴십을 했나요?

- 대학에서 자기 자신에 대해 무엇을 배웠나요?

이전 역할

- 첫 직장에 대해 말씀해 주세요. 그 회사에 어떻게 입사하게 되었나요? 왜 입사했나요?

- 퇴사한 이유는 무엇인가요? 다음 회사를 선택한 이유는요?

- 마지막으로 '내 일이 너무 좋다'라고 말했거나 느꼈던 적은 언제인가요? 왜 그렇게 느꼈나요?

- 이전 직업에서 가장 좋았던 점은 무엇인가요?

• 이전 직업에서 가장 싫었던 점은 무엇인가요?

현재 역할

• 이 회사에 입사하게 된 계기는 무엇인가요?

• 이 회사의 어떤 점이 마음에 드나요?

• 이번 한 주 중 가장 좋았던 순간은 언제인가요?

• 이곳에서 멋진 하루를 보내는 비결은 무엇인가요?

• 주로 어떤 일들이 업무 우선순위에서 밀리나요?

목숨이 걸린 일처럼 메모하기

메모를 많이 하길 바란다.

노트에.

연필로.

중요하다.

뭐, 연필은 안 쓰더라도 나머지는 지켜 주길….

인포메이션(information)과 인텔리전스(intelligence) 사이에는 큰 차이가 있다. F5의 제품 관리 이사이자 〈시큐어리티 위크(Security Week)〉 잡지의 정기 기고자인 조슈아 골드파브(Joshua Goldfarb)는 이렇게 설명했다. "인포메이션은 단지 데이터다. 데이터 자체에는 어떠한 맥락도 담겨 있지 않다. 데이터만으로는 특정 사안에 어떻게 적용해야 할지 파악하기가 어렵다." 우리는 인포메이션이 아니라 인텔리전스를 원한다. 삶의 스토리를 이해하는 것은 효과적으로 정보를 처리해 누군가의

탁월한 리더의 성공 법칙

삶 속 패턴을 파악하는 작업이다. '하나(Single)'의 스토리나 통찰은 단순한 정보일 뿐이다. 그 정보 중에는 매우 가치 있고 의미 있으며 심지어 대단히 흥미로운 것도 있다. 하지만 핵심적인 통찰은 인생 이야기를 다 들어 보기 전까지는 알 수 없는 경우가 많다. 이렇게 '각각의 정보가 모여 하나의 전체 맥락을 형성하는 것'이다(이 문장에 인텔리전스의 뜻이 담겨 있다-옮긴이).

목숨이 걸린 일처럼 메모해야 하는 이유는 많다. 먼저 메모를 많이 하면 인생 이야기 커리어 대화에서 우리가 궁극적으로 원하는 결과를 얻기에 가장 유리한 위치에 설 수 있다. 바로 5~10개의 가치를 발견하는 것으로, 이는 누군가의 인생에서 전환점이나 중심축이 되어준 것들이다. 가만히 상대의 이야기를 듣기만 한다면 이러한 가치를 찾아내기가 매우 어렵다. 누군가 자신의 인생 이야기를 할 때는 많은 내용을 빠르게 전개시켜 나가는 경우가 많기 때문에 한 부분에 집중하다가는 중요한 정보를 놓치기 쉽다. 메모를 한다면 대화의 진행 속도를 조금 늦추고 더욱 신중하게 접근할 수 있어 중요한 순간들과 전환의 순간들을 놓치지 않을 수 있다.

또한 한 순간에 집중하다 보면 그 이후 전개되는 인생 이야기 전체 맥락을 알 수 없어 중요한 것을 놓치기 쉽다. "죄송하지만 잠깐만 기다려 주세요. 좋은 내용인데 제 필기 속도가 못 따라가고 있어요." 이렇게 말하는 것이 결코 나쁜 일은 아니다. 나는 늘 이렇게 말한다. 일부 관리자들은 가만히 앉아 듣는 것을 선호하기도 하는데, 이 또한 자연스럽고 즐거운 대화가 되겠지만 유용한 정보들을 놓칠 가능성이 크다는 점은 알아야 한다.

나는 노트북이 아니라 노트에 메모하는 쪽을 추천한다. 어떤 이들은 에버노트(Evernote), 굿노트(Goodnotes), 리마커블(reMarkable) 등을 활용해 무엇이든 여기에 기록하는데, 이렇게 하는 편이 정리가 잘된다면 계속 그렇게 하라고 말하겠지만 에버노트 등 디지털 노트 신봉자가 아니라면 노트를 추천한다. 여기에는 몇 가지 이유가 있다. 먼저 노트북은 관리자와 직원 사이의 물리적 장벽을 만든다. 또한 컴퓨터가 켜져 있는 동안 지메일(Gmail), 트위터, 지라(Jira), 세일즈포스(Salesforce)를 들여다보지 않을 절제력을 모두가 갖춘 것은 아니다. 오히려 이런 것들을 확인하지 않는 것이 어려울 것이다. 또한 종이로 된 노트에 코멘트를 기록해 두면 나중에 대화를 최종적으로 정리하기가 훨씬 수월하다. 한 가지 실용적인 팁을 주자면, 나는 아이패드와 굿노트, 애플 펜슬(Apple Pencil)을 함께 사용했던 때가 있었는데 멋지고, 환상적이며, 판타스틱한 조합이었다. 아이패드는 물리적 장벽을 만들지 않고, 굿노트는 손글씨를 텍스트로 변환하는 등 몇 가지 중요한 기능을 제공한다. 이 조합은 애플 펜슬을 잃어버리면서 사용을 중단했지만, 리마커블2도 훌륭한 도구다. 두 제품 모두 디지털 노트 필기의 훌륭한 솔루션을 제공한다.

노트 필기라는 행위가 본인의 존재감을 떨어뜨린다고 생각하는 사람이 많다. 사실 나는 그 반대라고 생각한다. 당신이 신경 쓰고 있다는 마음을 직원들에게 전하는 데는 물리적으로 온전히 표현하는 것만큼 좋은 방법은 없다. 또한 들리는 모든 것을 메모할 때 직원의 인생 이야기에 완전히 몰입할 수 있다. 직원들에게 집중하고, 그들의 말에 귀를 기울이고, 그들이 어떤 사람인지 진심으로 관심을 갖고 있다는 것

탁월한 리더의 성공 법칙

을 직장에서 이보다 더 분명하게 보여줄 수 있는 기회가 있을지 모르겠다. 또한 기록하며 듣는 것보다 더 적극적인 경청도 없을 것이다.

5개 내지 10개의 가치를 찾아낸 뒤 공유하기

당신은 인생 이야기 대화가 끝난 후 약간의 피곤함을 느낄 수도 있고, 에너지가 완전히 충전된 기분일 수도 있다. 그것은 여러 요인에 따라 다르겠지만, 내가 장담할 수 있는 한 가지는 당신은 직원이 중요하게 여기는 가치들을 명확히 이해했다는 느낌은 받지 못할 것이라는 점이다. 이제 정보가 가득 담긴 엄청난 책이 생겼으니, 이를 행동으로 옮길 수 있는 인텔리전스로 전환해야 한다.

대화를 마치고 나면 곧장 5개에서 10개에 이르는 핵심 가치를 추출하는 과정을 시작하는 것이 좋다. 대화를 진행하고 분석하는 데 능숙해지다 보면 15분에서 30분 사이에 이 작업을 끝낼 수 있다. 나의 경우, 이야기가 가장 생생하게 기억에 남아 있을 때 핵심 가치를 추출하기 위해 대화가 끝난 직후 30분 정도의 시간과 여유를 따로 확보해 놓는다. 나는 기록을 하며 상대의 사연이나 전환점에 대한 이야기를 듣다가, 상대가 가치 있게 여기는 무언가가 있을 것 같은 기록 항목에 동그라미로 표시를 해 두곤 한다. 이렇게 표시를 해 두면 나중에 어떠한 패턴을 뒷받침하는 요소들을 다시 찾기가 수월하다.

그다음으로, 중요하다고 판단한 5개에서 10개에 이르는 핵심 가치를 구글 스프레드 시트나 공유 문서에 표로 만들어 기입하고 그렇게 생각한 근거도 기록한다. 이런 식으로 말이다. '자율성-어린 나이부터 자유가 많이 주어져 고등학교 1학년 때부터 중요한 결정을

가치	이 가치를 고른 이유
글로벌 관점	이탈리아 5번. 독일(9세 때). 불어+독일어 고등학교, 클레어. 이스트코스트 거주 경험. 다트머스 1년, 프랑스 3개월, 다트머스 1년, 독일 3개월. 네팔. XYZ 회사-여러 업무 영역에 관여, 기업의 '글로벌 시야' 만족, 다른 부서에 대한 넓은 시야와 관점 확보.
멘토십	콜로라도에서 스키 가르친 경험, "다시는 안 하고 싶다…" 하지만 또 함. 오빠, 언니, 가정교사, 네팔 교사, 포이즌우드 바이블, XYZ 회사에서 팀과 함께 일할 때가 그리움.
탐험/모험	"부에나 세라 :)", 여행 좋아함. 다트머스 가는 이유 하나: 캘리포니아에서 벗어나고, 관계에서 벗어나기. 아웃도어-다트머스에 아웃도어 클럽, 락 클라이밍(ww 카약킹!), 인지 과학 덕분에 여러 부서 '탐험', 콜로라도대학교 2학년 여름. 돈 때문에 못하는 게 싫어서 항상 일을 하고, 여윳돈도 모아 둠. 네팔 5개월. 뉴질랜드 안식년.
평생 배우는 사람	자동차 여행 때도 독서, "성적 좋음", 졸업생 대표, 자석 퍼즐, 1학년 때 스키=느렸고 무서웠지만 숙달을 위해 연습 "분명한 향상"-"스키 연습 매우 즐거웠음", 부전공 수학과 독일어. XYZ 회사 가장 좋은 점-항상 새롭고 신나는 프로젝트. 항상 배움의 기회.
경쟁	철자 맞춤법 대회 주 대표, 수학경시 대회, 집돌이 라일은 "무척 똑똑한 친구지만 나와 무승부", "진짜" 졸업생 대표 :), 잘나가는 스키 소녀 이김. "네, 저 경쟁심이 엄청 나요."
관계	초등학교 친구 5명=현재까지도 친구, 2학년 때 제일 친했던 친구=지금 제일 친한 친구, 집돌이 라일. 고등학교 친구들은 임의적 기준이(근접성) 아니라, 공통점(똑똑한 사람들, 세계관을 공유하는 사람) 공유. 다트머스: 끈끈한 친구들(호스 기지).

스스로 내렸다.' 나는 커리어 대화 과정 일체를 기록하기 위해 코다 [Coda(www.coda.io)]를 기반으로 제품을 개발했고, 그 기록을 내 웹사이트(www.whentheywinyouwin.com)에 공유하고 있다.

당신이 알게 된 내용을 문서화했다면 이를 대화한 직원과 공유한다. 이것은 직원의 가치이니까 최종 내용에 대한 결정권은 직원이 가져야

탁월한 리더의 성공 법칙

가치	이 가치를 고른 이유
평생 배우는 사람	자동차 여행 때도 독서, "성적 좋음", 졸업생 대표, 자석 퍼즐, 1학년 때 스키=느렸고 무서웠지만 숙달을 위해 연습 "분명한 향상"-"스키 연습 매우 즐거웠음", 부전공 수학과 독일어. XYZ 회사 가장 좋은 점-항상 새롭고 신나는 프로젝트. 항상 배움의 기회.
근면	성과 점수: "고등학교 때 성과 점수와 노력 점수가 있었어요. 흥미롭게도 부모님은 노력 점수를 훨씬 더 좋아하셨고, 저도 그랬던 것 같아요."
자율성	"아주 어렸을 때부터 스스로 결정해야 했고, 그 과정이 금방 좋아졌으며, 결정을 잘하는 법을 빨리 배웠어요. 대학을 그만두고 프랑스로 가서 [리더]가 되겠다는 결정에 가족들은 그리 좋아하지 않았지만 말리지는 않았고, 미시건을 벗어나 열정을 따라 세계 곳곳을 다녔어요."
무에서 유를 창조	"XYZ에서의 업무가 좋았던 이유는 무에서 유를 창조할 수 있었고, 업계의 선구자이자 사고 리더였어요."
결과물 중요	수영 〉 치어리딩-"수영이 치어리딩 보다 훨씬 나은 이유는 노력을 가시적인 결과로 확인할 수 있어요."
관계	"초등학교 3학년 때 평생 친구 에이드리언을 만나 지금까지도 가장 친한 친구로 지내요." "세일즈 방식의 접근법이나 무작위 전화는 별로 안 좋아하고, 관계를 쌓아 나가는 게 좋아요."
멘토십	콜로라도에서 스키 가르친 경험, "다시는 안 하고 싶다…" 하지만 또 함. 오빠, 언니, 가정교사, 네팔 교사, 포이즌우드 바이블, XYZ 회사에서 팀과 함께 일할 때가 그리움.

한다. 하지만 관리자가 직원을 위한 서비스로서 노력을 끝까지 기울이는 것은 매우 중요하다. '당신의 말을 경청한다'는 메시지를 말뿐이 아니라 행동으로 보여주는 것이다. 직원과 공유하게 될 기록물은 표로 만들어진 위의 두 예시 중 하나일 것이다. 첫 예시는 실제로 내 직속 부하였던 사람의 것이고, 두 번째는 이 책에 싣기 위해 만든 것이다.

혜택

즐거움을 준다

이 과정을 즐겨야 한다. 진심이다. 이 과정을 한두 번 해봤는데도 즐기지 못했다면 관리자 배지를 반납하는 것을 진지하게 고려해야 한다. 당신이 이 일을 즐기지 못한다는 것은 절대로 사람들을 관리하는 역할을 맡으면 안 된다는 우주의 신호다.

[일장 연설은 이제 그만]

대다수의 관리자들은 대부분의 직원들과 마찬가지로 이 과정을 즐긴다. 다만 한 가지 중요한 점은 우리가 직원들에게 큰 부담을 주고 있다는 사실이다. 대부분의 사람들은 직장에서 경계심이 꽤 높은 편이고, 이 대화는 상당히 깊이 있게 진행된다. 적어도 처음에는 이러한 대화가 상대에게 불편하게 느껴질 수 있다는 점을 염두에 두어야 한다. 대화에 응한 직원의 주된 감정은 평가와 판단을 받는다는 불안감일 것이다. 구글의 한 직원은 미팅 전에 "저 안에 제가 누울 소파가 있나요?"라고 농담을 던지기도 했다. 직원들은 이 대화가 어떻게 쓰일지 모르기 때문에 불안감을 느끼기도 한다. 그렇기에 대화는 좀 더 영향력을 발휘하고 무엇이든 선뜻 하는 성격의 직원들과 먼저 시작하는 것을 추천한다. 직원들끼리는 대화를 나눌 것이고, 이런 성격의 직원들은 보통 긍정적인 분위기를 만들어 주기 때문에 다른 사람들의 불안을 잠재우는 데도 도움이 될 것이다.

하지만 대부분의 직원들은 우려했던 것보다 훨씬 즐거운 시간을 보낸다. 관리자가 직원을 알아 갔던 것처럼, 직원도 관리자를 알고 싶은 마음에 가끔 이렇게 묻기도 한다. "저도 매니저님께 해봐도 되나요?" 나는 해보라고 하지만, 별도의 자리를 추천한다. 그 자리는 팀이 주도적으로 준비하고, 직원들과 따로따로 시간을 갖기보다 팀원 전체가 참여해 당신의 삶 이야기를 이끌어 내는 방식으로 진행하는 것이 좋다. 회의실을 잡아 의자를 U자 형태로 빙 둘러놓고, 관리자를 벗겨 놓은 채 (비유적인 표현이다) 단독 스포트라이트를 받게 한 뒤 팀원들이 심문을 시작한다면 재미있을 것이다.

효율적이다

오프사이트(off-site, 사무실을 벗어나 다양한 활동을 하며 팀 구축 시간을 갖는 행사-옮긴이)는 솔직히 말해 많은 사람이 끔찍하게 여긴다. 오프사이트는 본래 팀원들이 동료애를 쌓고, 함께 스트레스를 풀고, 서로를 알아 가는데 도움을 주기 위해 마련하는 자리다. 나쁜 목표가 전혀 없다. 다만그 목표들이 체계적으로 달성되는지는 의문이다. 나는 궁극적으로 마지막 목적, 즉 관리자와 직속 상사들이 모두 자리한 곳에서 '서로를 알아 간다'는 것에 초점을 맞추고자 한다. 하지만 그보다 먼저….

우리는 더 이상 다양성만으로는 충분하지 않은 세상에 살고 있다. 포용성은 완벽히 조화로운 직장을 만드는 데 중요한 요소다. 포용을 위한 오프사이트는 아이러니하게도 반대의 효과를 불러온다. 잠시 생각해 보자.

한때 구글에는 오프사이트 아이디어를 담당하는 위원회가 있었다. 직원들을 위한, 직원들에 의한 이 위원회는 구성원이 모두 20대 중반이었고, 어떤 이유에서인지 전부 남성이었다. 이들은 팀원 전체를 워터파크에 데려가자는 아이디어를 냈다. (땡! 틀렸습니다.) "여러분. 다 벗은 거나 마찬가지인 모습으로 동료, 상사, 직원들 앞에 서는 건 다들 불편할 것 같아요. 의견을 다시 조율하고… 위원회에 여성분 좀 모실수 없을까요?"

활동적인 오프사이트를 기획하고 싶다고 가정해 보자. 재미있지 않겠는가? 축구를 하되 골대가 약 1.2미터 정도에 비치볼 같은 것으로 한다면, 모두가 즐거운 시간을 보낼 것이다! (땡! 틀렸습니다.) 지금 당신은 어렸을 때 수줍음이 많고 운동 신경이 떨어져 시합 때마다 항상 꼴찌가 되었던 팀원의 불안을 완벽히 자극했다. 그 기억 다시 떠오르게 해줘서 고마워요!

자, 그럼 저녁 회식은 논란의 여지가 없으니, 그것으로 하는 것은 어떨까. 분위기도 띄우고 다들 즐길 수 있도록 대학 때 하던 술 마시기 게임도 준비하고 말이다. 물론 대학 때처럼 술을 엄청나게 마시고 망가지는 일은 없겠지만(아마도), 술과 술 마시기 게임이 있으니 재미가 없을 수 없다. (땡! 틀렸습니다.) 2015년 트위터가 한바탕 언론의 뭇매를 맞은 일이 있었다. 오프사이트가 남학생 사교클럽 분위기로 흘러가 여성 직원들 다수가 불만을 터뜨렸기 때문이었다. 그 행사를 기획한 사람은 조직에서 매우 유능하고 사려 깊으며 숙련된 리더라고 평가받고 있었다. 하지만 그가 이끈 오프사이트 기획 팀은 사람들의 다양한 성격과 취향을 전혀 고려하지 않아 그런 실수를 저질렀다.

저녁 회식, 고카트, 볼링… 재미도 있고 나름의 효과도 있을 수 있다. 하지만 시끄러운 환경에서 직원들끼리 맥주잔을 기울이는 포즈

탁월한 리더의 성공 법칙

로 잠깐 사진 찍고, 각자 휴대폰으로 SNS나 유튜브에 몰두하게 하는 것은 서로에게 좋은 점들을 파악하는 데 도움이 되지 않는다. 도끼 던지기 게임 같은 것은 말도 꺼내지 말기 바란다.

개인적 유대감을 강화한다

인생 이야기 대화를 나누면 팀원들과 더욱 긴밀하게 연결되고, 팀원들과의 관계가 강화되며, 팀 조직을 더욱 견고하게 만들어 모두가 한 조직의 일원이라는 느낌을 심어 줄 수 있다.

이 대화를 나누고 나면 직원들과 유대감이 더욱 깊어진 느낌을 받지 않을 수 없다. 서로의 삶에서 공통점과 차이점을 발견하게 되어 더 친밀해지게 된다. 그러면 당신은 직원들의 미래에 더욱 마음을 쏟게 될 것이고, 직원들은 당신에게서 더 큰 지원을 받고 있다고 느낄 것이다. 트위터에서 내 직속 부하인 데일(Dale)이 자신의 직속 부하들과 인생 이야기 대화 시간을 진행했다. 일정을 슬쩍 확인한 나는 관리자 중 한 명인 저스틴(Justin)을 따로 불러내어 대화가 어땠는지 물었다. (저스틴은 인생 이야기 대화가 내가 만든 모델인 줄 몰랐다.) 그의 대답은 열정적이었다. "저한테 이렇게 초점을 맞춰서 커리어 대화를 나눠 본 게 처음이에요!" 그는 그 자신과 그의 미래, 데일과의 관계에 엄청난 투자를 받은 느낌을 받았다. 직장에서 이 정도의 유대감을 형성하게 해주는 도구는 거의 없다.

함정과 위험

당신이 주인공이 아니다

명심해야 할 점은 당신의 인생 이야기를 하는 자리가 아니라, 직원들의 인생 이야기를 듣는 자리다. 여기에는 몇 가지 역학이 작용할 수 있음을 알아야 한다. 첫째, 가끔씩 관리자가 '주도권을 잡으려는' 모습을 보일 수 있다. 둘째, 권력의 차이와 처음에는 직원이 불편함을 느끼는 탓에 당신이 먼저 말을 시작하고 나면 그 직원은 당신이 계속 말을 이어가게 두려고 한다. 이 두 가지 역학으로 관리자가 지나치게 수다스러워지면 소중한 15분이 낭비될 수 있다.

대화를 나누다 보면 공감하게 되는 순간이 생긴다. "정말 고등학교 때 축구했어요? 저도요." 또는 "우와, 나도 화학 동아리였거든요!" 이런 순간에는 접점이 있다는 것을 밝히되 짧게 한 뒤 다시 직원의 인생 이야기로 돌아가야 한다.

철의 장막이 드리워진 채로 두기: 경계를 존중한다

가장 흔한 질문은 "사람들이 이런 대화를 불편해하면 어떻게 해야 하나요?"이다. 내 경험상 사람들은 직장 동료나 상사에게 삶의 일부를 공유하는 것을 불편해할 수 있지만, 결과적으로는 대화를 불편하게 느끼지 않았다. 어떤 부분은 공유를 불편하게 느껴도 괜찮다! 누구나 밝히고 싶지 않은 이야기는 밝히지 않을 자유가 있지만, 나무를 보느라 숲을 놓치는 일이 있어서는 안 된다. 불안한 마음으로 참여했던 직원도 끝나고 나면 정말 좋은 경험이었다고 말했다.

트위터에 몸담고 있던 2013년, 나는 글로벌 영업팀의 모든 관리자에게 그 대화를 진행하도록 했다. 몇 달 후, 나는 트위터 인사팀으로부터 전화를 받았다. 관리자가 너무 사적인 이야기를 하는 것이 불편하다는 직원의 신고를 받았다고 했다. 알고 보니 인생 이야기 대화 때 해당 직원의 부모님이 이혼한 내용을 깊이 조사할 필요가 있다고 판단한 관리자가 너무 세세한 질문들을 던졌던 것이다.

나는 캐묻는 것이 대화의 일부일 수 있지만, 부모님의 이혼에 대해 캐묻는 것은 잘못이라고 했다. 첫째, 부모의 이혼은 해당 직원이 스스로 내린 선택이나 결정이 아니기에 그 직원이 가치 있다고 생각하는 것을 통찰하는 데 도움이 되지 않는다. 둘째, 직원 삶의 특정 요소 하나를 집요하게 파고들어 어떤 가치를 발견할 수 있다는 보장이 없다. 마지막으로, 직원이 어떤 개인적인 일을 공유하기 꺼린다면 그 '철의 장막'은 드리워진 채로 두고 넘어가야 한다. 한 사람의 인생에서 의미 있는 부분을 건너뛰어도 여전히 훌륭한 결과를 얻을 수 있다. 최종 결과가 직원이 생각하는 핵심 가치를 파악하는 것이라면, 관리자가 통찰하는 과정에서 직원이 어떤 이야기를 생략하고 건너뛰었는지는 중요하지 않다. 그 핵심 가치는 여전하기 때문이다.

나는 예전에 근무하던 한 회사에서 성과가 뛰어난 직원 톰(Tom)과 대화를 나누는 시간을 가졌다. 대화 중 톰은 자신이 트랜스젠더라는 사실을 내게 공유하며, 이로 인해 자신의 삶이 어떤 영향을 받았는지 솔직하게 이야기했다. 나는 깊이 캐묻는 것은 삼가며 이야기를 들어주었고, 그가 내게 그 이야기를 공유해 줘서 기뻤다.

대화가 끝날 무렵 그가 잠시 멈칫하다가 나에게 물었다. "오늘 대화는 어떤 목적이었나요?" 그가 직장에서 중요하게 여기는 게 무엇인지 더욱 깊이 이해하고, 더 나은 가이드가 되어 주기 위해 그가 생각하는 핵심 가치들을 찾는 자리였다고 대답했다. 앞서 이야기했듯 그는 이렇게 말했다. "그냥 아셨으면 해서요. 회사에서 제가 트랜스젠더라는 걸 아는 사람은 아무도 없어요. 제가 다른 사람한테 말한 건 오늘 처음이에요…. 대화를 하다 보니 갑자기 불쑥 튀어나왔는데, 와, 지금 제가 회사에서 커밍아웃한 거네요!" 나는 그에게 몇 가지를 약속했다. 첫째, 대화 내용은 절대로 유출하지 않는다. 10년이 지난 지금까지도 그에 관해 알게 된 사실을 그 누구에게도 얘기한 적 없다. 둘째, 문서로 작성된 톰의 핵심 가치는 만에 하나라도 공유되면 안 되니까, 그 이야기는 문서에 포함시키지 않겠다고 안심시켰다. '당신의 비밀은 절대로 누설하지 않을게요, 브라더!'

내가 이런 이야기를 하는 데는 다 이유가 있다. 직원이 특정 주제를 피해 빠져나갈 수 있는 탈출구를 당신이 제공해야 하는 상황을 이해시키기 위해서다. 그런 순간에는 직원이 편안하게 다른 방향으로 나아갈 수 있도록 해주어야 한다.

나는 이런 유형의 대화는 시작도 하지 않았다. 그 이유를 두 가지만 꼽자면 첫째는 시간이다. 만약 직속 부하가 열 명이라면 이 대화에 열 시간 이상이 들 것이다. 둘째는 개인적인 문제가 드러나 직원들이 불편함을 느낄 위험이 있기 때문이다.

지금이 그런 위험을 당신이 납득할 수 있는 좋은 타이밍인 것 같다. 위험은 사건의 발생 확률에 사건의 규모를 곱한 방정식이다. 인간은 사건의 규모에 더 집중하는 경향이 있다. 가령, 비행기 추락 사고와 자동차 충돌 사고 중 어느 쪽이 더 위험하겠는가? 많은 사람이 비행기 추락 사고를 떠올릴 것이다. 수만 피터 상공에서 제트 연료를 싣고 수백 명의 사람을 태운 거대한 기기가 추락하는, 재앙에 가까운 사고이기 때문이다. 그러나 계산을 해보면 평균 자동차 사고 규모는 평균 비행기 사고 규모보다 훨씬 작지만, 확률은 자동차 사고가 훨씬 크다는 것을 알게 된다. 그렇다면 일상에서는 어느 쪽이 더 위험할까? 우리 대부분은 비행기를 절대 타지 않겠다는 사람이 있다는 것을 알지만, 자동차를 절대 타지 않겠다고 하는 사람은 듣도 보도 못했을 것이다.

그렇게 보면 대화 도중 직원이 너무 당황할 확률이나 당신이 너무 지나치게 나간 탓에 인사팀에서 조사할 확률 또한 매우 낮다. 하지만 대화의 규모(당신의 인간관계와 훌륭한 커리어 가이드가 될 수 있는 능력에 미치는 영향)가 엄청나기 때문에, 대화하지 않음으로써 발생하는 위험은 당신을 주저하게 하는 그 어떤 상업적 우려보다 훨씬 더 크다. 실수라는 작은 위험 때문에 직원과의 관계에서 막대한 기회비용을 치르는 일은 없어야 할 것이다.

생산적인 질문 vs 호기심 어린 질문

이러한 대화를 시작하면 상대의 삶에 대해 수많은 질문을 하게 될 것이다. 사람들은 특별한 존재이고 이들의 삶의 여정은 매우 흥미롭다. 나도 동감한다. 하지만 대화 내내 당신의 호기심을 충족시키는 데 초점을 맞춘다면, 상대방의 삶에서 중요 전환점을 통해 드러나는 5~10개의 핵심 가치를 이해하겠다는 당신의 목표를 달성하지 못할 것이다. 따라서 가치의 단서로 보이는 사건에 당신의 호기심을 집중하는 것이 중요하다. 예를 들어 "치어리딩에서 수영으로 바꾸면서 엄청난 변화가 찾아왔어요" 같은 말을 들었을 때, 보통 사람이라면 당연히 "왜요?" 하고 물어볼 것이다. 이렇게만 해도 좋은 질문이다. 하지만 나는 여기에 조건을 달고 싶다. "왜?"라는 질문은 어떤 가치에 대한 통찰로 이어질 수 있다고 판단한 순간에만 해야 한다. 누군가의 인생 이야기를 세세한 부분까지 완전히 이해하려면 상대의 나이만큼이나 시간이 오래 걸릴 수 있기 때문이다.

늘어지는 진행: 인생 초기에 시간 낭비는 금물

대화를 시작한 지 45분이 지났는데도 여전히 초등학교 시절에 대해 이야기하고 있다면, 유감스럽게도 당신은 시간을 잘못 관리하는 것이다. 인생 초기에 너무 많은 시간을 할애하면 한 가지 큰 문제가 생긴다. 그 사람의 인생 이야기를 상당 부분 놓칠 뿐만 아니라, 그 사람이 성숙했을 때의 여러 이야기를 놓치게 된다. 성숙한 시기의 이야기에서는 그 사람이 생각하는 진정한 가치가 드러날 확률이 훨씬 높다.

뻔한 이야기를 하는 것 같겠지만, 이 같은 일은 실제로 매우 자주 일어난다. 왜 그런 일이 벌어지는지는 예측이 가능하고 겉으로 드러난다. 인생 이야기는 연대순으로 펼쳐지는 이야기로서 대화가 촉진되고, 전달되고, 이해되는 과정 역시 시간 순서를 따라야 한다. 대화의 목표라는 관점에서 보면, 상대가 처음 어떻게 그 상황에 있게 되었는지 이해하지 못한다면 그의 마지막 역할을 맥락적으로 이해하기 어렵기 때문이다. 또 다른 이유로는 대화 초반이 좀 더 조심스럽게 느껴져 당신이 주도해 이야기를 진행시켜야 한다는 마음이 들기 어려운 탓이다. 예정된 대화 시간에 몇 분 늦게 도착한 사람이 자리를 잡는 동안 잡담이 오가다 보면 15분 정도는 금방 낭비되기 쉽다. 특히 당신 맞은편에 앉은 사람이 쓸데없는 이야기로 시간을 끄는데도 당

탁월한 리더의 성공 법칙

신이 적극적으로 나서지 않는 경우라면 더욱 그렇다. 직원과의 대화에서 핵심 가치를 찾는다는 목표를 우선시한다면, 직원에게 신경을 쓰고 관심을 기울이는 모습을 보여준다는 다른 여러 목표 또한 확실히 성공을 거둘 것이다. 약속한다!

15장

대화 2:
꿈을 이용해 비전에 도달하기

래리(Larry)는 비범한 인재였다. 전기공학 학위를 받은 후 인텔에서 엔지니어로 일했고, 이후 상장한 한 회사에서 제품 관리자가 되었으며, 소니 픽처스(Sony Pictures)에서는 사업개발 고위 관리자를 지냈고, 하버드대학원 학위를 받은 뒤에는 맥킨지에서 컨설턴트로 일했다. 내가 래리를 처음 만났을 당시 그는 구글에서 일하고 있었다. 래리는 경력도 훌륭했지만 일을 해내는 능력 또한 뛰어났다.

래리는 팀에 깊이 마음을 쓰고 높은 기대치로 팀원들의 도전 심리를 자극하는 강력한 인사 관리자였다. 냉정하게 우선순위를 정하는 사람이었던 래리는 기꺼이 "아니오"라고 말하고 정말 중요한 소수의 일에만 집중했다. 그의 팀은 언제나 명확한 목표가 있었고, 래리는 목표를 지켜 낼 수만 있다면 선로에 뛰어들어 화물열차를 가로막을 수 있는 사람이었다. 하지만 그는 한 번씩 자신의 직업적 운이 공정했는지에 매달리며 커리어에 전전긍긍하는 모습을 보였다. 과거의 성과로 미래의 성공을 예측할 수 없다는 사실은 모두 알지만, 래리가 뛰어난 성과를 쌓아 온 것만큼은 분명했다. 그럼에도 그는 자신의 커리어가 어디로 향하고 있는가 하는 문제에 집착하며 다른 사람들은 '정치질'을 잘해 앞서 나가는 것 같은데, 자신은 그러지 않아 중간 관리자급에서 나아가지 못하는 것은 아닌지 걱정했다.

래리가 공정성을 민감하게 생각하는 것은 이해가 된다. 이제… 알 것 같다. 하지만 나는 래리도, 구글 문화도 당시 완전히 파악하지 못했기에 그 심정을 이해하는 데 시간이 좀 걸렸다. 내가 처음으로 구글의 분기별 검토, 평가, 승진 프로세스에 참여했던 때가 생생하게 기억난다. 앞서 말했듯이 해병대 하급자들의 승진은 우수함 때문이 아니라 복무 기간에 따랐다. 또한 내가 운영했던 소규모 기업 패스파인더스(Pathfinders)에서는 승진에 별 의미를 두지 않았다. 몇몇 직원이 연봉 인상과 함께 인정을 받았지만, 승진은 그리 대단한 일이 아니었다.

반면 구글에서는 승진이 정말 중요한 일이었다. 하지만 내가 직원들에게 동료의 승진 소식을 전했을 때 돌아오는 반응은 꽤 불쾌했다. 승진을 함께 기뻐할 것이라는 기대와 달리 툴툴거리는 소리만 들어야 했기 때문이다. 많은 사람이 질투했다. 그 밖의 다른 사람들은 좀 더 이성적이기는 했지만 부정적인 반응은 마찬가지였다. 대체로 '저 사람은 되고 나는 왜 안 돼?' 하는 생각에 사로잡혀 있었다. 물론 그렇게 생각하는 데는 자세한 까닭이 있겠지만, 모든 불만의 근원에는 불공정하다는 인식이 자리하고 있었다. 그 일을 계기로 나는 일반적인 공정성뿐만이 아니라 지각된 공정성(Perceived Fairness, 개인이 결과를 두고 느끼는 공정성-옮긴이)의 중요성에 대한 공부를 시작했다.

앞서 나는 데이비드 록의 《일하는 뇌》라는 책을 언급했다. 록은 직장에서 경험하는 사회적 위협을 독자들이 쉽게 기억할 수 있도록 두문자어(頭文字語)로 이름을 붙여 SCARF 모델을 개발했다. 이는 지위(Status), 확실성(Certainly), 자율성(Autonomy), 관계성(Relatedness), 공정성(Fairness)을 의미한다.

우리의 뇌는 가장 간단하게 두 부위로 나눌 수 있다. 하나는 편도체와 뇌간을 포함하고 감정과 생존 본능에 관여하는 변연계이고, 다른 하나는 문제 해결을 관장하는 전전두엽 피질이다. 록이 적었듯이 이두 영역은 함께 작동하는 게 아니라 자원을 두고, 특히 산소와 포도당을 두고 경쟁을 벌인다. GE 벤처스(GE Ventures)에 근무하는 내 제자는 뇌 전문가이기도 했는데, 그는 내게 이렇게 설명했다. 두 영역은 서로 협력하지 않을 뿐만 아니라 변연계는 도피 본능을 우선시하도록 설계된 화학 물질로 전전두엽 피질을 뒤덮어 문제 해결 능력을 방해하기까지 한다. 겁이 나거나 화가 날 때(변연계) 생각하는(전전두엽 피질) 것이 어려운 이유가 이 때문이다. "너무 화가 나서 제대로 생각할 수 없었어." (정답이다.)

록은 SCARF로 요약되는 사회적 위협이 늑대 무리에게 쫓기는 상황과 같은 물리적인 위협을 인지하는 뇌와 같은 부위에서 발현되며, 이로 인해 마찬가지로 이성적인 사고가 어려워진다고 설명했다. 물론 사람마다 사회적 위협을 경험하는 방식이 다르지만, 래리의 경우 실제든 인지된 것이든 불공정성이 그를 극도로 화나게 만들었다.

어느 화창한 캘리포니아의 오후, 래리가 내 사무실로 찾아왔다. 그의

탁월한 리더의 성공 법칙

보디랭귀지는 분노를 표현하고 있었다. "무슨 일이에요?" 내가 물었다.

"제자리걸음만 하며 앞으로 나아가질 못하고 있는 기분입니다." 그가 말했다. 이 말은 나를 꽤 놀라게 했다. 그는 최근 우리가 전략적으로 인수한 기업 서비스 조직을 운영하고 있었고, 많은 사람이 선망하는 이사직으로 승진했으며, 과거 불공정했던 그의 연봉도 내가 바로잡아 이제는 공정하게 받고 있었다. 요컨대 그는 대단한 일을 매우 성공적으로 하고 있었다. "좀 더 말해 봐요." 내가 그의 말을 재촉했다.

"제가 여기서 뭘 하고 있는지 모르겠습니다. 이 일이 제가 원하는 방향으로 나아가고 있는지 확신이 서지 않아요. 제 동료들과 비교해도, 제가 원하는 수준과 비교해도 보상이 계속 줄어드는 것만 같고요."

래리와 나는 비슷한 대화를 이미 여러 번 나눴지만, 이번에는 내가 실마리를 찾은 듯했다. 나는 래리의 동료들에 대해서도, 동료들과 비교해 래리의 진전 상황에 대해서도 우리가 할 수 있는 것은 없다고 말했다. 내가 이미 제도적으로 불공정이 사라진 것을 확인한 이상 그런 식의 사고방식을 부추기고 싶지는 않았다. 나는 래리에게 가고 싶은 방향에 집중하자고 제안했다. 래리는 동의했고, 나는 비서에게 내 일정을 비워 달라고 요청하는 것으로 우리 둘 다 대화 준비를 마쳤다.

"모든 일이 어디를 향하고 있다고 생각해요?" 내가 물었다. 래리는 질문을 받고 처음에는 당황했다. 자신이 불공정한 대우를 받는다고 불평하러 왔는데, 내가 그의 장기적 비전에 대해 물었기 때문이다. "제가 보기에는 자신의 커리어가 향하는 곳은 물론, 그 방향이 원하는 방향이 아니라는 것까지 정확히 알고 있는 것 같아요." 내가 설명했다. "래리가 자신의 미래를 어떻게 그리고 있는지 저에게 공유해 준다면, 제가 좀 더 나은 조언을 할 수 있을 것 같아요. 제 말 이해되나요?"

래리와 나는 서로 신뢰하고 존경하는 사이였다. 15년이 지난 지금까지도 꽤 가까운 관계를 유지하고 있다. 래리는 나를 믿고 내 질문에 답해 주었다.

"제 꿈은 CEO가 되는 겁니다."

나는 기쁨과 당황스러움을 동시에 느꼈다. 내가 기뻤던 것은 내 최고 성과자 중 한 명과 하게 될 대화가 판도를 뒤집는 굉장한 대화가 될지도 모른다는 느낌을 받았기 때문이었다. 다만 당황스러웠던 것은 그에게 이런 질문을 한 번도 한 적이 없고, 그가 꿈꾸는 미래를 눈치조차 채지 못하고 있었기 때문이었다. 래리는 종종 제프 베이조스 (Jeff Bezos), 루 거스너(Lou Gerstner, 전 IBM 회장-옮긴이), 사티야 나델라(Satya Nadella, 마이크로소프트 의장-옮긴이)에 대해 이야기하곤 했는데, 그는 이들의 스타일과 도전과 업적을 모두 연구한 게 분명했다. 그 순간 나는 직원들의 꿈을 명확하게 파악하기 시작해야겠다는 생각이 들었다.

"CEO의 어떤 점에 매력을 느낍니까?" 당시에는 몰랐지만, 그때 나는 래리가 자신의 꿈에 초점을 맞추도록 돕고 있었다.

"흐으음. 좋은 질문이네요. 몇 가지 되는 것 같아요. 먼저, 책임 소재가 명확하다는 게 좋습니다. 무슨 일이 벌어지든 CEO 책임이잖아요. 두 번째 이유는 CEO가 다양한 역할을 수행하는 것이죠. 다양한 부서를 관리하고, 외부 커뮤니케이션과 이사회 일까지… 제 시간을 정말 재미있게 쓸 수 있을 것 같아요. 마지막으로는, 여러 기능을 관리한다는 그 개념… 교향곡 지휘자가 현악기, 금관악기, 타악기, 목관악기로 하모니를 만들어 내는 그런 느낌…. 이해가 가시나요?" 래리가 자신

탁월한 리더의 성공 법칙

의 커리어에서 무엇을 중요하게 여겼는지, 다르게 말하자면 그가 무엇을 가치 있게 여겼는지 놀라운 통찰을 제공하는 이야기였다. 나중에 그와 인생 이야기 대화를 나누며 오래전의 이야기까지 듣고 나서야 이런 그의 생각이 어디서 비롯된 것인지 알 수 있었다.

나는 그에게 대단히 설득력 있는 설명이었다고 말했다. 그의 강점과 배경이 무엇인지, 그가 매일같이 자신의 업무를 어떻게 처리하는지 아는 나로서는 CEO가 되어 있을 그의 모습이 눈앞에 훤히 보였다. 이 대화에 몰입한 래리는 내게 다시 공을 넘겼다. "또 무슨 이야기를 들려 드릴까요?"

순간 정확히는 설명하기 어렵지만 'CEO'가 그의 미래를 설명하는 가장 능동적인 단어는 아닌 것 같다는 생각이 스치고 지나갔다. 우리가 거기까지 이야기를 진행한 것도 좋았지만, 그의 꿈을 구체화하기 위해 몇 가지 문제를 해결해야 할 것 같았다.

"래리, 좀 더 입체적으로 느껴 보고 싶어서 그래요. 가령, 대기업의 CEO와 스타트업의 CEO는 다르잖아요. 비영리 조직의 CEO와 테크 기업의 CEO는 또 다르고."

이 말에 래리가 생각에 빠졌다. 래리는 파이브 툴(five-tool) 플레이어였다. 야구에서 쓰는 용어인 파이브 툴은 타격 정확도, 장타력, 주루, 수비, 송구 능력이 모두 뛰어난 보기 드문 선수를 의미했다.

야구를 잘 모르는 사람이라면 프로 야구 선수가 이 다섯 가지 능력을 모두 갖췄을 거라 생각할 수 있지만, 사실 야구는 상당히 전문화된 스포츠다. 이를테면 파워 히터는 홈런을 자주 치는 타자로서 보통 몸이 크고, 느리며, 육중한 경우가 많아 주루 능력이 좋지 않다. 또한 뛰어난 파워 히터들은 라인업에서 앞 선수들에 비해 삼진을 자주 당해 항상 평균 타율을 기록하는 것도 아니었다. 파워 히터에게는 유격수나 2루수라는 아주 중요한 수비 포지션을 맡기는 일도 거의 없다. 해당 수비 포지션이 아주 민첩하게 움직여야 할 뿐만 아니라 수비 난도와 강도가 1루와 3루보다 훨씬 높기 때문이다. 그러고 보면 래리는 매우 다재다능한 사람이었다. 일상적인 업무에서 그가 콘셉트와 거시적인 방향 같은 전략적인 수준의 업무와 매우 실질적인 수준의 업무(전술, 원칙, 일일·주간 목표)를 동시에 수행할 수 있다는 의미였다. 래리는 내가 대화를 거시적인 방향에서 좀 더 전술적인 쪽으로 끌고 나간다는 사실을 곧장 눈치챘다. 래리는 그것이 정확히 무엇인지 몰라도 우리가 뭔가 해낼 수 있겠다는 것을 감지하고 흥분한 채로 바통을 건네받았다.

"좋아요, 러스. 좀 더 세부적으로 이야기해 볼 수 있을 것 같아요."

"그럽시다."

"테크 업계에 있고 싶다는 게 가장 쉬운 답일 것 같아요. 커리어 대부분이 테크 업계였고, 사람들의 삶에 컴퓨터 과학을 적용하는 데 관심이 아주 많거든요."

"어떤 사람들이요, 래리?"

"뭐, 유저들… 소비자들이요. 지금 제 역할에서 느끼는 불편한 것들 중 하나가 소비자를 직접 대면하지 않는, 전부 B2B라는 점이거든요." B2B는 기업 간 거래 중심의 제품 및 서비스를 뜻하는 테크 용어다.

"그렇군요, 그럼 B2B보다는 컨슈머 테크(Consumer Tech, SNS·커머스 플랫폼을 기반으로 일반 소비자의 의식주를 대상으로 한 기술 서비스-옮긴이) 업계의

CEO가 되고 싶다고 말하는 편이 맞겠군요?"

"네. 맞아요."

"좋아요. 대단하네요. 컨슈머 테크에서 구체적으로는 어떤 분야가 될까요?"

"구글이 하고 있는 거 말이에요. 웹 앱, 네이티브 모바일 앱, 모바일 웹 같은 거요. 소니에서 비즈니스 개발 업무를 하면서 소비자 영상(Consumer Video)에도 관심이 생겼어요. 이게 도움이 되나요?"

"네, 엄청요. 그러니까 일반 사용자를 대상으로 한 동영상 기업의 CEO가 되고 싶다는 걸로 봐도 되나요? 그 비슷한 거?"

"네, 맞아요."

"제가 이 뼈대에다 살을 좀 붙여도 될까요? 해볼 만한 일인 것 같아서요."

"한번 해보죠."

"좋아요. 조금 더 뒤로 돌아가 생각해 볼게요. 회사 규모에 대해 생각해 둔 건 있어요? 그러니까, 직접 창업을 하고 싶은가요? 스타트업의 CEO가 되고 싶다면 시드(씨앗) 단계예요. 그럼 창업해야 하고요. 그리고 스타트업 CEO는 포춘 선정 500대 기업 CEO와는 기준이 다르니까 그 점을 좀 생각해 봐야 할 것 같거든요."

"그런데 그건 좀 어렵겠네요. 제 리스크 프로필(Risk profile)로 봐서 스타트업에 적합하지 않은 것 같아요. 아내와 2세를 계획하는 중이라, 스타트업은 너무 과한 것 같아요. 모르겠어요. 좀 이상한 소리처럼 들리세요?"

그의 솔직함에 고마움을 느끼며 나는 이렇게 답했다. "전혀요. 정말 원하지 않는 일에 총을 겨누는 건 말도 안 돼요. 빠른 진행을 위해 스타트업은 지워 버리자고요."

테크 기업의 성장 단계는 조금 아는 바가 있었다. 보통 300만 달러 정도의 벤처 캐피탈 자금을 조달하는 시드 단계가 있고, 시리즈 A 단계에서는 700만 달러 내지 1,000만 달러를 조달한다. 래리는 단단하고도 정교한 조직 운영 커리어를 쌓아 온 만큼 대기업에 좀 더 잘 어울릴 것 같았다.

래리가 말을 이었다. "좋아요. 이렇게 보면 소기업은 아웃이고, 대기업도 제가 원하는 곳은 아닌 것 같고요. 그럼 중견기업이겠죠?"

"대기업과 스타트업을 제외하면 제품-시장 적합성(Product Market Fit, 제품이 시장의 요구와 기대에 부응하는 것-옮긴이)을 갖추고 어느 정도 규모를 키워 성숙 단계에 있는 기업으로 좁혀진 것 같아요. 이보다 상세할 필요는 없을 것 같아요, 안 그래요? 이미 좋은 출발선에 섰고, 이제 여기서 백워드 플랜(Backward Plan, 원하는 목표를 정한 뒤 역으로 거슬러 올라가는 플래닝-옮긴이)을 세울 수 있겠는데요."

"네." 래리가 말했다.

"자, 그럼 제 생각은 이래요. 중간 규모의 컨슈머 테크 기업 CEO. 아마도 영상에 중점을 둔 회사. 우리가 잘 찾은 건가요?"

"네! 세상에. 멋지네요. 이렇게 말로 해본 적은 처음인 것 같아요. 제 머릿속에 아이디어는 계속 떠다니고 있었는데, 이렇게 일관성 있고 소통 가능한(communicatable) 형태로 정리해 본 적이 없었어요." 래리는 communicatable이란 단어가 실제로 존재하는지 확신하지 못한 채 사용했지만(표준 영어에는 없는 단어다), 상관없었다. 둘이 무서운 속도로 나아

탁월한 리더의 성공 법칙

가고 있었고, 다음 단계가 궁금해 견딜 수가 없을 정도였으니까. 아직 해야 할 일이 많았지만 정말 짧은 시간 안에 놀라운 진전을 이뤘다.

래리는 가벼워진 발걸음으로 내 사무실을 나갔고, 손을 떨며 우울해하던 생활은 끝이 났다. 래리는 자신의 등대를 선명하게 봤고, 이제 다음 단계는 그 등대에 닿을 경로를 계획하는 것이었다.

관리자들이 인생 이야기 대화에서 흔히 저지르는 실수는 힘차게 시작해 놓고 모든 선의와 추진력을 적극 활용하지 못한다는 것이었다. 여기에는 두 가지 문제가 있다. 하나는 이 책에서 다루는 세 가지 유형의 커리어 대화에서 가장 중요한 부분은 (아무리 재미있고 흥미진진하다 해도) 인생 이야기가 아니라는 것이다. 그보다 더욱 중요한 것은 그 뒤에 이어지는 대화에서 직원들이 자신의 꿈의 직업, 즉 커리어의 정점에서 하고 싶은 일이 무엇인지에 초점을 맞추고, 그 열망을 선명한 비전 선언문으로 전환하도록 도와주는 것이다. 이제부터 핵심은 직원의 단기적 행동과 투자를 장기적 목표와 일직선상에 놓는 것인데, 이 과정은 비전 선언문이 없으면 불가능하다. 4부 첫머리에 나왔던 데이터를 떠올려 보길 바란다. CAP(커리어 실행 계획) 프로세스를 모두 마친 관리자들이 전반적인 효율성 점수에서 더 높은 점수를 기록했을 뿐 아니라 후광 효과를 누리기도 했다.

이 대화를 시작하기 가장 좋은 방법은 직원들에게 꿈의 직업이 무엇인지 이야기를 해달라고 하는 것이다. 다만 말처럼 쉽지는 않다. 래리의 사례처럼 직업과 커리어를 가진 성인들은 꿈에 대해 말하는 것을 어려워하는 한편, 아이들은 대다수 자연스럽게 그런 이야기를 한다. 얼마 전 퀼트릭스에서 이 사실을 극적으로 보여주는 한 장면을 목격했다. 내 동료들 중 한 명인 조시(Josh)는 영어가 모국어가 아닌 중고생들을 대상으로 교회 모임을 운영했다. 모임에 참가하는 청소년들은 사무실의 모습을 TV 드라마 〈더 오피스(The Office)〉를 보고 상상했다. 그들은 칸막이가 가득 들어찬 공간, 에너지 소비가 큰 조명, 칙칙한 벽, 석고 천장, 비닐 바닥, 비트 농장, 토비 플랜더슨(Toby Flenderson), 직장에 대한 불쾌감을 떠올렸다. 조시는 아이들에게 '사무실도 꽤 멋질 수 있다'는 것을 보여줘야 한다고 생각했고, 어느 날 저녁에 아이들과 몇몇 부모님을 사무실로 초청하기로 했다.

그는 내게 커리어 계획 세션을 함께해 줄 수 있는지 물었다. 내 첫 반응은 "뭐라고?"였지만, 다시 생각해 보니 기회가 될 수도 있겠다는 생각이 들었다. 첫째로, 조시가 아이들을 위해 하는 일은 내가 투자할 만한 가치가 있었다. 아이들은 자기 눈으로 직접 봐야 믿을 수 있었고, 믿어야 성취할 수 있을 테니까. 둘째로, 젊은 친구들이 커리어에 대한 비전을 생각해 볼 수 있는 기회였다. 커리어 대화를 나눌 때 내가 가장 많이 듣는 말이 "저는 아직 어려서 커서 뭐가 되고 싶은지 모르겠어요"였다. 그런 말을 들을 때마다 헛소리라고 생각했지만, 이 아이들과 함께 시간을 보내고 나니 이제는 '그 말이 정말 헛소리'라는 것을 알게 되었다.

성인이 유독 자신의 꿈과 꿈의 직업에 대해 이야기하는 것을 꺼리는 데는 몇 가지 이유가 있다.

- 현재에만 매몰되어 있다 보니 장기적인 이익에 초점을 맞출 시간을 내지 못한다.

탁월한 리더의 성공 법칙

- 장기적인 목표를 세운다고 해서 나중에 방향을 바꾸거나 조정할 수 없는 게 아닌데, 장기적인 목표에 얽매이게 될까 봐 두려워한다. 우리가 비석에 비전을 새겨 넣는 것이 아니라는 사실을 잊고 만다.
- 상사에게 미래의 포부에 대해 솔직하게 밝히기 어렵다고 느낀다.
- 안타깝게도 꿈꾸는 법을 잃어버렸다.

하지만 사실 사람들은 거의 항상 머릿속에 꿈의 직업을 갖고 있다. 모호할 수는 있지만 내 경험에 비춰 보면 분명 존재한다. 실제로 나는 이 과정을 천 번 이상 거친 사람으로서 뒤에 설명할 한 가지 사례를 제외하고는 모든 사람이 적어도 하나의 꿈을 일관된 비전 선언문으로 구체화하는 것을 성공적으로 도왔다. 이것은 매우 중요한 일이다. 비전이 없다면 내가 유용한 커리어 조언을 전혀 해줄 수 없기 때문이다. 자신이 무엇을 향해 나아가는지에 대한 그림이 없다면 내 조언은 임의적이고 쓸모없는 무언가가 되고 만다. 그런 상황이라면 나도 조언을 건네지 않는다.

조시와 아이들의 이야기로 돌아가자면, 내가 맡은 세션은 약 한 시간 동안 진행되었다. 아이들이 자신의 커리어 비전을 발표한 다음 이를 달성하기 위한 실행 계획을 세우는 일련의 과정을 내가 돕는 것이었다. 나는 아이들에게 꿈의 직업을 종이에 적게 한 뒤 짝을 지어 주고는 "왜 그 직업이 꿈의 직업인가?"에 대한 답을 찾을 때까지 서로에게 질문하도록 했다. 이후 그 꿈을 실현하는 데 조금이라도 기여할 수 있는 구체적인 행동을 하나씩 적도록 했다. 3개월 안에 직접 시도할 행동이기도 했다. 마지막으로 다시 짝을 이뤄 상대와 조시에게 꿈을 위한 그 행동을 꼭 하겠다고 약속하도록 했다. 간단했고, 효과적이었으며, 무척이나 귀여웠다.

꿈꾸기를 멈추라는 세상의 가르침을 아직 받지 않은 아이들은 이 훈련을 즐겁고 활기차게 해냈다. 아이들의 열정에는 전염성이 있었다. 그 방 안에는 동물학자 두 명, 자동차 정비사 한 명, 의사 한 명, 프로 축구 선수 한 명 등 미래의 주인공들이 있었다. 미래의 프로 축구 선수는 이렇게 말했다. "많은 관중에게 제가 할 수 있는 일을 자랑하고 돈을 많이 벌고 싶어요."

보너스 같은 순간도 있었다. 학부모들이 적극적으로 참여할 줄 몰랐던 나는 마지막에 자신이 꿈꾸는 직업과 실행 계획 중인 행동 한 가지를 앞에 나와 발표해 줄 사람을 찾을 때가 돼서야 그 사실을 알았다. 아이들은 예상대로 처음에는 발표하기를 꺼렸다. 마침내 손을 든 사람은 한 엄마였다. 그 엄마는 유창하지 않은 영어로 간간이 미래의 축구 선수인 아들에게 도움을 받아 가며 간호사가 되는 것이 꿈이라고 말했다. 그녀가 계획한 행동은 간호학 학위를 받기 위해 유타밸리 대학교 야간 수업을 다시 듣는 것이었다. 나는 그 순간과 그날 저녁에 본 다른 모든 것에 깊은 감동을 받았다.

지금쯤이면 내가 무슨 말을 하고자 하는지 당신도 이해했으리라 생각한다. 사람들이 자신의 꿈을 꺼내 발전시키도록 압박해야 하고, 그럴 수 있는 시간과 공간을 제공하고 책임감도 부여해야 한다. 그러지 않으면 꿈은 밖으로 나오지 않는다. 계속 끈질기게 매달려야 한다. 당신은 어쩌면 자신의 장기적 목표에 대한 실마리가 없어 타인을 도울 자격도 없다고 생각할 수 있다. 당신이 모든 답을 갖고 있을 필요는 없다. 당신은 여전히 비전 형성 과정을 통해 직원들을 이끌 수 있다. 자신이 한계에 이르렀을 때는 적절한 사람과 장소를 찾을 수 있도록 직원들의 도움을 받으면 된다. "잘 모르겠다"는 말은 우리 자신에게도, 다른 사람들에게도 허용해서는 안 된다. 하지만 어떻게 그럴 수 있을까?

다시 등대로 돌아가 보자. 등대로 가는 길을 마련해야 한다고 이야기한 것을 기억하는가? 하지만 우선 등대에 초점을 맞춰야 한다. 초점을 맞추고 나면 등대가 조금 더 자세히 눈에 들어오기 시작한다. 커다란 바닷새 한 마리가 지붕 위에서 쉬고 있다. 펠리컨이다. 펠리컨은 이따금 바다로 내려와 수면 위를 돌다가 물고기를 잡아 새끼 펠리컨 두 마리가 있는 둥지로 가져간다. 등대의 지붕 타일은 빨간색이고 동그랗다. 치장 벽토로 된 등대 옆면은 군데군데 금이 가 있으며 서양 담쟁이덩굴로 덮여 있다. 등대 아래 검은 바위 해변에 바다사자 무리가 보인다.

이제 이 비유가 명확하게 전달되었길 바란다. '지휘관의 의도' 부분에서 이야기했듯이, 해병대원이 순간적으로 어떤 행동을 취해야 할지 알 수 있는 것은 뒤에 있는 길(SMEAC 작전 명령)을 이해하고, 멀리 보이는 등대(임무의 예상 결과)를 명확하게 보고 있기 때문이다. 그는 이 두 가지를 바탕으로 지금 가장 적절한 행동을 취해야 한다. 당신도 자신의 커리어에서 이와 같이 해야 한다.

등대에 초점을 맞춘다는 아이디어를 조금만 더 다뤄 보고자 한다. 비유에서는 쌍안경을 사용했지만 현실에서는 그리 간단하지 않다. 나는 다음의 접근법을 추천한다. 흐릿한 형상에서 시작하는 것이다.

즉 꿈꾸는 직업을 큰 소리로 말하는 것에서 시작한다. 세부 사항은 전혀 중요하지 않다. 코치이자 관리자, 멘토로서 당신은 그것을 설명하는 과정을 시작하기 위해 몇 가지 명확한 질문을 할 수 있다. 꿈에 또렷하게 초점을 맞추기 전에 우선 충분히 시간을 들여 꿈을 이해하려고 노력하는 시간을 갖길 바란다.

코칭을 받는 환자가 꿈꾸는 직업이라는 흐릿한 이미지에 흠뻑 빠져든 것 같으면 아래 세 가지 질문을 이용해 그 꿈을 구체화하고, 이후 모호한 꿈을 명확한 커리어 비전 선언문으로도 바꾼다.

1. 어느 산업인가?
2. 어느 정도 규모의 회사인가?
3. 어떤 역할인가?

어느 산업인가?

이 질문을 하는 이유는 직원이 어떤 산업에 가장 관심이 있는지 스스로 깨닫게 하기 위해서다. 하지만 당신이 인생 이야기 대화를 통해 배운 내용을 활용해 보는 기회로 삼을 수도 있다. 예컨대, 그 업계 사람들은 미션에서 무엇을 드러냈는가? 이 산업에 속한 기업들은 어떤 방식으로 미션을 구현하는가? 서비스에 중점을 둔 모습을 보였나? 그렇다면 정부 기관이나 비영리 단체에 적합할 가능성이 있다. 혁신에 대해 말한 적이 있는가? 테크 기업은 자신들이 '미래를 발명'한다고

탁월한 리더의 성공 법칙

할 때가 많다. 그렇다면 지구를 구하는 데는 관심이 있는가? 어쩌면 당신의 직원은 요즘 떠오르는 재생 에너지 기업 중 한 곳에서 일하거나 전기 자동차 분야에서 일하는 것이 가장 행복할지도 모른다.

핵심은 직원들이 자신의 미래에 대해 갖고 있는 아이디어와 당신이 파악한, 그들이 가장 중요하게 여기는 가치가 적어도 큰 틀에서 일치하는지 확인하는 것이다.

어느 정도 규모의 회사인가?

나는 이것이 직원들의 생각에 가장 큰 영향을 미치는 중요한 변수라고 생각한다. 도움을 주기 위해서는 일반적으로 알려진 기업의 단계를 숙지하는 것이 좋다. 구글 검색을 통해 여러 가지 용어를 알아볼 수 있다. 다만 그 용어는 당신과 직원이 같은 의미로 쓰기만 한다면 어떤 것을 선택하든 중요하지 않다.

- **시드(씨앗) 단계**: 제품 출시 전, 제품-시장 적합성 이전 단계, 아이디어를 현실로 전환하는 과정. 규모: 직원 5명
- **시리즈 A**: 제품-시장 적합성 이후 단계, 운영을 확장하는 시기, 수익을 창출하고 성장할 가능성. 규모: 직원 50명 미만
- **시리즈 B**: 시장 확장 단계, 이미 탄탄한 고객층 구축. 규모: 50명 이상 100명 미만
- **시리즈 C/미드 사이즈**: 신제품 개발 및 신규 시장 확장 단계. 규모:

수백에서 수천 명

- **대기업/성숙한 기업**: 안정적인 상품과 시장, 성숙한 운영. 규모: 수천 명에서 수십만 명

회사의 규모에 따라 속도와 민첩성, 일상적인 업무의 난이도가 결정될 가능성이 높은 만큼, 규모가 가장 중요한 변수가 된다. 예컨대 나는 시드 단계가 맞지 않다는 것을 깨달았다. 소수의 사람들과 새로운 무언가를 만들기 위해 필사적으로 노력하는 것은 흥미롭지만, 그 아이디어가 매력적일 뿐 그런 현실은 내게 맞지 않았다. 내 능력은 규모를 확장하는 기업, 좀 더 정확하게는 투입 단위당 더 많은 산출이 보장되는 기업에 더 어울린다. 목표는 직원들이 어떤 환경에서 성공하고 가장 행복할 수 있을지 명확하게 파악하도록 돕는 것이다.

어떤 역할인가?

마지막 질문은 "어떤 역할을 꿈꾸고 있는가?"이다. 사람들이 가장 꺼리는 질문이기도 한데, 그 이유는 나도 알 수가 없다. 또한 이런 대답을 가장 많이 듣게 될 질문이기도 하다. "이건 저에게 맞는 역할이라기보다 그냥 개념(concept) 같은 건데요." 안다, 짜증스럽다. 보라. 내 경우 커리어를 만들어 갈 때 단 두 가지만 생각했다.

1. 좋은 사람과 어려운 문제를 함께 해결한다.

탁월한 리더의 성공 법칙

2. 중요한 무언가를 위해 무언가 중요한 것을 한다.

나도 이것이 개념적인 접근이라는 것을 안다. 하지만 나의 다음 질문을 잘 살펴보길 바란다. "좋습니다. 그럼 당신이 꿈꾸는 직업에 대한 개념적 비전을 가장 잘 실현할 수 있는 역할은 무엇이라고 생각합니까?" 사람들이 왜 이 질문에 명확하게 답하지 않으려 하는지 그 이유는 짐작할 수 있지만, 나는 더욱 밀어붙인다. 비전 선언문을 더욱 명확하게 만들수록 우리가 첫걸음을 올바른 방향으로 내디딜 확률이 높아지기 때문이다. 또한 약간의 여지를 둘 수 있다는 점도 명심하길 바란다. 구체적이고 명확하면서도 변화의 가능성을 열어 두는 것은 공존할 수 있다. 러슨 병장이 말했듯이 '지키지 못하더라도 계획은 세워야 한다.'

때로는 우리의 비전에 결함이 있을 수 있고, 그 결함은 경험을 통해서만 알게 될 것이다. 그러나 아무리 임시적인 것일지라도 당신에게는 명확한 비전 선언문이 필요하다.

사람들의 비전

나는 수천 명의 사람들과 커리어 대화를 진행했지만 구체적인 비전 선언문을 만들지 못한 사람은 캐서린(Katherine)이라는 여성, 단 한 명밖에 없었다. 90분 동안 캐서린의 장기 비전에 대해 여러 선택지를 고려하며 이야기를 나눴지만 제대로 된 비전 선언문에 도달하지 못했다. 그 이유는 적어도 내가 보기에는 캐서린이 주저했기 때문이었다. 한 가지 분명한 교훈은 사람들에게 '올바른' 답변을 강요할 수 없다는 것이다. 결국 캐서린은 전문적인 분석을 받도록 해야 했다. 그래서 나는 커리어리더(careerleader.com)란 사이트를 찾았다. 이 사이트는 설문조사와 다년간의 연구를 바탕으로 사람들의 관심사와 가장 행복하게 만드는 직업을 연결함으로써 커리어 비전에 더 가까이 다가갈 수 있도록 돕는다.

나는 커리어리더의 평가가 다양한 비전을 제공하는 데는 도움이 되지만, 정확한 비전을 제시하지 못한다는 것을 깨달았다. 당신에게 특정 직업이 잘 어울릴지 알려 주고 더욱 적합한 직업 사례를 제시해 줄 수는 있다. 이런 식으로 진행된다. 질문지에 답을 하면 '기업 통제'부터 '이론 개발 및 개념적 사고'에 이르기까지 당신 안에 '깊이 내재된 삶의 관심사(Deeply Embedded Life Interests, DELI)'를 보여준다. 커리어리더 팀은 수년 동안 수천 명의 학생 데이터를 축적하며 다양한 관심사와 직업 만족도 간의 상관관계를 모니터링해 왔다. 따라서 그들은 나처럼 '기업 통제'에 관심이 많은 학생들이 고위 관리직에서 가장 행복하다는 사실을 알게 되었을 것이다. 그런 뒤 응답자에게 조언한다. "당신의 주요 델리 중 하나가 '기업 통제'이니 고위 경영진을 고려해 볼 수 있습니다." 이 평가는 다른 여러 개인적 통찰을 제공하지만, 내가 가장 유용하다고 느낀 점은 깊이 내재된 비즈니스 지향적 관심사를 적합한 직업과 연결해 주는 것이었다.

캐서린이 커리어리더 사이트를 방문한 지 몇 주가 지나 다시 만난 자리에서 우리는 원래의 비전 선언문 세션에 꽤 근접했다는 것을 깨달았다. 사실 우리는 정답을 가지고 있었지만, 그녀는 자신이 올바른 방향으로 가고 있다는 것을 증명하고 도와줄 다른 무언가가 필요했던 것이다. 그녀의 장기적 비전이 공유되자 우리는 여기부터 저기까지 경로를 만드는 일에 재빨리 착수할 수 있었다.

다음의 예시는 모두 위의 세 가지 질문에 대한 답이 담겨 있다. 질문에 대한 답을 찾아볼 수 있는지 유의하며 읽어보길 바란다.

- 해비타트 포 휴매너티(Habitat for Humanity, 무주택자들을 위해 집을 지어 주는 비영리 기구-옮긴이) 또는 유사한 기구에서 집을 지어 주는 사람
- 소규모 인테리어 디자인 회사의 COO
- 중견 소비자 테크 기업의 CTO
- 나만의 스피룰리나 농장 운영
- 아동 비만에 초점을 맞춘 비영리 단체 설립 및 운영
- 코카콜라의 세일즈 담당자
- 디즈니 CFO
- 중견 B2B 테크 기업의 소프트웨어 설계자
- 베스트셀러 가능성이 있는 도서 편집자
- 독일 텔레비전 방송국 뉴스앵커(당시 호주 시드니에서 디지털 광고 분야에서 일하는 새러가 보내 준 선언문이다.)
- 아티스트(내가 가장 좋아하는 비전 선언문 중 하나인데, 그 이유는 이 선언문의 주인공인 신디는 더블클릭에서 광고주 제품 책임자로 일하며, 광고주들이 광고를 게재하는 데 도움을 주는 대단히 기술적인 업무에서 굉장히 뛰어난 성과를 거두었지만 그녀는 아티스트가 되고 싶어 했고… 결국 아티스트가 되었다.)

커리어 비전 선언문은 이 모델 전체에서 가장 어려운 동시에 가장 중요한 요소다. 그렇기 때문에 많은 사람이 이 모델을 잘못 시작하는데, 인생 이야기 대화에 열중한 후 그것으로 끝났다고 선언하는 것을 보면 정말 답답하다. 틀렸다. 다른 것들을 모두 안 한다 해도 비전만큼은 개발해야 한다. 다음 페이지에 당신의 커리어 비전 선언문을 적어볼 공간을 마련했다. 비전을 수립하고 나면 나머지는 비교적 쉽다. 이제 그 나머지를 알아보겠다.

탁월한 리더의 성공 법칙

커리어 비전 선언문

16장

대화 3:
커리어 실행 계획

노력이 필요한 부분을 밝히다

이제 당신은 인생 이야기 대화를 통해 팀원들의 지난 여정을 이해했고, 커리어 비전 선언문 작성으로 미래 구상이라는 힘든 작업을 마쳤으니, 직원들이 커리어 실행 계획을 개발할 수 있도록 도와줄 준비가 되었다. 이 단계에서는 직원이 주도적인 역할을 한다. 장기적 비전을 향해 아무리 사소하더라도 구체적인 행동을 시작하는 한편, 인생 이야기 대화에서 얻은 가치들과 그 방향을 나란히 하는 행동 계획을 세워야 한다. 구체적인 목표가 생기면 당신과 직원 모두에게 의사 결정의 바탕이 되는 '지휘관의 의도'를 갖게 되는 것이다.

하지만 모델의 3단계로 완전히 나아가기 전에 2.5단계를 거쳐야 하는데, 바로 직원들의 CAP(커리어 실행 계획)의 바탕이 될 높은 수준의 체계화 원칙을, 더 정확히는 직원들이 어느 부분에서 가장 노력이 필요한지 깨닫게 해주어야 한다. 한 가지 비유를 들어 설명해 보겠다.

당신 앞에 거대한 바위가, 가로세로 약 10미터의 균일하고 둥그런 바위가 놓여 있다고 상상해 보자. 당신은 130명을 이끄는 캡틴이다. 당신의 임무는 해머, 암석 망치 등등을 사용해 이 바위를 어항 속 자갈보다 곱게 부수는 것이다. 한 가지 주의할 점은 작업자의 수는 바위 조각의 수와 같아야 한다. 즉 바위가 한 개면 작업자는 한 명이고, 남은 129명은 벤치에 앉아 있어야 한다. 바위를 쪼개 두 조각이 되면 작업자는 두 명이고, 나머지 128명은 벤치에 앉아 있어야 하는 식이다.

이 거대한 바위를 최대한 빨리 자갈로 만들기 위해 첫 번째 작업자가 해야 할 일은 무엇일까?

답은 뻔하다. 첫 번째 사람은 바위를 반으로, 즉 두 조각으로 부숴야 한다. 이제 두 명의 작업자가 각각의 조각을 다시 반으로 나눈다. 또 네 명의 작업자가 각자 맡은 바위 조각을 반으로 다시 쪼개 8등분한다. 이렇게 하면 가장 짧은 시간에 가장 많은 작업자가 참여할 수 있기에 가장 효율적인 방법이 될 것이다.

이 큰 바위는 비전 선언문이다. 현재로서는 손대 보기가 엄두가 나지 않는다. 하지만 큰 바위를 분해하고 시간이 지남에 따라 점차 조약돌로 작아지면 그제야 우리가 해볼 수 있는 무언가를, 더 중요하게는 한때 거대한 바위와 그보다 작은 바위 조각들이 존재했기 때문에 비로소 존재하는 자갈을 얻게 될 것이다.

직원이 비전을 달성하기 위해서는 개인의 실제 기술과 역량을 쌓아야 할 뿐만 아니라 자신에게 해당 업무에 관한 기술과 역량이 있는지 보여주어야 하는데, 나는 전자를 '엔지니어링 현실(Engineering Reality)', 후자는 '마케팅 약속(Marketing Promise)'이라고 이름 붙였다. 비즈니스에서는 마케팅 약속(제품에 대해 시장에 제시된 내용)과 엔지니어링 현실(제품이 실제로 할 수 있는 일) 사이에 항상 작은 격차가 존재하는데, 이는 새로운 역할을 찾는 사람에게서도 마찬가지로 발견되는 현상이라는 것을 알게 되었다. 직원의 목표는 시간이 지날수록 그 격차를 줄여 가면서 자신이 원하는 직무에서 요구되는 능력을 입증하는 것이다.

다음 표에는 특정한 기능적 비전을 위해 활용하거나 좀 더 일반적인 경영 유형의 비전에 조합할 수 있는 몇 가지 기술들이 소개되어 있다. 이 기술들은 의도적으로 광범위하게 설정되어 있고, 조금 전에 봤던 '바위 부수기' 비유에 따라 커다란 바위로 제시했다.

가령 최고인사책임자나 CPO(Chief People Officer, 최고인재책임자)가 비전인 경우를 살펴보겠다. CPO에 지원하려면 지원자는 다양한 인사 운영 부서에서의 경력을 높은 수준으로 입증해야 한다. '피플 애널리틱스'는 기술은 아니지만 현대의 인재 운영 조직에서 대단히 중요한 시스템이고, 이를 큰 돌로 봐도 좋다. 직업 이면에 자리한 기술들은 광범위하지만, 당신이 꿈꾸는 직업에 지원하러 갈 때 엑셀 매크로(excel macro)와 R 스킬(프로그래밍 언어-옮긴이)에 관해 묻는 사람은 아무도 없을 것이다.

큰 바위를, 즉 직원들의 커리어 비전을 파악했다면 이제 다음 표를 보며 하위 단계인 '큰 돌' 또는 기술의 우선순위를 정할 차례다. 이때 큰 돌은 폭넓은 커뮤니케이션 기술이다. 우선순위를 정할 때는 간단한 프레임워크를 활용하길 바란다.

탁월한 리더의 성공 법칙

일반 관리	CS(컴퓨터과학) 엔지니어링	마케팅	세일즈	인재 운영
제품 관리	코딩 언어	콘텐츠/ 크리에이티브	예측	채용
판매	아키텍처	리서치	CRM (고객관계관리)	급여 & 복리후생
마케팅	디자인	분석	고객 관계	인재 브랜드
비즈니스 개발	코드 리뷰	시장 진출	협상	인력 분석
기업 개발	디버깅	마케팅 전략	프레젠테이션	다양성 & 포용성
파이낸스	프론트엔드	브랜드 아키텍처	클로징	성과 관리
인재 운영	백엔드	유료 미디어	세일즈 방법론	리더십 개발

1. 무엇이 가장 중요한가?
2. 성장의 여지가 가장 많은 곳은 어디인가?

현대의 인재 운영 조직이 리더십 개발, 인력 분석, 직원 경험 관리에 크게 의존하고 있다고 가정해 보자. 이런 것들이 중요한 '큰 돌'로 떠오를 것이다. 누군가 인력 분석 및 직원 경험 관리에 경험은 많지만 리더십 개발에 대한 지식, 기술, 능력이 거의 없다고 가정해 보겠다. 그렇다면 이 사람은 엔지니어링 현실과 마케팅 약속의 관점에서 보면 모두 최소한의 역량만 가지고 있기에, 리더십 개발이 집중해야 할 '큰 돌'이 되는 것이다.

여기서 큰 틀은 당신과 당신의 직원들이 비전을 향해 성장하는 데

전략	
세일즈	
운영	
마케팅	
제품	
비즈니스 개발	

필요한 광범위한 투자를 체계화하고 우선시한다는 것이다. 구체적인 행동, 즉 조그만 돌은 커리어 실행 계획에 포함되지만 그에 앞서 상위 단계인 '큰 돌'이 준비되어야 한다. 따라서 이 단계에서는 기술 및 기능적 역량을 높은 수준으로, 또 이해할 수 있는 단위로 정리하는 것이 목표이다. 이는 완벽하거나 포괄적이지는 않겠지만 체계적이고, 신중하며, 의도적이고, 논리적인 접근 방식이다.

이 맥락에서 래리의 사례를 살펴보자. 중견 컨슈머 테크 기업의 CEO라는 래리의 비전을 두고 화이트보드를 보며 나는 이렇게 물었다. "이 역할을 맡으려면 어떤 부분에서 경쟁력을 보여줘야 할까요?"

래리는 비즈니스의 기능적 영역을 사례로 들었다. 위의 표는 실제로 나와 래리의 접근법을 그대로 옮긴 것이고, 대략적인 아이디어를 전해 주기 위해 약간의 수정만 한 것이다. 교육적 목적을 위한 약간의 트릭이다.

래리와 나는 각각의 영역이 정확히 어떠한 의미인지 두 사람 모두

래리의 비전: 중견 컨슈머 테크 기업의 CEO		
	중요도	
전략	2	
세일즈	4	
운영	3	
마케팅	6	
제품	1	
비즈니스 개발	5	

가 합의를 도출할 때까지 대화를 나눴다. 래리가 역량을 발휘해야 할 큰 돌, 즉 광범위한 기술 영역을 파악한 후 순위를 매겼다.

지금 당장은 순위에 신경 쓸 필요가 없다. 마케팅 담당자로서 마케팅을 6위에 올려놓은 것에 분노하며 이 책을 그만 읽는다면 잘못된 판단이다. 당시 래리와 나는 엄밀한 토론을 거쳤고, 이렇게 순위를 매긴 데는 나름의 합당한 이유가 있었다. 핵심은 테크 업계 CEO의 상당수가 제품 관리 출신이라는 것이었고, 그래서 우리는 이것을 가장 중요하게 집중해야 하는 대상으로 여겼다. 우리 눈에는 전략이, 좀 더 정확하게는 경쟁 전략이 중요해 보였다. 마이클 포터(Michael Porter)의 《전략이란 무엇인가?(What Is Strategy?)》에 따르면 경쟁 전략은 무엇을 차별화할 것인지, 또는 어떻게 경쟁할 것인가다. 중간 규모의 기업은 경쟁 상황에 처할 가능성이 높은 탓이다. 이때가 2006년경이었는데, 지금의 상황을 보면 소비자 영상 테크 시장은 대단히 세분화되었고 경쟁이 치열하다. (우리는 성공했다!) 운영은 대규모의 고객 대면 운영을 의미했다. 결국 회사를 경영한다는 것은 운영한다는 것이고, 래리와 나는 운영이 중요하게 느껴졌다. 마지막으로 세일즈에 대해 말하겠다. 어느 회사나 압도적으로 많은 사람이 무언가를 만들어 내거나 판매하기 때문에 결국 영업이 매우 중요하다. 무슨 의미인지 이해할 것이다. 완벽하지는 않지만, 우리가 깊고 상세한 토론을 통해 도출한 몇 가지 논리를 공유하겠다.

우리의 다음 단계는 엔지니어링 현실과 마케팅 약속을 동시에 고려해 래리를 평가하는 것이었다. 여기서 목표는 자기혐오에 빠지는 것이 아니라 일관되게 보수적으로 접근하는 것이었는데, 다시 말해 어떤 분야에서는 더욱 보수적이고, 또 어떤 분야에서는 덜 보수적일 이유가 전혀 없다는 것이다. 우리의 생각은 다음과 같았다.

래리는 전략 컨설팅 기업인 맥킨지앤드컴퍼니(McKinsey & Company)에서 전략 컨설턴트로 일했던 경력이 있으므로 전략에 '보름달(●)'로, 또는 1점을 주었다. 래리는 매출을 책임져 본 적이 없었으므로 세일즈에는 0점(○)을 매겼다. 당시 래리는 꽤 큰 규모의 고객 대면 사업을 운영하고 있었지만, 미국만을 대상으로 하고 있었다. 중견 기업을 제대로 운영하기 위해서는 글로벌 운영 방식을 이해해야 했기에 운영에는 '반달(◑)'로 0.5점을 주었다. 마지막으로 제품 관리 분야에서 래리는 그린닷(Green Dot)이라는 기업에서 약 1년간 제품 관리자로 일한 경력이 있었다. 의미 있는 경력이었지만 보수적으로 가야 한다고 판단해서 0.25점(◔)을 매겼다.

래리가 노력을 기울여야 하는 큰 약점이 무엇인지 거의 바로 보인다. 제품 관리가 가장 중요했지만 래리는 이 역량이 매우 낮았다. 글

탁월한 리더의 성공 법칙

래리의 비전: 중견 컨슈머 테크 기업의 CEO		
	중요도	**역량**
전략	2	●
세일즈	4	○
운영	3	◐
마케팅	6	●
제품	l	◔
비즈니스 개발	5	●

로벌에 중점을 둔 운영은 세 번째로 중요한데 래리의 역량은 '반달(◐)'이었다. 마지막으로 네 번째로 중요한 세일즈에서 0점(○)이었는데, 이는 래리에게 이 부분의 역량이 적다는 사실을 암시한다. 래리는 당시 내게 영업은 절대 원하지 않는다고 분명하게 밝혔다. 우리는 그가 원하지 않은 일은 해서는 안 된다는 데 동의했지만, 그가 할당량 달성의 경험이 부족해 비전을 달성하는 데 걸림돌이 될 경우 재평가를 진행하기로 했다. 그래서 최종적으로 우리는 운영과 제품 관리라는 두 '큰 돌'에 집중하기로 결정했다.

이제 래리와 나는 커리어 실행 계획을 수립할 준비를 마쳤다. 이 모든 과정을 함께하며 우리는 특정한 결론에 어떻게 도달했는지 깊이 있고 명확하게 이해할 수 있었다. 이렇게 맥락을 공유했기 때문에 시간이 지나 새로운 정보가 등장해도 래리의 기술 성장에 따라 변화에 빠르게 적응하고, 사고의 방향을 전환할 수 있었다.

래리의 비전: 중견 컨슈머 테크 기업의 CEO	중요도	역량
전략	2	●
세일즈	4	○
운영	3	◑
마케팅	6	◕
제품	1	◔
비즈니스 개발	5	●

네 가지 커리어 행동 계획

래리와 내가 해냈다. 이제 우리는 래리의 '큰 돌'을 발견했고, 행동을 취할 준비가 되어 있었다. 내가 이 커리어 대화 방법론을 개발할 당시, 함께 일했던 최고의 인재 운영 담당자는 샐리 앤더슨(Sally Anderson) 이었다. 나는 그녀에게 래리와 함께 놀라운 발견을 했고, 이제 실행 계획을 체계화할 방법을 찾고 있다는 이야기를 털어놨다. 샐리에게 는 인사 관리 모범 사례 문서가 있었는데, 덕분에 우리는 상호 배타적 이고 전체 포괄적인(mutually exclusive and collectively exhaustive, MECE, 쉽게 말해 중복도 누락도 없다는 의미다-옮긴이) 몇 가지 영역에서 스킬을 어떻게 개발 해야 할지 생각을 정리할 수 있었다. 나는 이 모델이 마음에 들었지만 약간의 조정이 필요한 부분도 보였다. 나는 샐리와 함께 모델을 만든 후 래리의 커리어 실행 계획을 브레인스토밍하기 시작했다. 우리가 CAP의 중심으로 결정한 네 가지 MECE 영역은 다음과 같다.

탁월한 리더의 성공 법칙

- 현재의 역할 변경하기
- 정식으로 기술 개발하기
- 다음 직무 파악하기
- 네크워크 활성화하기

각 영역에 대한 간략한 설명과 더불어 래리와 내가 각 영역에서 어떤 일을 했는지 설명하겠다.

현재의 역할 변경하기

관리자가 직원을 도울 수 있는 수많은 방법 가운데 직원의 현재 역할에 변화를 주는 것이 얼마나 큰 힘을 발휘하는지 자주 잊는 것 같다. 나는 디즈니의 CFO(최고재무책임자)가 되고 싶어 하는 사람과 함께 일한 적 있다. 미래의 꿈이 디즈니 CFO였지만 지금은 고객 지원 담당인 다이앤(Diane)은 말단 직원이었기에 당장은 그 꿈이 이뤄질 것 같지는 않았다. 그녀의 관리자가 다이앤에게 해줄 수 있는 일은 팀 예산을 맡기는 것이었다. 언뜻 보기에는 장기적인 비전에 도움이 안 될 것 같은 사소한 일처럼 보인다. 하지만 깊이 들여다보면, 팀 예산을 운영하려면 CFO가 관리하는 조직인 재무팀과 교류해야 한다는 걸 알 수 있다. 결국 다이앤은 예산 개발 및 수립에 참여했고, 재무 계획 및 분석 (Financial planning and analysis, FP&A) 팀이 어떻게 수익과 비용을 예측하고, 수익을 비즈니스에 어떻게 다시 투자하는지 명확하게 파악할 수 있었다. 이러한 경험만으로도 다이앤은 재무가 자신에게 어울리는 길인지 판단하는 데 도움이 될 것이다. 잘하면 다이앤이 재무 조직을 한

눈에 파악할 수 있을 뿐 아니라, 커리어의 실행 계획 속 다른 요소를 뒷받침하는 실질적인 역량을 쌓을 수 있다.

래리의 경우, 두 가지 기회 영역 중 하나가 운영이었다. 그는 미국 중심의 대규모 사업을 운영하고 있었지만, 글로벌 경험이 필요하다고 느꼈다. 여기서 래리의 역할을 조금만 조정한다면 기업과 개인 모두의 문제를 해결할 수 있었다.

너무 많은 기업이 인력 운영 또는 경영 성공의 가장 확실한 수단으로 인력을 감소하는 데 초점을 맞추고 있다. '이는 무슨 수를 써서라도 버틴다'는 사고방식을 불러올 수도 있다. 직원들을 지원하고, 그들이 원하는 목표를 달성할 수 있도록 돕는다면 다들 더 나은 관리자가 될 수 있다. 다시 말해, 개인과 기업이 모두 올바른 이유로 직원을 유지할 수 있다면 모두가 승리할 수 있다는 뜻이다. 관리자와 직원이 현재 역할에서 함께할 수 있는 일에 창의력을 발휘한다면, 즉 장기적 비전을 고려해 작은 변화를 더한다면 직원에게는 두 가지의 인센티브가 주어지는 셈이다. 첫째로, 직원은 차별화된 관리자가 있다는 사실을 깨닫고, 현재 자신이 하는 역할의 모든 것이 완벽하지는 않을지라도 "뭐 그래도 우리 관리자는 내 편이 되어 줘"라고 말할 수 있게 된다. 둘째로, 직원에게 학습과 개발의 실질적인 기회가 지금 당장 주어지게 된다. 학습과 개발의 기회가 부족한 것이 직원 이탈의 가장 큰 원인 중 하나다. 이는 직원과 관리자, 기업 모두가 원하는 것을 일치시킬 수 있는 간단한 방법이므로 이 중요한 단계를 건너뛰지 않도록 주의해야 한다.

정식으로 기술 개발하기

기술을 쌓는 방법에는 여러 가지가 있다는 점을 이해하는 것부터 시작하겠다. 현재 업무에서 새로운 범위로 넓혀 나가거나, 같은 회사 내 다른 업무에 새로운 도전을 하면서 현장에서 배우는 것이 이상적이다. 하지만 공식적인 루트로 기술을 배우는 것이 도움이 될 때도 있다. 이때 학습 및 개발 팀의 도움을 받는다면 이들이 더욱 많은 가치를 더해 줄 수 있고, 어쩌면 학습 경로를 구성하는 방법에 대해 자문해 줄 수도 있다. 교육 과정, 학위, 콘퍼런스, 세미나 또는 자격증까지 엔지니어링 현실과 마케팅 약속을 모두 향상시킬 수 있는 방향을 찾는 것이 중요하다. 여기에 해당하는 사례들 중 내가 가장 좋아하는 것은 MBA다. "MBA를 들어야 할까요? 그렇다면 어디서 들어야 할까요?" 이 질문을 수백 번도 넘게 받았다. 모든 일에서 그렇듯이 나도 쉽고 간단하게 답을 줄 수 없다. 하지만 상대가 결정할 수 있도록 안내를 할 때 대략적으로 다음과 같은 방법을 쓴다. 아래 사례에서 엔지니어링 현실과 마케팅 약속을 모두 고려하고 있음을 주의 깊게 살펴보길 바란다.

MBA에 투자를 고려할 때는 세 가지 '수익 차원(Dimensions of Return)'을 평가해야 한다.

1. **학습 수익**-훌륭한 학교에 있는 교수들은 이미 존재하는 지식을 심오하게 파악하고 있을 뿐만 아니라 연구를 통해 새로운 지식을 추구하기도 한다. 이러한 특징은 대부분의 학교에서 공통적으로 나타나지만, 명문 학교일수록 더욱 체계적이고 역동적이며 영향력이 크다.

여기에 매우 영리하고 호기심이 많은 수백 명의 학생들이 동기를 가지고 수업에 참여하면 놀랍도록 강력한 '학습 네트워크 효과'를 얻을 수 있다. 많은 사람이 MBA의 가치를 '네트워크'의 측면에서 이야기했기 때문에 나는 실제 프로그램에서 학습이 거의 이루어지지 않을 것이라는 느낌을 받았다. 하지만 내 커리어가 10년 정도 되어 MBA 공부를 시작했을 때, 현대 MBA 모델이 지닌 학문적 엄격함에 기분 좋게 놀라면서 정신이 번쩍 들었다.

2. **기회의 유용성**-MBA의 주요 가치를 '네트워크'로만 설명하는 것은 학위의 가치를 축소할 뿐 아니라, 네트워크가 실제로 무엇인지 그 의미를 놓치게 한다. 이는 특별한 권한을 지닌 클럽의 회원이 되는 게 아니다. 이렇게 한번 생각해 보자. 누구나, 어떤 조직이나 우선순위를 결정한다. 기업은 채용 활동에서 우선순위를 따진다. 기업이 모든 학교에서 직원을 채용할 수는 없다. 따라서 기업은 학생 관리에서 '최고의 능력'을 보이는 학교에서 채용하는 경향을 보이는데, 대체로 이런 학교는 명문 학교로 좁혀진다. 이렇게 접근할 때 기업은 오탐(False Positive) 또는 잘못된 채용을 할 확률을 낮추는 한편, 미탐(False Negative), 즉 단지 볼 기회가 없었다는 이유만으로 훌륭한 인재를 놓칠 가능성은 높아진다. 대부분의 기업은 이러한 기회비용에 익숙한 편이다. 사람들에게 조언할 때면 나는 '명문 학교가 학생 관리를 더 잘한다'거나 '명문 학교가 평균적으로 학생들의 수준이 더 높다'는 개념이 인식인지 아니면 현실인지 그런 것은 그리 중요하지 않다고 말한다. 기업은 우선순위를 정해야 하고, MBA 학위자 채용에 관심이 있는 사람들은 학교 순위를 우선시할 때가 많다. 하지

탁월한 리더의 성공 법칙

만 어느 학교에 개설된 것이든 MBA는 새롭고 더욱 흥미로운 기회를 열어 줄 수 있다. C. S. 루이스(Clive Staples Lewis)의 《나니아 연대기: 사자, 마녀, 그리고 옷장(The Lion, the Witch, and the Wardrobe)》에는 등장인물들이 옷장을 통해서만 들어갈 수 있는 또 다른 세계가 등장한다. MBA가 그 옷장이 되어 이전까지는 접근할 수 없었던 기회의 세계를 열어 줄 수도 있다.

3. **재정 수익**-MBA의 재정 수익은 그리 대단하지 않다. 학교에 입학하기 전에는 당신의 수익 궤적이 0에 가까운 기울기를 보일 것이다. 학교를 졸업하고 나면 수익 궤적이 좀 더 가파른 기울기를 보이겠지만 어쩌면 입학 전보다 벌이가 적을 수도 있다. 하지만 그 기울기가 계속 변할 것이라 믿는 한 문제가 되지 않는다. MBA를 듣는 2년 동안에는 수십만 달러를 지출하게 될 뿐 아니라, 그동안 한 푼도 벌지 못함에 따라 수입은 없고 큰 빚과 지출만 있다는 의미의 '이중고'를 겪게 될 것이다. 따라서 졸업 후 예상되는 기울기 변화가 매우 설득력이 있고 명확해야 한다. 자신이 부유하다면 지금 이 차원에 대해서는 크게 걱정할 필요가 없다. 하지만 그렇지 않은 경우라면, 경영대학원 학위 취득 후 기울기에 대해 '어떻게 생각해야' 이 투자를 가치 있게 여길 수 있느냐를 두고 고민을 해봐야 한다. MBA로 인한 예상 재정 수익뿐만 아니라 모든 정규 교육에 지출할 수 있는 비용을 평가하는 방법을 소개하겠다.

중위권 주립대학에서 지리학 학사를 받고 해병대를 나온 뒤 소규모 공급망 컨설팅 회사를 운영하는 기업가인 내게 장기적인 비전을 달성하기 위해서는 MBA는 필수였다. 물론 내 이력서를 보고 "인상적이다!"라고 말하는 사람들도 있었지만, 이력서를 보며 고개를 갸웃거리는 사람들이 훨씬 더 많았다. MBA 이전의 러스 래러웨이의 마케팅 약속은 거의 없었다고 볼 수 있다. 엔지니어링 현실은 어땠을까? 당시 나는 아직 20대에 불과했고, 내 회사를 소유하고 있었으며, 실제 고객들에게 실질적인 가치를 제공하고 있었다. 내 경력을 벽돌로 쌓은 벽으로 표현하자면 꽤 높은 벽을 올리긴 했지만 중간중간 벽돌이 너무 많이 빠져 있었다. 나는 성공적인 비즈니스를 구성하는 여러 가지 기능을, 그 조화로움을 제대로 이해하지 못했고, MBA는 지식의 공백을 많이 채워 주었다.

이 모든 이야기에서 중요한 점은 공식 교육의 기회에 어떠한 투자를 할 때 이를 평가할 수 있는 강건한 프레임워크가 있어야 한다는 것이다. 나는 MBA를 경험했고, 또 수백 명의 사람들을 대상으로 MBA 취득 여부를 상담해 준 경력이 있기에 MBA를 예로 들었다. 하지만 당신이 기술과 역량을 키우기 위해 할 수 있는 투자는 아주 많고, 이

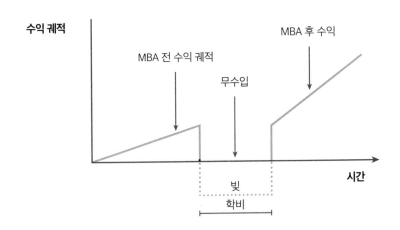

탁월한 리더의 성공 법칙

또한 신중하게 평가되어야 하는 것은 마찬가지다.

래리와 나는 커리어 실행 계획에서 이 단계를 건너뛰었다. 래리는 이미 메릴랜드대학교에서 공학 학위를, 하버드 비즈니스 스쿨에서 MBA를 취득했다. 래리의 사례가 마음에 드는 이유가 바로 이 때문이다. 여기에는 어떠한 규칙도, 절대적인 것도 없다. 다만 래리에게는 기존의 경험과 경로를 고려할 때 추가적인 공식 교육에 시간이나 비용을 투자할 만한 가치가 전혀 없었다.

하지만 다이앤에 대해 생각해 보면 우리가 몇 가지 이야기를 해야 하는 부분이 있다. 기억하겠지만, 다이앤은 디즈니의 CFO를 꿈꿨다. 수없이 많은 CFO가 고급 학위나 최소 공인회계사 자격증을 갖추었다. 따라서 다이앤은 엔지니어링 현실과 마케팅 약속을 고려했을 때, 자신의 꿈이 실현될 가능성을 극대화하기 위해서는 정규 교육에 투자를 생각해 볼 필요가 있다.

다음 직무 파악하기

저 멀리 등대가 있고 우리는 그곳으로 가는 길을 개척해야 하는 상황임을 고려하면 무엇보다 다음 단계가 가장 중요하다. 그러나 직원들과 다음 직무에 대해 솔직하게 이야기하는 관리자가 거의 없다. 승진에 관한 대화를 회피 수단으로 삼아서는 안 된다. 관리자들은 직원들과 다음 직무에 관해 이야기하지 않기 위해 수많은 이유를 만들어 내는 것 같다. "그건 내 일이 아냐." "무조건 버텨야 해." "다들 잘하고 있으니까!" 가장 흔히들 하는 잘못된 말이다. 나도 이해는 한다. 우리는 직원들에게 엄청난 시간과 에너지를 투자했고, 그 투자에 대한 수익을 극대화하고 싶으니까. 그렇기 때문에 대부분의 관리자들에게 직원이 다른 역할로 나아갈 수 있도록 자신의 시간을 들여 돕는다는 것이 자연스럽지 않게 느껴진다. 간단히 말하자면, 당신이 직원에게 쏟는 투자는 당신이 필요한 것 또는 당신이 원하는 것에만 초점을 맞춰서는 안 된다. 이들이 앞으로 나아갈 수 있도록 돕는 것이 당신의 역할이다. 팀을 위해 봉사해야 한다고 믿는 관리자라면 다음과 같은 이유에서 다시 생각해야 한다.

앞서 이야기한 중력을 이용한 '슬링샷 효과'를 기억하는가? 운이 좋다면 당신이 직원과 함께하는 시간이 2, 3년 남았을 것이다. 이들이 팀에 있을 때 당신의 임무는 당신의 '중력'을 이용해 이들이 커리어의 멀리까지 닿을 수 있도록 밀어 주는 슬링샷이 되는 것이다.

다음 이유로는 당신의 직원들이 다음 직장에 대해 분명히 누군가와 이야기를 나누고 있기 때문이다. 당신이 운이 좋다면, 그리고 직원들이 운이 좋다면 그 누군가는 장기적인 비전의 맥락에서 다음 행보를 고려하도록 도와주는 현명한 사람일 수도 있다. 하지만 실제로 그 누군가는 그렇게 하지는 않을 것이고, 당신이 봉사해야 할 대상인 직원들에게 피해를 끼치고 있을 확률이 높다. 여기서 당신은 선택할 수 있다. 현실을 외면할 수도 있고, 현명하고 안전하게 상황에 개입할 수도 있다. 당신의 가장 중요한 목표는 직원들이 장기적 비전을 근거로 훌륭한 선택을 내리도록 도와주는 것이다. 남의 떡이 더 커 보여서 잘못된 방향으로 가는 실수를 하지 않도록 도와주고, 적절한 기회가 주어진다면 직원의 다음 직무나 좋은 직장을 알아봐 줄 수도 있다. 이것이야말로 서로를 아끼는 사람들이 하는 일이다.

래리와 나는 래리의 다음 직무가 제품 관리 조직이라는 것을 명확히 알고 있었다. 우리는 약 12개월 후를 목표로 삼았다. 우리는 래리의 엔지니어링 현실이 마케팅 약속에 영향을 미치기 위해서는 지금 운영 중인 글로벌 사업체를 얼마간 나와 함께 운영하는 것이 좋겠다고 판단했다. 래리는 과거의 교육과 경험을 바탕으로 구글의 제품 관리 직책을 맡을 준비를 대부분 끝낸 상태였다. 현재의 목표는 적절한 시기에 원활하게 전환하기 위해 조직과의 네트워크를 구축해 의지할 수 있는 인맥을 확보하는 것이었다.

네트워크 활성화하기

《커리어 선언문(The Career Manifesto)》에서 마이크 스테이브(Mike Steib)는 이렇게 적었다. "당신이 정상적인 사람이라면 '네트워킹'이라는 단어는 어색한 만남과 인사, 원치 않는 요청, 그리고 진정성이 없는 상호작용을 떠올리게 할 것이다. 대부분의 사람들 사이에 이루어지는 네트워킹은 조금 역겹다." (네, 우리는 그렇게 하지 않을 겁니다!)

네트워킹은 당신 미래의 커리어 이동과 목표에 정보를 제공하고 영향을 미칠 수 있는 사람들을 파악하는 것과 관련된 문제다. 이는 다양한 형태로 이루어질 수 있다. 마이크 스테이브와 내가 말하는 네트워킹은 나를 포함한 모든 내성적인 사람을 괴롭게 만드는 '네트워킹 이벤트' 같은 것이 아니다. 공유할 만한 관점을 가진 사람들에게서 배우는 것이다. 몇 년 전 나는 〈하버드 비즈니스 리뷰〉에서 린다 힐(Linda Hill)과 켄트 라인백(Kent Lineback)이 쓴 "당신에게 필요한 세 가지 네트워크(The Three Networks You Need)"라는 제목의 기사를 읽었다. 이 글은 내가 네트워킹을 생각하는 방식을 완전히 바꿔놓았다. 당신도 꼭 한번 읽어 보기를 권한다.

그 글의 요지는 항상 유지해야 할 세 가지 네트워크가 있다는 것이다.

- 운영 네트워크
- 개발 네트워크
- 전략적 네트워크

운영 네트워크는 대체로 당연하게 여겨지는 네트워크다. 이는 당신과 매일 함께 일하는 사람들을 대상으로 한다. 여러분은 서로 얽혀 있고 서로에게 의존한다. 네트워킹을 싫어하는 사람이라도 이 정도는 매일 하고 있을 것이다. 개발 네트워크는 당신이 신뢰하는 사람들, 조언을 구할 수 있는 사람들, 직업적 선택에 대해 안전하게 논의할 수 있는 사람들이 그 대상이다. 마지막은 전략적 네트워크다. 이 네트워크는 당신이 지나치게 부담을 주고 싶지 않은 중요 인물들로 구성된다. 너무 긴장할 것 없다. "전략적 네트워크는 미래를 위한 것이다." 힐과 라인백의 말이다. 나는 이 모델을 좋아한다. 가변적이기 때문이다. 왜 가변적인지는 내 네트워크의 일부인 다음 네 사람에 관한 이야기를 들으면 알 것이다.

- 킴 스콧
- 셰릴 샌드버그
- 제러드 스미스

탁월한 리더의 성공 법칙

• 딕 코스톨로

앞서 언급했듯이 킴과 제러드는 모두 2005년과 2006년 구글에서 같은 팀 소속이었다. 제러드와 나는 킴에게 보고하는 위치였다. 당시에는 둘 다 내 운영 네트워크에 속해 있었다. 우리는 매일 함께 일했다. 킴이 애플로 떠나면서 그녀는 개발 네트워크가 되었고, 몇 년 후 킴과 내가 캔더를 공동 설립하면서 다시 운영 네트워크가 되었다. 제러드도 비슷한 과정을 거쳤다. 구글에서 함께 일하던 시기가 끝난 후에는 개발 네트워크로 옮겨 갔다가 내가 퀄트릭스에 합류하면서 다시 운영 네트워크로 돌아왔다. 그가 퀄트릭스를 떠나 새로운 삶을 시작하는 지금, 그는 전략 네트워크가 되었다. 그에게 언제나 전화를 할 수 있는 사이지만, 나는 그에게 부담을 주지 않기 위해 적당한 때를 기다렸다가 전화를 걸 것이다. 셰릴은 2005년 당시 킴의 상사였다. 당시 그녀는 내 개발 네트워크에 속해 있었고, 그녀는 리더들의 개발자라는 역할을 아주 진지하게 수행했다. 그녀는 페이스북(Facebook)으로 옮긴 후에도 여전히 개발 네트워크였다. 하지만 시간이 지나면서 테크 업계의 유명한 임원이 된 지금, 그녀는 내 전략 네트워크에서 조용히 쉬고 있다. 내가 그녀에게 무슨 일로 부탁하면 도와주겠지만, 수천 명의 생계를 책임지고 있는 그녀가 얼마나 바쁜지 아는 만큼, 그녀의 시간을 함부로 빼앗는 무례는 저지르고 싶지 않다.

구글이 프리버너(FreeBurner)를 인수했을 당시 오너였던 딕 코스톨로를 잠깐 만난 적이 있었다. 굉장히 좋은 사람인 느낌이었지만, 그는 커피 한 잔을 하고 인수 계약을 마치자 금방 자리를 떴다. 당시에는 몰랐지만 딕은 내 전략적 네트워크에 슬그머니 들어와 있었다. 그로부터 몇 년 후 나는 프리버너를 떠날 계획을 세우고 있었고, 킴에게 연락하자 그녀가 당시 트위터 CEO였던 딕과 나를 만나게 해주었다. 트위터에 있는 딕의 사무실로 갔더니 숨도 돌리기 전에 그가 세 가지 역할을 제안했고, 나는 그중에 한 가지를 수락했다. 그 순간 그는 내 개발 네트워크가 되었고, 내가 트위터에서 일할 동안에 그는 운영 네트워크였다. 현재 그는 내 개발 네트워크이고, 그는 자신의 벤처 회사인 '01A'에서 시리즈 B CEO들에게 직원 참여와 결과에 대한 조언을 전하는 자리에 내가 참여할 수 있도록 여러 가지 방안을 만들어 놓았다.

몇 가지 주의할 사항을 전하고 싶다. 첫째, 나는 매일매일 누구를 어디에 넣고 하는 거래 방식의 네트워크를 생각하지 않는다. 사실 네트워크에 대해서는 거의 생각하지 않는다. 나는 린다 힐과 켄트 라인백이 말한 관계의 유연성, 변화하는 관계에 초점을 맞춘다. 둘째, 나는 킴과 제러드, 딕을 좋은 친구로 생각한다. 셰릴과의 관계를 '친구'라고 표현하는 것은 조금 과할 수 있지만, 셰릴을 정말 좋은 사람이라고 여긴다. 그녀를 내 성공적인 결과를 창출하는 도구나 수단으로 생각하지 않는다. 내가 이들을 언급하며 네트워크로 이리저리 분류하는 등의 묘사가 마키아벨리즘 같은 태도로 비춰질 수 있기에 이 점을 말하고 싶었다. 내가 그들을 좋아하고, 그들에게 관심을 갖고, 그들과 어울리는 것은 무엇을 얻어 내려는 목적이 있어서가 아니다. 그들은 어려운 문제를 해결하는 것을 좋아하는 훌륭한 사람이기 때문이다. 여러분도 알다시피 이 점은 내가 굉장히 중요하게 여기는 가치다.

래리가 제품 관리 쪽으로 이직해야 한다는 결론을 내렸을 당시 나는 더블클릭 인수로 구글에 합류해 유튜브를 책임지고 있던 닐 모한 (Neal Mohan)이 떠올랐다. 나는 두 사람을 소개시켜 주었고, 둘은 점심 식사를 함께했다. 그들은 주기적으로 연락을 주고받으며 관계를 이어 가기로 했다. 래리는 닐과의 관계를 소중히 여겼다. 닐은 그 정기적인 만남의 목적 중 하나를 이해하고 있었다. 그것은 래리가 제품 관리 조직으로 자연스럽게 옮겨 갈 수 있도록 자신이 도와주는 것이었다. 다행히 두 사람 모두 호감 가는 성격에 뛰어난 능력을 지닌 사람으로서 서로 잘 맞았다. 래리는 결국 닐이 있는 유튜브의 제품 관리 직책을 맡게 되었다. 이 글을 쓰는 지금 래리는 팀을 이끌며 꽤 큰 규모의 업무를 담당하고 있다. 그는 이직할 기회가 있었고 꿈에 그리던 직업에 근접했지만 구글을 좋아하고, 자신이 하는 일을 사랑했으며, 전혀 서두르지 않았다. 그의 이야기는 아직 다 끝나지 않았지만, 잠시 시간을 내어 10년 이상 진행되었던 그의 커리어 실행 계획이 멋지게 펼쳐지고 있는 모습은 되돌아볼 만한 가치가 있다고 여겼다.

5부

실행하라

17장

최고의 관리자는 빅3를 한다

지금까지 굉장히 많은 이야기를 나눴고, 이렇게 오래 함께해 준 데 대해 진심으로 감사한 마음이다. 관리자가 직원 참여의 70퍼센트를 책임지고, 직원 참여가 더 나은 성과로 이어지므로 우리는 이 두 가지를 측정할 수 있고 예측할 수 있는 리더십 기준을 채택해야 할 것이다. 팀이 뛰어난 성과를 내고 그 과정을 즐기게 하기 위해 최고의 관리자는 다음 세 가지 요소를 직원들에게 제공한다.

1. **방향성**-팀원 모두가 명확한 방향을 갖도록 한다.
2. **코칭**-직원들의 단기적, 장기적 성공을 위해 코칭한다.
3. **커리어**-단지 다음 승진이 아니라 인간적인 측면에서 관심을 기울이며 직원들의 커리어 개발에 투자한다.

당신의 인내심에 대한 보상은 일부러 이 책 깊숙한 곳에 숨겨 두었다. 관리자들이여, 이제부터 리더십 기준을 설명하는 유용한 두문자어를 소개하겠다. 유능한 인사 시스템 분석가인 윌 애덤스(Will Adams)와 전직 F-14 전투기 조종사인 데이브 데켈조(Dave Dequeljoe)가 개발한 CARES 모델이다. 두 사람 모두 퀄트릭스에서 가까운 동료로 일했던 사람이다.

직원 참여도가 가장 높은 팀의 관리자들, 그리고 최고의 성과를 내는 조직의 관리자들은 다음과 같은 일을 체계적으로 진행한다.

- **솔직한 문화를 조성한다**(Create a Culture of Candor): 솔직한 문화는 팀과 자신의 성과를 향상시키기 위해 정기적으로 피드백을 주고받는 문화다. 팀원들의 성공을 위해 아무것도 하지 않는다면 관리자로서 실패할 수밖에 없다. 이를 가능케 하는 데 코칭은 가장 영향력 있고, 가장 유용하며, 가장 저렴한 도구다.

- **적극적으로 우선순위를 정한다**(Actively Prioritize): 우선순위는 더하는 것이 아니라 빼는 행위이므로 팀원들이 매일, 매주 무엇을 해야 하는지 아는 만큼 무엇을 하지 않아도 되는지 아는 것이 중요하다.

- **아이디어와 우려에 반응한다**(Respond to Ideas and Concerns): 리더십에 대한 모든 피드백에 일일이 반응할 필요는 없다. 하지만 피드백을 제공해 준 사람에게 당신이 한 후속 조치를 알려 줌으로써 당신이 무언가를 왜 했거나 하지 않았는지 파악하도록 하는 게 좋다. 직원들에게 광범위한 맥락을 알려 주고 당신의 사고 과정을 더 잘 이해시킬 수 있는 훌륭한 기회다. "당신이 더 많은 성공을 거두기 위해 내가

어떻게 도울까요?"라고 물어보는 것도 좋은 방법이다.

- **명확한 기대치를 설정한다**(Establish Explicit Expectations): 팀원들에게 당신이 기대하는 행동과 결과를 명확하게 전달하는 데 시간을 투자하라. 그러면 팀원들의 목표 달성에 대한 믿음을 높이고, 스트레스와 걱정을 낮추며, 성공 확률을 높일 수 있다. 보통은 자신과 비슷한 사람과 가장 명확하게 소통하는 경향이 있는 만큼, 이는 포용적 리더십(Inclusive Leadership)에서 매우 중요한 행동이다. 팀원들이 이런 시간을 자주 갖는다면 모두가 성공에 가까워져 있을 것이다.

- **성장과 발전을 지원한다**(Support Growth and Development): 우리가 개발한 세 가지 모델의 커리어 대화를 팀원들과 나누는 시간을 갖는다면 정말 놀라운 결과를 경험하게 될 것이다. 지금껏 우리는 그런 결과를 수없이 목격하거나 찾을 수 있었다.

탁월한 리더의 성공 법칙

정답은 STAC 프레임워크

지금쯤이면 어느 조직이든 열쇠를 쥐고 있는 사람은 관리자라는 사실이 분명해졌기를 바란다. 따라서 모든 리더가 가장 먼저 해야 할 질문은 "어떻게 하면 최고의 관리자를 채용하고, 승진시키고, 그게 어렵다면 최고의 관리자로 성장시킬 수 있을까?"다.

정답은 STAC 프레임워크, 즉 선택하고(Select), 교육하고(Teach), 평가하고(Assess), 코치하라(Coach)다.

1. 조직의 리더십 기준과 직원 참여 및 성과에 영향을 미치는 구체적인 요인에 부합하는 성향, 사고방식, 기술을 지닌 관리자를 **선택**하라.
2. 리더십 기준을 정식으로 **교육**하고, 이를 충족하기 위해 행동을 조정할 수 있도록 기대치를 설정하라.
3. 해당 리더십 기준으로 직원들의 관점에서 리더십이 어떻게 이루어

지고 있는지 **평가**하라.

4. 교육과 평가 사이의 간극을 없앨 수 있도록 **코칭**하고 행동이 달라질 수 있도록 지원하라. 코칭과 학습을 리더십과 관련한 (마치 양치질과 치실 사용 같은) 기본적이고 지속적인 관리로 생각하라.

다음은 각 항목에 대한 기본 지침이다. 책 이곳저곳에서 대부분의 내용을 이미 읽었겠지만, 반복해서 읽을 만한 가치가 있다.

선택

우리는 위대한 몬티 파이선(Monty Python, 1970년대 영국의 유명 코미디 그룹-옮긴이)의 '헐링엄 파크(Hurlingham Park)에서 열리는 제127회 올해의 상류층 멍청이 쇼'에 참가한 사람들처럼 관리자를 선발한다. 갤럽의 2013 〈글로벌 직장 현황 보고서〉에 따르면, 미국에서 관리자를 잘못 선택하는 경우가 80퍼센트에 이른다고 한다. 왜일까? 여러 요인이 있겠지만, 가장 고질적이고 나쁜 요인은 얼마나 훌륭한 개인 기여자인지를 기준으로 관리자를 선택한다는 점이다. 이는 불합리한 접근법인 동시에 어느 정도는 이해가 가는 일이기도 하다.

첫째, 사용할 수 있는 다른 시그널(signal)이 없다면 마땅히 이 시그널을 쓸 수밖에 없다. 둘째, 팀에서 가장 성과가 좋은(더 나쁘게는 가장 오래 근무한) 개인 기여자에게 리더십 직책을 맡길 수 없게 되었고, 대신 성과가 가장 좋지 않은 개인 기여자가 그 자리를 맡게 되었다고 말하

탁월한 리더의 성공 법칙

기란 매우 어렵다. 설사 성과가 낮은 개인 기여자가 훌륭한 관리자가 되리라는 완벽한 정보가 있다 해도 그 사실을 전하기는 쉽지 않다. 용기가 필요하다.

성공적인 관리자가 되기 위해 해야 하는 일과 성공적인 개인 기여자가 되기 위해 해야 하는 일은 전혀 다르다. 업무 자체가 다르다.

최고의 관리자를 선발하려면 먼저 리더십 기준을 명확하게 정의하고, 측정 가능한 책임감을 부여한 뒤, 이를 내부 승진 및 외부 채용의 근거로 삼아야 한다. 퀄트릭스에서는 리더십 채용 가이드(The Leadership Hiring Guide)를 발간했는데, 그 안에는 잠재적 관리자들에게 묻는 질문과 좋은 답변, 또 나쁜 답변의 기준이 명시되어 있다. 좋은 답변과 나쁜 답변이 포함된 이유는 각 면접관의 자의적인 기준이 아니라 공유된 리더십 기준에 따라 리더를 선발하기 위해서다. 또한 경력이 적은 주니어급 관리자는 리더십 기준을 15퍼센트 정도 준수해도 되지만, 고위급 관리자는 100퍼센트에 가깝게 준수해야 한다는 기대치를 설정했다. 우리가 집단사고를 추구하는 것은 아니지만, 연어 한 마리가 상류로 헤엄쳐 올라가게 둘 수는 없는 것이다. 무엇이 효과가 있는지 제법 정확하게 알고 있는데 그 기준에서 벗어나는 것을 용납해야 할 이유가 있을까? 고위급 관리자의 경우 그 영향력이 훨씬 크기 때문에 그 자리에 소시오패스를 앉히면 피해는 훨씬 심각해진다. 고위급 관리자에 대한 평가를 건너뛰고 싶은 마음이 들 수 있지만, 실제로 우리는 더욱 철저한 심사를 거치고 사람을 관리하는 방식에서 더욱 정교함을 보여줄 것을 이들에게 요구한다. 간단히 말하자면 우리는 고위급 채용과 승진에는 위험을 피하고자 하고, 경험이 적은 주니어급 채용과 승진에는 위험을 감수하고자 한다. 이 둘은 폭발 반경이 다르다.

다시 한 번 더 강조하지만, 이는 내부의 승진뿐 아니라 외부 채용에도 적용하는 기준이다. 엄격하게 정의된 리더십 채용 기준으로 후보자의 역량과 성향을 정확하게 파악할 수 있다. 채용 후보자는 채용 관리자가 평가한다. 이렇게 하면 채용 관리자는 리더십 기준을 지속적으로 접하고 또다시 배우며 인재 개발 리더인 자신에게 어떠한 리더십이 요구되는지도 생각해 보는 계기가 된다. 또한 향후 인재 채용 기준을 개선할 만한 아이디어도 낼 수 있다. 나는 공식적인 테스트를 선호한다. 하지만 내부 후보자가 답안을 미리 본 경우처럼 다른 선택지가 없다면, 모든 요건이 충분히 고려되었다는 전제하에 훌륭한 채용 관리자의 평가도 받아들일 수 있다.

마지막으로 구인이나 면접 전에 직무에 대한 기준을 수립해 놓으면 불공정한 결과를 불러올 수 있는 무의식 편향을 낮추는 데 큰 도움이 된다. 〈구성된 기준(Constructed Criteria)〉이라는 연구를 보면, 예일대학교의 에릭 울먼(Eric Uhlman)과 제프리 코언(Geoffrey Cohen)은 경찰서장 같이 전통적인 남성의 역할을 두고 후보자를 평가하는 상황에서 사람들의 편견에 대해 살펴봤다. 패러다임(Paradigm)의 창립자이자 CEO인 조엘 에머슨(Joelle Emerson)은 미디엄(Medium) 블로그에 그 연구 내용과 주요 결과를 완벽하게 요약했다.

연구진은 참가자들에게 '학력이 더 높은(북 스마트, book smart)' 가짜 후보와 '경험이 더 많은(스트리트 스마트, street smart)' 가짜 후보의 이력서를 보여주고 어느 후보가 경찰서장 자리에 더욱 적합한지 선택해 달라고

탁월한 리더의 성공 법칙

요청했다. 이력서가 익명으로 제시되었을 때 참가자들은 북 스마트를 선택했다. 이후 연구진이 북 스마트 후보에게는 남성 이름을, 스트리트 스마트 후보에게는 여성 이름을 붙였다. 참가자들은 북 스마트를 선택했다. 하지만 성별을 바꿔 북 스마트 후보에게 여성 이름을, 스트리트 스마트에게 남성 이름을 부여하자, 참가자들은 처음으로 남성인 스트리트 스마트 후보를 선택했다. 각 시나리오에서 참가자들은 선택 과정에서 이력서가 가장 중요한 기준이었다고 말하며 자신의 선택을 정당화했다. 또한 참가자들은 의도치 않게 역할에 필요한 능력에 대한 자신의 의견을 성별에 따른 고정관념에 맞춰 나타냈다. 흥미롭게도 연구진은 이러한 편견을 줄일 효과적인 방법을 발견했다. 참가자들에게 북 스마트와 스트리트 스마트 중 어느 쪽이 해당 역할에서 더 중요한지 먼저 선택하게 한 뒤 두 이력서를 제시하자, 편견이 사라지고 남성과 여성을 공정하게 평가했다.

교육

명확하고 구체적인 기준으로 리더를 선발했다 해도, 올바른 행동이 무엇인지 교육하지 않고 리더가 일관되게 올바른 모습을 보여주길 기대하는 것은 공정하지 않다. 지금 이 말에 모든 학습·개발 전문가들이 손을 흔들며 환호하고 있을 것이다. 우리는 모든 관리자에게 우리가 기대하는 것이 무엇인지 가르쳐야 한다. 나는 비핵심 직무 관련 교육이 문제 해결책이라는 주장에 회의적이다. 어떻게 교육할 것인가 하는 그 '방법'에 대해서는 이렇다 할 의견이 없다. 나는 대면 수업과 실습 중심의 교육을 선호하지만, 그것이 항상 가능하지 않다는 것을 알고 있다. 다양한 교육 방법과 접근 방식의 장단점은 이미 잘 알려져 있지만, 이는 내 전문 분야와 거리가 멀다. 나는 교육 개발자나 훈련 전문가가 아니기 때문이다. 내가 말하고 싶은 점은 조직의 리더들에게 올바른 행동이 무엇이고, 그것이 왜 중요한지 명확하게 설명하지도 않으면서 그들이 꾸준하고 열정적으로 올바른 행동을 보일 것이라고 생각해서는 안 된다는 것이다.

그리고 리더십의 기준을 교육해야 하는 것뿐만이 아니라, 중요하지 않은 것들은 적극적으로 배제하는 노력도 필요하다. 앞에서 자세히 다루었듯이 관리자에게 전달할 수 있는 리더십 콘텐츠는 무궁무진하다. 하지만 효과가 있을까? 여기서 효과란 측정 가능하고 예측 가능한 리더십 기준을 통해 직원들의 참여를 이끌어 내고 놀라운 성과를 달성하는 것으로 앞서 우리는 정의했다. 우리는 측정이 가능하고 예측이 가능한 리더십 기준을 마련했다. 리더십에 대한 강연을 해 줄 강사를 초청하거나 관리자가 주목해야 할 새로운 리더십 모듈을 개발하기 전에 현재의 리더십 기준에 새로운 무언가를 추가하는 것이 정말 관리자들이 시간을 투자할 만한 가치가 있는지 생각해 봐야 한다. 정말 효과가 있을지 스스로에게 물어보라.

우리가 조심해야 할 부류는 바로 "이미 다 아는 이야기야"라는 태도를 가진 사람들이다. 이런 사람들은 나를 굉장히 짜증스럽게 한다. 이들은 이미 꽤 오랜 경력을 쌓았고, 과거에 사람들을 이끄는 리더로서 성공을 좀 거두었으며, '나는 다 이해했다'거나 '나한테 맞는 방식

탁월한 리더의 성공 법칙

이 뭔지 안다'는 생각을 품고 있다. 이들이 말하는 '나한테 맞는 방식'이 측정 가능한 증거가 없다면 전부 헛소리다. 참고로, 그들이 이런 증거를 가지고 있을 가능성은 거의 없다. 그러한 증거를 마련하는 것은 어렵고, 리더십 기준을 수립하려고 시도하는 회사조차 매우 드물며, 그 기준을 측정 가능하게 책임지는 경우는 더더욱 드물기 때문이다.

내가 한때 함께 일했던 고위 관리자는 자신이 핵심 리더십 기준을 가르치는 교육에 참석할 필요가 없는 사람이라고 굳게 믿었다. 하지만 그의 관리자 효율성 점수가 낮게 나왔다. 그의 팀원들은 방향과 미션, 성과 기준에 대해 혼란스러워했고, 예상한 대로 회사를 떠나기 시작했으며, 종종 이직의 이유로 그의 리더십을 꼽았다. 그뿐만 아니라 여섯 명 내지 여덟 명 정도의 측면 이해관계자(Lateral Stakeholder, 조직의 일원이 아니지만 조직에 영향을 미치는 당사자-옮긴이)로 구성된 시스템에서 이 실패한 관리자가 운영하는 조직에 만족한 사람은 단 한 명뿐이었고, 그 특정 이해관계자는 뜻밖에 이 관리자의 직속 상사였다. 이것은 절대로 지어낼 수 없는 이야기다.

'이런 것 따윈 필요 없다'는 결론에 도달하기 위해서는 상당한 오만함이 필요하다. 해당 관리자는 내게 문제를 바로잡겠다고 약속했고, 몇 번의 코칭 세션 후 직원 참여도와 관리자 효율성 점수가 몇 점은 상승했다. 그는 내게 우쭐거림과 자화자찬과 뿌듯함이 뒤섞인 메일을 보내왔다. 그러나 그로부터 2주 후 그의 밑에 있던 뛰어난 직원이 나를 찾아와 자신은 퇴사할 것이라고 말했다. 그녀가 회사를 떠나는 것은 거의 전적으로 그 때문이라고 했다.

리더십 기준은 모든 사람이 배워야 한다. 신입이든 고참이든 누구나 마찬가지다. 모범을 통한 리더십의 가치는 시대가 변해도 달라지지 않는다. 리더십의 기준은 공식적으로 지속적으로 교육해야 한다. 그러지 않고서는 사람들이 이를 준수할 것이라고 기대해서는 안 되며, 만족스러운 결과를 얻을 거라고 믿어서도 안 된다.

평가

평가가 없으면 변화도 없다. 리더십은 종종 개인적인 것으로 여겨지기 때문에 '내가 효과가 있다고 생각하는 것'이 '직원 참여를 이끄는 그 무엇'과 '결과를 가져오는 그 무엇'과 같은 객관적인 것보다 우선시되는 경우도 많다. 물론 절대적인 객관성은 실현이 불가능하다. 자신의 행동을 바꾸고 싶어 하는 사람이 행동을 바꾸는 것도 어려운데 누군가를 어디까지 바꿔야 할지, 어떤 것을 바꿔야 하는지 등을 둘러싸고 의견이 일치하지 않는다면 변화는 훨씬 어려워진다. 누군가를 변화시키려는 첫 단계에서는 거의 항상 저항에 직면한다.

평가는 사람들이 변화의 의지를 되찾도록 도와주는 동시에 무엇을 보완해야 하는지 격차를 파악할 수 있도록 해준다. 퀄트릭스에서는 앞서 자세히 다룬 열두 개의 문항으로 구성된 관리자 효율성(ME) 점수를 활용했다. ME 점수는 관리자가 리더십 기준에 비해 얼마나 잘하고 있는지 그 정도를 측정한 것이다. 관리자의 전반적인 평가에는 기대되는 결과의 달성 여부와 팀원들의 참여 점수가 포함되는데, 관리자가 팀원들에게 올바른 행동을 보이면 그러한 것들은 자연스럽게

탁월한 리더의 성공 법칙

따라온다.

평가를 할 때는 근거를 제시하는 게 중요하다. 그래야 이러한 변화가 '가치가 있다'는 확신을 심어 줄 수 있기 때문이다. 특히나 관리자의 업무 부담이 크고 투자 사이클을 찾기가 어려운 고성장 기업의 경우 더욱 그렇다. 이것이 지금의 현실이다. 평가를 보상 수단으로 사용할 때는 그 평가 지표가 고위 임원이나 학습 전문가의 임의적인 기준이 아니라, 필요한 변화를 가져왔다는 근거를 제시하는 것이 더욱 중요하다.

퀄트릭스에서는 평가를 주로 코칭 도구로 활용했다. 가령 최하위 점수를 받은 직원에게 조용히 연락해 어떠한 상황인지 파악하고 도움을 제공할 수 있다. 이 사람은 관리자 효율성 대시보드로 자신의 성과에 대한 평가를 마쳤기에 벌써 자신의 관리자와 개선을 위한 노력을 시작했을 가능성이 높다. 또한 성과 평가 및 승진 시 ME 점수가 고려 대상이 되기도 한다. 이 점수가 유일한 고려 사항이라고는 오해하지 않길 바란다. 평가 보정 회의와 승진 위원회에서 모두 공개적으로 논의한다. 평가 제도에서 가장 중요한 것은 팀원들의 관점에서 관리자를 평가한다는 것이다. 즉 우리 모두가 채용하고, 개발하고, 유지하기 위해 애를 쓰고 있는 직원들이 평가하는 것이다. 팀원이 관리자에게 리더십에 어떠한 문제가 있다는 피드백을 주는 것이야말로 관리자가 받을 수 있는 가장 큰 선물이다.

일부 사람들은 직원들에게 관리자를 평가해 달라고 요청하는 것이 인기투표와 비슷하게 변질될 수 있다고 우려해 반발하기도 한다. 아주 멋진 관리자는 높은 점수를 받고, 실패한 팀을 개선하려고 노력하는 관리자는 혹평을 받을 수도 있다. 그럴 위험이 충분히 있기는 하지만, 나는 그런 식으로는 진행되지 않는다고 생각한다.

첫째로, 관리자 효율성 설문지가 어떠한 행동이 제대로 이루어졌는지 등에 초점이 맞춰졌다면 직원은 해당 관리자에게 높거나 낮은 점수를 주기 위해 거짓말을 해야 한다. 물론 직원이 관리자를 긍정적으로 과대평가하는 (또는 부정적으로 과소평가하는) 경우도 있겠지만, 모든 직원이 그럴 수는 없다. 모든 직원이 거짓말을 한다는 생각이 든다면 이는 조직 내 신뢰도가 매우 낮다는 것을 의미하기 때문에, 인재 확보 방법을 재고해 더욱 정직한 사람을 채용하도록 해야 한다.

물론 사람에게는 결함이 있을 수 있다. 완벽한 인간은 없다. 문제는 이러한 결함이 직원의 관점을 무효화시킬 만큼 중요한가인데, 나는 그렇게 생각하지 않는다. 행동 중심의 질문과 비밀 유지 기준(한 예로, 관리자의 직속 부하 직원이 다섯 명 미만인 경우 익명성을 보장하는 방식)을 통해 부정직함을 통제할 수 있다. 직원이 작성한 평가를 징벌적으로 사용하는 것에 주의해야 하며, 이것을 유일한 평가 기준으로 삼아서도 안 된다. 관리자 효율성 지수를 수립하고 사용하는 것이 매우 중요하므로, 완벽함을 좇다 더 큰 것을 잃는 경우가 있어서는 안 될 것이다.

이 평가를 주요한 코칭 도구로 활용하면 부정직한 답변은 피하는 동시에, 관리자와 팀이 더 성공적이고 덜 불행하게 만들 수 있다. 한 번은 내가 고위 영업 임원에게 연락할 일이 있었다. 그의 리더 중 한 명(입사한 지 얼마 되지 않은 사람)이 회사 전체에서 ME 점수가 가장 낮았기 때문이다. 내가 할 수 있는 일이 있는지 물어봤다. 임원은 고민에 빠졌다. 이 고위 임원은 이미 문제를 완전히 파악하고 있었다. 그는

탁월한 리더의 성공 법칙

이 문제가 관리 범위에서 비롯되었다고 진단했다. 해당 리더는 복잡한 지역을 관리하고 있었는데, 아직 완전하게 해결할 수 있는 팀을 꾸리지 못한 상태였다. 나는 그의 진단에 크게 공감했다. 관리자의 통제 범위가 일곱 명 이하일 때 올바른 리더십 행동을 보일 가능성이 훨씬 더 높다는 사실을 다시 한 번 깨달았기 때문이다. ME 점수가 낮은 리더가 맡은 조직은 그 수를 훌쩍 뛰어넘는 규모였다. 이 임원과 나는 적절하고 계획적인 조직 관리가 대부분의 문제를 해결할 수 있다는 데 동의하고 6개월 내로 문제를 해결하기로 했다. 한편 임원은 ME 평가를 활용해 영업 리더가 조직의 현 상황에서 최선을 다할 수 있도록 코치했다. 그의 행보가 무척이나 만족스러웠다. 임원은 이미 자신의 문제를 진단하고, 합리적인 실행 계획도 있었으며, 특정 기간 안에 개선을 약속하는 모습도 보였다.

또 다른 예도 있다. 나는 평가 점수가 매우 낮은 관리자인 실비(Sylvie)에게 연락을 취했다. 그녀의 첫 반응은 "내버려 두세요. 제가 알아서 할게요"라는 식으로 다소 방어적이었다. 나는 처벌이 아니라 파트너십을 위해 연락했다고 알렸고, 성공하기를 바라는 내 마음을 그녀가 깨닫고는 함께 문제 해결로 나아갈 수 있었다.

이 평가로 인해 어떤 문제부터 우선으로 해결해야 하는지 정할 수 있었다. 우리는 점수가 낮게 나온 영역 외에도 직원 참여에 미치는 영역도 함께 살폈다. 그녀에게는 팀에 부드럽게 다가가는 방법을 코치하고, 그녀가 팀원들의 도움을 받아 어떤 점을 개선할 수 있을지 명확히 밝혔다. 마지막으로 간단하고 상식적인 실행 계획을 함께 세우는 것으로 끝을 냈다.

그녀의 변신은 대단히 빠르고 놀라웠다. 한 분기 동안 낮은 점수를 받던 관리자들 중 한 명에서 이제 높은 점수를 받는 관리자들 중 한 명이 되었다. 팀의 직원 참여도가 급상승했고, 이제 가장 어려운 일을 해내는 팀으로 인정을 받는 그녀의 팀은 회사의 가장 까다로운 과제를 해결하기 위해 투입되는 특수팀이 되었다. 평가가 없었다면 이 모든 것이 불가능했을 것이다. 변화를 향한 개방과 수용은 리더십 기준에 대한 이해 없이는 불가능하다.

코치

나는 코칭 자격 인증 같은 것을 별로 좋아하지 않는다. 물론 그 자체로도 가치가 있겠지만, 우리가 달성하고자 하는 목표, 즉 우리의 리더십과 성과가 기준에 어느 정도 부합하는지 새로운 시각으로 보겠다는 목표에 집중해야 한다. 거울이 없으면 자신을 보기가 어렵다. 좋은 코치들은 거울을 많이 갖고 있지만, 그들에게 공식 인증서가 있을 수도 있고 없을 수도 있다.

몇 년 전 기업들을 대상으로 '완전한 솔직함(Radical Candor) 워크숍'을 준비할 당시 스탠퍼드 글로벌 비즈니스 스쿨 교수인 스테파니 솔러(Stephanie Soler)의 도움을 받은 일이 있었다. 그녀가 한 명의 참가자가 다른 참가자에게 피드백을 주고, 세 번째 참가자가 이를 관찰하는 '피드백 트라이앵글' 훈련에 대한 아이디어를 주었다. 물론 롤 플레잉 연습이 새로운 것은 아니지만, 피드백을 받는 사람에게 일부러 무례하

탁월한 리더의 성공 법칙

게 굴라고 주문한 것이 기존 연습과 달랐다. 이렇게 할 때 이 훈련이 실전과 비슷해지고 스트레스가 형성되며, 피드백 메시지가 명확하게 전달되어야 한다는 점을 강조할 수 있었다.

연습이 몇 분간 진행된 후 다른 두 명의 참가자가 피드백을 주는 사람을 코치하는 시간, 즉 피드백에 피드백을 주는 시간을 가졌다. 이 연습을 300회 이상 반복하면서 나는 많은 것을 배웠고, 참가자들에게 무작위로 선정된 파트너로부터 받은 코칭이 '좋았는지' 등 여러 가지 질문을 하며 큰 깨달음을 얻었다. 내 질문에 참가자들의 대답은 항상 "예"였다. 무작위로 선정된 파트너가 바로 옆에 앉아 있는 만큼, "글쎄요"라고 대답하는 것이 어색하기에 그럴 수밖에 없었을 것이다. 하지만 그런 반응이 진심으로 다가왔는데, 그 이유는 열정적으로 "예"를 외치는 사람들도 있었고, 또 해당 참가자들에게 더 많은 질문을 하며 왜 그렇게 생각하는지 그 근거를 설명하게 했기 때문이었다. 나는 그들에게 냉소적인 목소리로 물었다. "잠깐만요. 그러니까, 이런…이런… 평범한 사람이, 오늘 우리가 여기서 다룬 것 이상의 트레이닝을 받은 적이 없는 사람이 중요하고도 어려운 기술에 대해 좋은 코칭을 전해 줄 수 있다고 말하는 건가요?" 이런 내 질문에도 답을 바꾸는 참가자들은 거의 없었다. 알고 보니 주변 사람들은 우리가 어떻게 하면 더욱 나아질 수 있는가 하는 것에 제법 감이 발달해 있었지만 ① 그런 피드백을 전할 권한이 없고, ② 자신의 통찰력을 우리와 공유할 노하우가 부족한 것으로 밝혀졌다. 평범한 노인들에게도 이 두 가지만 보장해 준다면 훌륭한 코치가 될 수 있다는 사실을 깨달았다. 결국 어떤 트레이닝을 받든 극소수의 사람들만이 행동에 변화를 일으킨다. 신중한 평가를 통해 도출된 실제 리더십 과제들에 관한 훌륭하고 확실한 코칭으로 트레이닝을 계속 이어 간다면, 리더십 기준을 교육하는 트레이닝과 성취 간의 간극을 좁히는 데 도움이 될 것이다.

탁월한 리더의 성공 법칙

더 많은 사람이 참여해 성과를 내는 세상을 위해

내 꿈은 이 책의 독자들이 전 세계의 어설픈 관리자를 없애겠다는 내 여정에 동참해 주는 것이다. 영화 〈가디언즈 오브 갤럭시〉의 주인공 스타로드와 가모라처럼, 여러분은 '직원 참여의 수호자'가 되는 것이다.

누구나 훌륭한 리더가 필요하다. 모든 관리자가 이 책에 나온 방식으로만 리더십을 발휘한다면, 전 세계적으로 직원 참여도가 부끄러운 수치인 15퍼센트에서 그보다 훨씬 높은 수준으로 증가할 것이다. 기업, 교육 기관, 정부, 비영리 단체가 직원 참여가 상승하며 되찾은 수십억 달러로 새로운 것을 발명하고, 질병을 치료하고, 문제를 해결하고, 더 많은 사람을 빈곤에서 벗어나게 하는 데 쓸 수 있다면 얼마나 좋을까. 전 세계에는 수천만 명의 관리자가 있다. 우리 모두가 더 나은 리더가 되기로 결심한다면 인류는 분명히 더 나은 길로 나아갈 수 있을 것이다. 우리 모두에게 공통된 등대는 바로 놀라운 일을 하는 가운데 짜릿한 흥분까지 느끼는 우리 직원들이다. 이들이 승리할 때, 아니 이들이 승리해야만 당신도 승리할 수 있다.

관리자라면 이렇게 물을 것이다. "어디서부터 시작해야 할까요?" 이 모델은 일관적인 리더십 시스템으로 설계되어 그 질문에 답하기는 어렵다. 하지만 '그곳'에서 멈추지 않겠다고 약속한다면 시작할 수 있는 그곳을 세 군데 알려 줄 수는 있다. 가장 먼저 시작할 수 있는 곳은 14장에 등장한 '인생 이야기 대화'가 될 것이다. 직원과의 관계를 빠르고 의미 있게 개선하기 위해 할 수 있는 방법이 많지 않은데, 그 방법 중 하나가 바로 이 대화다. 더 나아가, 이 대화는 직원들과의 관계 기반을 더욱 견고하게 한다. 이 기반이 튼튼할수록 우리는 그 위에 더 쉽고 안정적으로 관계를 쌓아 갈 수 있다.

두 번째는 6장과 7장에 나오는 '분기별 목표 설정'과 '일일/주간 우선순위 결정'이다. 팀원들이 자신에게 무엇이 요구되는지 정확히 알고 있는가? 그리고 그 요구가 명확하고 측정 가능한 용어로 전달되었는가? 팀의 분기별 목표를 측정 가능하고 명확한 소수의 목표로 줄이는 과정을 거치길 바란다. 이와 함께 매일 15분씩 스탠드업 미팅을 열어 각자의 일일/주간 우선순위를 논의하는 시간도 갖는다.

시작점으로 삼을 수 있는 곳의 마지막은 9장으로, 이 장에서 나는 칭찬과 지속 코칭에 대해 이야기했다. 2021년 4월 막 상장을 마친 기업의 관리자 40여 명을 대상으로 강연을 한 적이 있다. 내가 칭찬과 비판의 비율이 5 대 1이라고 하자, 관리자들 중 한 명이 "지속적이고 무한한 칭찬은 어떤 위험이 따르나요?"라고 물었다. 전에도 이런 질문을 받은 적이 있다. 많은 사람이 지나치게 칭찬하는 위험에 처해 있

탁월한 리더의 성공 법칙

을 거라고는 생각하지 않지만, 자신이 어떤지 잘 모르겠을 때는 우선 지나친 칭찬을 피하는 방법부터 알려 주겠다. 먼저, 칭찬 대 비판의 비율은 10 대 1, 20 대 1, 무한 대 1이 아니라 5 대 1이다. 둘째, 칭찬은 구체적이고 진정성이 느껴져야 한다는 원칙을 잊어선 안 된다. 이 규칙만 지키면 과잉 칭찬이라는 다소 우스꽝스런 문제를 해결하고 팀과의 관계를 변화시킬 수 있다. 팀원들이 잘못하기보다는 잘하고 있을 가능성이 높다는 점을 잊어선 안 된다. 관리자들이여, 이 책에 수록된 내용을 바탕으로 여러분의 역량을 강화해 나가길 바란다.

크로스핏의 창립자 그레그 글래스먼은 2015년 탐사보도 TV 프로그램 〈60분(60Minutes)〉에서 샤린 알폰시(Sharin Alfonsi)와 인터뷰를 했다. 인터뷰 내용 중 이 책의 이론적 토대와 상당히 밀접한 관련이 있는 부분이 있었다.

"웨이트리프팅을 당신이 발명한 게 아니잖아요." 샤린 알폰시가 물었다.

"안 했습니다." 그가 동의했다.

"맨손체조도 발명한 게 아니고요." 그녀가 말했다.

"안 했어요." 그는 대답에 주저함이 없었다.

"체조도 발명하지 않았고요." 그녀가 단호하게 말했다.

"안 했습니다." 그의 대답은 일관되었다.

"그럼 뭘 하신 건가요?" 그녀가 물었다.

"프레즐(Pretzel) 빵을 먹으면서 레터럴 레이즈(Lateral Raise)와 컬(Curl) 운동하는 건 멍청한 짓이라는 개념은 제가 발명했습니다. 그건 제가 만들었어요." 글래스먼은 잘못된 식습관과 전통적이지만 상대적으로 쓸모없는 몇 가지 웨이트 트레이닝 동작에도 다각도로 접근했다. 이 책 초반에 이야기한, 글래스먼이 먼저 피트니스에 대해 정의한 후 피트니스의 정의 내에서 측정과 예측이 가능하면서 더욱 나은 결과를 가져오는 프로그램을 개발하기 시작했다는 점을 떠올려 보길 바란다.

나도 그 비슷한 일을 해본 적이 있다. 나는 기대치 설정이나 코칭, 커리어 개발이라는 개념을 창안하지 않았다. 또한 리더십이나 직원 참여도 발명하지 않았다. 내가 발명한 것은 리더십 행동, 또는 리더십 행동의 복합체, 또는 리더십 행동 세트가 더 높은 참여와 더 나은 결과를 측정과 예측 가능하게 불러올 수 있는지 여부에 따라 리더십을 평가하고 받아들여야 한다는 단순한 아이디어다.

참여와 결과를 모두 이끌어 내는 리더십 행동을 더욱 깊이 이해할 수 있는 굉장한 기회다. 통계학자와 분석가들을 위해 한마디 더하자면, 이 책에서 가장 독특하다고 생각되는 점은 행동을 측정하고 관리자 효율성 지수를 만들어 리더십을 분석했다는 것이다. 그런 뒤 우리는 관리자 효율성 지수를 만들어 독립적인 변수로 삼고, 좋은 리더십에서 기대할 수 있는 두 가지 요소인 직원 참여와 비즈니스 성과를 종속 변수로 삼았다. 내 연구 결과는 이미 준비되어 있으니 이제 독자 여러분이 그것을 활용하고, 정교함과 엄격함을 더해 발전시키기만 하면 된다.

HR 담당자를 위해 한 가지 비유를 들고자 한다. 디지털 광고에서는 일반적으로 첫 번째, 두 번째, 세 번째 비용을 구글 검색 광고에 지출해야 한다. 그런 뒤 더는 지출을 할 수 없을 때까지, 또는 지출이 늘어날 때마다 그 이상의 가치를 얻지 못할 때까지 계속 구글에 돈을 써

탁월한 리더의 성공 법칙

야 한다. 그 시점에 도달하면 이제 다른 플랫폼을 고려해야 한다. 마찬가지로 조직의 리더십 문화를 대규모로 개선하기 위해서는 투자, 시간, 관심을 적절히 할당했는지 평가해 보기 바란다. 이는 절대적으로 중요한 투자다. 그러나 그렇게 교육을 받아서인지 아니면 상사가 기대하는 바를 따라야 해서인지 우리는 여전히 영향력이 낮은 전통적인 인사부 업무에 집중하느라 투자를 제대로 하지 못하고 있다. 이 책을 투자 전환을 정당화하는 용도로 쓸 수 있길 바란다.

우리 모두가 노력한다면 모든 곳에서 어설픈 관리자들을 종식시킬 수 있을 뿐 아니라, 수백만 명이 자신의 업무에 더욱 참여하고, 더 큰 성과를 내는 세상을 만들 수 있다. 적어도 직장에서만큼은 더욱 행복한 사람들이 더 많은 기회를 얻길 바란다. 안타까운 한편 당연하게도 우리는 이제 더 이상 우리의 제도가 선한 영향력을 미칠 힘을 가지고 있지 않다고 믿게 되었다. 사실 우리는 제도 자체를 거의 신뢰하지 않는다. 하지만 만약 그 제도 속에서 사람들이 리드되는 방식을 체계적으로 개선할 수 있다면, 즉 관리자들이 더 나아지기로 결심하고 직원들을 지원한다면, 우리는 세상을 더 나은 방향으로 변화시킬 수 있다. 나는 진심으로 그렇게 믿고 있고, 머지않아 내 말이 옳았음을 당신이 볼 수 있기를 바란다.

당신에게 추천하는 열두 권의 책

관리 및 리더십 분야에서 내가 최고의 리더십 도서로 꼽는 열두 권의 책을 소개하고자 한다(국내 미출간된 책은 영문 병기했다-옮긴이). 먼저 처음 여덟 권인《의식적인 비즈니스》부터《네이비씰 승리의 기술》은 관리자로서의 마인드셋에 관한 책이다. 이 책들에는 실제적인 기술도 많이 등장하지만 무엇보다 당신이 관리자로서 배우고, 성장하고, 성공할 수 있도록 마인드셋을 새롭게 일깨우는 책들임을 명심하길 바란다. 그 다음 두 권인《성공하는 기업들의 8가지 습관》과《OKR 전설적인 벤처 투자자가 구글에 전해 준 성공 방식》은 이 책의 2부 '방향성'의 탄탄한 근거가 되는 내용이 담겨 있다. 마지막 두 권인《일하는 뇌》와《실리콘밸리의 팀장들》은 코칭과 관련해 추가적인 도움을 얻을 수 있는 책이다. 더불어 내가 왜 이 책을 유용하다고 느꼈는지 짤막한 소감도 덧붙였다.

탁월한 리더의 성공 법칙

관리자의 마인드셋

《의식적인 비즈니스(Conscious Business)》, 프레드 코프먼(Fred Kofman) 지음

내 유일한 비즈니스 바이블이다. '진정성 있는 의사소통(Authentic Communication)'과 '완벽한 조화(Impeccable Coordination)', '무조건적인 책임감(Unconditional Responsibility)' 챕터들은 피해자-플레이어(Victim-Player) 모델에 대해 다루는데, 피해자 마인드셋(무력감)에서 벗어나 플레이어 마인드셋(역동성)으로 전환하는 쉬운 방법을 알려 준다. 훌륭한 관리자가 되는 법을 배우기 위해 반드시 읽어야 하는 책이다. 단연 최고의 책이다.

《리더십 모멘트》, 마이클 유심 지음

와그너 닷지와 맨 걸치 화재 참사 이야기를 흥미롭게 봤고, 더 많은 것을 알고 싶다면 유심 박사의 책이 준비되어 있다. 이 책은 맨 걸치 이야기 외에도 포춘 100대 기업 머크부터 아폴로 13 미션, 세계에서 가장 위험한 산 중 하나인 안나푸르나에 도전한 전원 여성인 등반팀까지, 여덟 가지 리더십 이야기가 풍성하게 담겨 있다.

《마인드셋》, 캐롤 드웩 지음

당신은 X여서, 또는 당신에게는 Y가 부족해서 훌륭한 관리자가 될 수 없다는 식의 이야기를 들어선 안 된다. 훌륭한 관리자가 되기 위해선 오직 집중력과 훈련이 필요할 뿐이다. 모든 답이 (항상) 마련되어 있지 않은 데 두려움을 느낄 필요가 없다. 대신 답이 어디에 있는지 찾아내

기 위해 노력해야 한다는 점만 명심하면 된다.

《그릿》, 앤절라 더크워스 지음

앤절라 더크워스는 재능과 지능보다 끈기와 노력, 목표 수립이 성공에 중요하다는 점을 밝혀냈다. 미국 전 대통령인 캘빈 쿨리지(Calvin Coolidge)가 남긴 말은 앤절라의 책을 미리 보기라도 한 듯하다. "이 세상에서 끈기를 대신할 수 있는 것은 아무것도 없다. 재능도 끈기를 대신할 수 없을 것이다. 성공하지 못한 사람들의 가장 흔한 공통점은 재능이 있다는 것이다. 천재성도 끈기를 대신하지 못한다. 보상을 받지못한 천재들은 너무도 많다. 교육도 끈기를 대신할 수 없다. 이 세상은 교육을 받은 부랑자로 가득 차 있다. 끈기와 투지만이 전능하다."

《가르시아 장군에게 보내는 편지》, 엘버트 허버드 지음

성인 도서 가운데 가장 빨리 읽을 수 있는 책이다. 미 해병 소위들에게 가장 먼저 주어지는 필독서로, 쉬운 스토리를 통해 진취적인 태도의 가치를 날카롭게 전달하는 책이다. 미 해병대의 열네 가지 리더십 특징 가운데 나는 진취성이 가장 중요하다고 생각한다. 가만히 앉아기다리면 아무 일도 일어나지 않는다. 아무리 모호한 상황이어도 우리가 행동을 취해야만 어떤 일이든 할 수 있다.

《리더로서의 서번트(The Servant as Leader)》, 로버트 그린리프(Robert Greenleaf) 지음

'뒤집힌 조직도'라는 클리셰(cliché)에만 기대서는 안 된다. 진심으로 팀을 위해 희생하는 모습을 보여야 한다. 물렁물렁한 모습을 보이는 것과는 다르다. 팀과 함께 높은 기대치를 수립하고 이를 달성하는 것이야말로 당신이 팀에 할 수 있는 최고의 기여일 수 있다. 팀원들이 기대 수준을 명확히 알고 있고, 당신은 이들을 성공으로 이끄는 것에서 조금 더 나아가 이들의 필요를 충족시킨다면, 당신 자신은 물론 회사에도 대단한 기여를 하는 것이다.

《멀티플라이어》, 리즈 와이즈먼 지음

높은 기대치를 설정하고 직원들이 최선을 다하도록 도전 의식을 자극해야 한다고 전하며 저자는 멀티플라이어가 디미니셔보다 팀에 두 배의 성과를 가져온다고 설명한다. 그런 뒤 내면의 멀티플라이어를 일깨우고 디미니셔 성향을 개선하는 방법을 알려 준다. 특히나 우발적 디미니셔에 관한 내용이 압권인데, 우리가 최고의 선의를 지니고도 타인을 깎아내리는 경우가 있다는 점을 보여준다. 우리가 영원히 배워야 한다는 사실을 일깨운다.

《네이비씰 승리의 기술》, 조코 윌링크·레이프 바빈 지음

결과를 온전히 책임진다는 게 어떤 것인지 보여주기 위해 나는 앞에서 해병대의 사례를 소개했다. 당신은 당신의 팀이 실행하거나 실패하는 모든 일에 책임이 있다. 누군가에게 윙크하거나 팔꿈치로 꾹 찔러서는 안 된다. 변명하고 책임을 전가하는 태도를 고치는 것이 상당히 중요하다. 윌링크와 바빈은 전쟁 이야기와 비즈니스 사례를 들어 잘못을 인정하고, 자존심을 내려놓고, 업무를 위임하되 온전히 책임지는 태도를 가르쳐 준다.

방향성

《성공하는 기업들의 8가지 습관》, 짐 콜린스 지음

콜린스는 가치, 목표, 비전이라는 핵심 이념을 더욱 깊이 있게 설명하며, 세계에서 가장 아이코닉한 기업과 팀의 성공에 이 핵심 이념이 어떤 역할을 했는지 보여준다.

《OKR 전설적인 벤처투자자가 구글에 전해 준 성공 방식》, 존 도어 지음

OKR만이 아니라 사람들이 집중하고, 매진하고, 개인의 목표와 기업의 목표를 정렬하는 데 도움을 주는 많은 전략이 담겨 있다. 성공한 실리콘밸리 기업 다수는 조직이 제일 위에서 제일 아래까지 조화롭게 운영될 수 있도록 OKR을 활용하는 바, 실리콘밸리의 마법이 궁금하다면 이 책이 훌륭한 시작점이 되어 줄 것이다.

코칭

《일하는 뇌》, 데이비드 록 지음

3부에서 나는 냉정한 피드백을 주고받을 때 우리의 뇌가 어떻게 기능하는지 간략하게 설명한 바 있다. 록은 이를 더욱 자세하게 보여줄 뿐

탁월한 리더의 성공 법칙

아니라, 우리가 직장에서 가장 흔하게 경험하는 다섯 가지 사회적 위협을 어떻게 이해하고 극복해야 하는지 한 가지 모델을 제시한다.

《실리콘밸리의 팀장들》, 킴 스콧 지음

킴과 내가 설립했던 회사는 직장에서 사람들이 서로를 더욱 잘 이해할 수 있도록 조직에 '완전한 솔직함'에 대해 교육하는 곳이었다. 리스트에 이 책을 포함하는 데 약간의 편향성이 개입했을 수도 있지만, 저자의 피드백 유형 사분면은 반드시 숙지해야 한다. 저자는 구글과 애플 등 여러 기업 이야기를 통해 굉장히 많은 교훈을 전해 준다.

필자의 책은 이미 읽고 있으니, 이 리스트에 소개된 책들을 모두 읽는다면 당신이 꿈꾸었던 관리자가 되는 데 필요한 모든 것을 얻게 될 것이다.

감사의 글

━━━━━━

우리 밴드의 리더들: 엄마와 아빠, 트레이시와 던, 치치와 마지, 짐과 드니스, 수와 브라이언, 지지와 스타크스, 워와 프랭크, 라이언과 에이미, 진과 도나, 빌과 미미, 톰과 진저, 샤르와 댄, 이본과 릭과 척, 조이와 브랜디, 맷과 크리스틴, 리즈와 존, 로라와 마크, 리사와 마이크, 미셸과 앤디, 리처드와 에린 모두 사랑합니다.

빅3의 놀라운 7인: 알렉시스 로페즈, 윌 애덤스, MK 라이언, 데이브 데켈조, 키건 케이스. 이들은 정말 가능할지와 내가 이해할 수 있도록 도와주고, 증거를 들어 보여주며 결국 3→E↔R 모델이 유효하다는 것을 밝혀내는 데 가장 큰 공을 세운 다섯 명입니다. 그리고 행거 베이(Hangar Bay)의 부조종사들인 헤더 카펜터와 재키 워커도 빼놓을 수 없죠. 정말 고맙습니다.

편집 팀: 린지 '더 윙어(the Winger)' 로건, 데이브 데켈조, 아서 골드

탁월한 리더의 성공 법칙

워그. 높은 분 만나기 전에 준비 도와줘서 고마웠어요. 앤 메르콜리아노, 킴 스콧, 라이언 니딩, 알렉시스 로페즈, 댄 그린, 마이크 스테이브, 브라이언 마르콰트, 조 울프, 아난트 싱, 레이첼 케이, 벤 사이츠, 에이미 스코이멜, 선다 질리치, 벤 오러크, 조 스카라바리오니, 멜라니샤 애덤스. 덕분에 더욱 멋진 책으로 탄생했습니다. 원본 표지 콘셉트들을 디자인해 준 내 조카, 얼리사 애덤스, 레이첼과 샤, 민감한 사안들 확인해 주고 포용적인 책을 쓸 수 있게 도와줘서 고마웠어요. 라이언 매스텔러, 와우. 당신이 제안했던 디테일들은 얼마나 고마운지 표현을 다 못할 정도입니다. 이 책을 읽었으니 알겠지만, 당신이 원고를 정말 '간파'하고 있다는 느낌이었어요. 이건 제게서 나올 수 있는 최고의 극찬이랍니다. 정말, 정말 고마워요. 그리고 케빈과 앨리스, 제작 과정을 노련하게 지휘해 줘서 고마웠습니다. 두 분이 없었다면 이 책도 없었을 겁니다.

빅 보스 에디터인 팀 바틀렛. 당신과 나, 대단한 여정이었어요. 이 책 편집을 부탁했을 때 응해 줘서 얼마나 고마웠는지 몰라요. 각자 한 번씩 도와줬네요. 5년 전, 그 아이디어를 개선해 보라고 내 도전 의식을 자극했을 때요. 내가 결국 해냈을 때 당신은 모든 준비를 마친 상태였잖아요. 이 책과 슈퍼볼LII, 이 두 가지만큼은 항상 우리 곁에 있을 테니까요. #FlyEaglesFly, #HereTheyCome, #RingTheBell, #Anytime-어디서나.

킴 스콧, 내가 무슨 복을 받아서 이 우주가 당신을 내가 있는 곳으로 보냈는지는 모르지만, 전부 다 감사합니다. 저는 세상 최악의 직업이 내 보스일 거라고 늘 농담하는 사람인데, 당신처럼 반대 의견을 이렇게 적극적으로 찾아다니는 관리자는 처음이었어요. 그럼 저는 또 기꺼이 반대했고요. 그것도 많이. 그런 시간이 제게 얼마나 소중했는지 그때는 몰랐습니다. 이 책을 집필하며 중요한 순간마다 정말 딱 맞는 조언을 전해 줬어요. 당신은 몸소 실천하는 멋진 리더입니다.

제러드 스미스, 퀄트릭스에서 기회를 줘서, 'HR을 다르게 해보라'고 승인해 줘서, 진심을 담아서 그렇게 말해 줘서 고마웠습니다. 당신이 저를 믿어 줘서 얼마나 고마웠는지 표현할 수 없을 정도였고, 당신과 다시 연이 닿아서 또 제가 당신의 개인적인 성공이 될 수 있어서 얼마나 행복했는지 모릅니다. 말보다 행동으로 보여주는 멋진 리더입니다.

담비사 모요, 2019년 여름 당신이 내게 준 용기와 안내, 통찰은 너무나 귀중했고 제게 굉장한 의미였어요. 당시 내 이메일에 답장을 주는 에이전트조차 찾을 수 없었어요. 당신은 그때 한바탕 웃고는 모든 것을 간단하게 만들어 주었죠. 그런 모습을 보며 제게 새로운 자신감이 생겼어요. 당신에게는 15분이었겠지만, 제게는 긍정성과 새로운 길을 향한 전환이었어요.

딕 코스톨로, 이 말 안 지겨워했으면 하는데, 당신은 행동으로 보여주는 훌륭한 리더입니다. 세상 그 누구보다 트위터의 CEO였던 당신을 보며 리더십에 관해 가장 많이 배웠습니다. "메시지가 어려울수록, 명료함은 떨어집니다." 들려주신 수많은 지혜 중 하나였어요. 저를 믿어 줘서 말로 다 할 수 없을 만큼 감사했습니다.

애덤 베인과 리처드 알폰시, 트위터에서 기회를 주고 어떤 일을 하든 사람들을 가장 우선시해 줘서 고맙습니다.

탁월한 리더의 성공 법칙

켈리 코벡스, 함께 일해서 너무 좋았고 지금까지 좋은 인연을 유지할 수 있어서 정말 기쁩니다. 응원 고마워요. 라비, 조, 데일, 앤, 비나이, 베리, 엠, 스티븐, 알리자. 당신들에게서 정말 많은 것을 배웠습니다. 당신들 모두 몸소 실천하는 멋진 사람들입니다.

존 보그스 대령님, "내가 아는 것은 자네도 알고 있어" "누구에게서 뭐 들은 거 있나?" "할리우드 미남." 미해병 제5연대 제1대대의 알파 중대를 지휘할 수 있게 해주셔서 감사했습니다. 대령님은 먼저 실천하는 훌륭한 리더입니다.

알렉시스 로페즈, 당신에게서 정말 많은 것을 배웠어요. 응원하는 대학 미식축구 팀이 다른 데도 이렇게 친해질 수 있을지 누가 알았겠어요. 최고의 관리자였던 (그리고 최고의 아버지이자 할아버지였던) 데일 로페즈, 절대로 잊지 않을게요. "이제 때가 되었네요." 사랑합니다.

데이비드 로젠블랫, 당신이 보여준 멘토십, 정말 고맙습니다. 당신의 응원과 조언이 제게 얼마나 중요했는지 모릅니다. 정말 감사해요. 당신은 행동으로 보여주는 리더입니다.

짐 르바인, 내 에이전트, 당신과 나는 제리 맥과이어와 로드 티드웰 같아요. 이 업계 사람이라면 짐이 얼마나 멋진 에이전트인지 다 알겠지만, 무엇보다 당신은 내게 늘 모범을 보이는 관리자였습니다. 작업 내내 내 책을 두고 '중요하다'고 말해 줬어요. 다른 티드웰들에게도 그렇게 말했겠지만, 당신의 말 덕분에 힘을 얻었습니다. 작업 내내 당신이 보여준 자신감 덕분에 제가 무사히 끝낼 수 있었어요.

카일런 런딘, 줄리 라슨-그린, 블레이크 티어니, 제이 최, 제레미 스미스, 크리스 벡스테드, 롭 베크만, 존 팀슨, 지그 세라핀, 라이언 스미스, 줄리 아나스, 켈리 왈더, 브라이언 스투키, 에이미 베이츠, 늘 사람들을 우선시하는 마음에 고맙습니다.

크리스, 당신이 보여준 전문성과 파트너십에 감사합니다. 제가 함께 일했던 사람 중에 가장 진실한 사람이었어요. 제가 당신을 무척이나 감사하게 생각한다는 거 알아주세요. 늘 행동으로 모범을 보이는 리더십니다.

퀄트릭스의 최고 관리자들: OGs(초창기 멤버) - 애덤 마, 비키 티스데일, 코디 가이먼, V2(2세대 관리자들) - 알렉시아 뉴고드, 오스틴 닐슨, 제이슨 매튜스, 메리 키나스턴, 마이클 페이지, 셸른 맥켄드릭, 스티븐 켈리, 토머스 카르타우스. 무슨 일을 하든 항상 퀄트릭스의 사람들을 생각하는 마음, 정말 고맙습니다. 당신들 모두 최고의 리더들입니다.

에이스들: 에이미, 아난트, 아차나, 벤, 브라이언, 에릭, 에린, 에스티, 구츠, 조, 케이트, 로런, 마야, 샐리, 서문에 등장한 이야기들 마음에 들었기를 바라요. 전부 당신들의 이야기였어요. 당신의 관리자이자 파트너가 될 수 있어서, 아직도 좋은 친구로 지낼 수 있어 정말 감사하게 생각합니다. 모두들 보고 싶고, 당신들이 보여준 영향력이 이 책에 잘 담겼길 바랍니다. 멋진 리더가 되어 줘서, 좋은 아이디어들이 이 책에 담길 수 있게 해줘서 정말 고맙습니다. 그리고 샌프란시스코 자이언츠의 배려 덕분에 거대한 전광판에 '굿바이 러스'라는 메시지를 실을 수 있었어요. 내 눈과 귀이자 굉장한 협상가인 로런에게도 감사의 마음을 전합니다.

퀄트릭스의 핵심: 크리스타, 스테이거, 스트라이드, 로라, 메그, MK, 헤더, 재키, 데이브, 렉시, 션다, 퍼렌, 브랜든 R, 줄리아, 베르날,

보안 파트너 시드니. 다들 정말 멋진 사람들이고, 함께 일할 수 있어서 행운이었습니다. 다음 〈쿵푸팬더〉 영화는 이 사람들에게서 모티브를 얻어도 좋을 것 같아요(cc: @pixar).

클레어 존슨, 마이클 커머포드, 로라 드보니스, 킴 스콧, 할 베일리, 제러드 스미스, 스테이시 브라운 필팟, 팀 말리, 브라이언 슈라이어, 셰릴 샌드버그. 구글에서 일할 기회를 주신 데 감사합니다. 제가 불안해 보였을 것도 알고, 그런 저를 믿어 준 것도 잘 알고 있습니다. 잘한 선택이었다고 느끼시면 좋겠습니다. 톰 피켓과 스캇 셰퍼, 내 최고의 동료들. 두 사람 옆에서 일하며 너무 많은 걸 배웠습니다. 두 사람 덕분에 다른 어느 곳보다도 건강하고 강건하게 '토론하고, 결정하고, 매진'하는 환경에서 일할 수 있었어요. 보고 싶습니다.

악동들: 랜디, 빌, 짐과 셰인. 사랑합니다. 당신들이 있어 너무 감사하고, 다음 악동 컨벤션 기대하고 있어요. 켄터키든 어디든 차가운 물웅덩이가 없어야 셰인이 올 수 있을 텐데요. 지금 함께 나누는 소소한 지혜들이 영원히 지속되고 지켜지기를 바랍니다. 악동들 VI에 썼던 64달러는 내 생애 두 번째 또는 세 번째로 꼽는 현명한 지출이었어요.

자랑스러운 해병대: 마이크 모란, 벤 오로크, 셰인 타터, 벤 '루치' 루치아노, 게리 라이트, 브라이언 '산초' 산체스, 마이크 '칠리 맥' 맥윌리엄스 장군, 브라이언 패터슨, 브라이언 힐예, 크리스 그리핀, 에릭 햄스트라, 켈시 톰슨, 채스 홀러, 크리스 예이츠, 마이크 버킹엄, 돈 갤러허, 그렉 그리즐, 로이 에스트라다, 마이크 와일리, 오웬 '플래시' 프레드릭, 제이슨 '더 그레이트 콘홀리오' 콘밀러, 제프 오닐, 짐 '위그디어' 브리거디어, 존 '스팅킹' 링컨, 션 '헤어리 버그 윙스' 버그, 자일스

러셀 보이스, 빌 그레이, 스티브 러슨, 스캇 '빅 맥' 맥밀런, 토니 '더트 머천트' 에드, 마크 티엠, 월트 예이츠, 그렉 펑크, 앤더슨 하사와 아코스타 하사(장교후보자학교OCS '93) 등 수많은 이들. 셈퍼 파이(Semper Fi), 해병대. 당신들에게서 정말 많은 것을 배웠습니다.

내 가족들: V, 이 책이 멋지게 탄생할 거라고 단 한 치의 의심 없이 믿어 줘서 고마워요. 내 이메일에 답장을 해줄 출판 에이전트는 물론 부동산 에이전트도 구하지 못하던 때, 당신의 긍정적인 태도가 정말 힘이 되었어요. 나를 향한 당신의 믿음이 때론 보이지 않아도 언제나 느낄 수 있고, 답이 없는 것 같은 순간에도 나아갈 힘을 주었습니다. 힘들 때도 함께 이겨 내며 여기까지 왔어요! 사랑해요. 그리고 앤서니, 채스, 스타크스, 너희에게 바치는 책이야. 너희 모두 내게 얼마나 소중한지 모른다. '성공은 준비된 자에게 기회로 찾아온다'는 것을 잊어선 안 된다. 행운+능력이야. 타고난 머리나 재능이 아니라 투지와 회복력을 갖춰야 어떤 일을 하든 성공할 수 있어. 기회를 최대한 활용하길, 그리고 그 과정에서 너희가 할 수 있는 한 최대로 다른 사람들에게 도움을 주길 바란다. 그리고 결국에 남는 건 형제뿐이야. 서로를 소중히 대하렴.

P.S. 머리 잘라야 해? 준비할까?

우리 모두가 노력한다면
더 큰 성과를 내는 세상을 만들 수 있다.

When They Win, You Win

구글, 트위터 전설적 관리자가 알려주는 3가지 원칙

탁월한 리더의 성공 법칙

제1판 1쇄 인쇄 | 2025년 1월 17일
제1판 1쇄 발행 | 2025년 1월 23일

지은이 | 러스 래러웨이
옮긴이 | 신솔잎
펴낸이 | 김수언
펴낸곳 | 한국경제신문 한경BP
책임편집 | 노민정
교정교열 | 민점호
저작권 | 박정현
홍　보 | 서은실·이여진
마케팅 | 김규형·박도현
디자인 | 이승욱·권석중

주　소 | 서울특별시 중구 청파로 463
기획출판팀 | 02-3604-556, 584
영업마케팅팀 | 02-3604-595, 562　FAX | 02-3604-599
H | http://bp.hankyung.com　E | bp@hankyung.com
F | www.facebook.com/hankyungbp
등　록 | 제 2-315(1967. 5. 15)

ISBN 978-89-475-4992-9　03320